Elogios para *Adelante*

«El doctor Jeremiah presenta una estrategia clara para que todos nosotros hagamos crecer nuestra relación con Dios. *Adelante* brinda una guía para eliminar las distracciones que amenazan nuestro caminar con Cristo y nos empodera para alcanzar nuestros sueños. En este libro hay muchos paralelismos entre nuestro recorrido en la fe y mi trayecto futbolístico, desde el poder del pensamiento positivo hasta la esperanza que surge al saber que lo mejor siempre está por venir».

—DABO SWINNEY
ENTRENADOR PRINCIPAL DE FÚTBOL AMERICANO
EN LA UNIVERSIDAD CLEMSON

«Con tantas personas que en la actualidad se hunden en el pesimismo, este libro es una bocanada de aire fresco que brinda el optimismo bíblico y esperanzador que necesitamos para superar nuestros desafíos actuales y crear un mañana mejor. El doctor David Jeremiah nos proporciona oxígeno para nuestras almas y nos impulsa hacia *Adelante* con un plan para vivir la vida que Dios ha creado para nosotros. Estoy tan agradecido por él, su ministerio y este gran libro que compartiré con todos los que conozco».

—JON GORDON
AUTOR DE LOS LIBROS ÉXITO EN VENTAS *EL BUS DE LA ENERGÍA*
Y *THE POWER OF POSITIVE LEADERSHIP*

«Desde la primera página de la introducción de este libro, se encendió en mi corazón una nueva llama de esperanza y propósito. Si, como yo, usted se ha sentido desanimado, decepcionado o inseguro sobre lo que se avecina en esta temporada, el doctor Jeremiah nos guía hacia adelante con pasos prácticos y una profunda sabiduría bíblica. ¡Adelante, siempre adelante! ¡Este libro es importante!».

—SHEILA WALSH
AUTORA Y CONFERENCISTA
COPRESENTADORA DEL PROGRAMA DE TELEVISIÓN *LIFE TODAY*

T0043438

«En el nuevo libro del doctor David Jeremiah, *Adelante*, se nos alienta y se nos guía a encontrar la voluntad perfecta de Dios para nuestra vida y para nuestro mañana. En esta época de aparente poca esperanza, nos hace saber que con Cristo todo es posible».

—DAVID GREEN
FUNDADOR Y DIRECTOR EJECUTIVO DE HOBBY LOBBY

«El miedo surge cuando nuestros mundos personales se salen de control o el futuro parece incierto. En esos momentos buscamos voces que nos traigan calma y sentido común. Voces como la de David Jeremiah son una fuente confiable de claridad y conocimiento. Qué mejor momento que hoy para su nuevo libro, *Adelante*, un recordatorio esperanzador de la guía y la soberanía de Dios».

—MAX LUCADO
PASTOR Y AUTOR DE ÉXITOS EN VENTAS

«Personal, práctico y poderoso. Esa es la mejor manera de describir el mensaje dinámico del estupendo y oportuno libro *Adelante: descubra la presencia y el propósito de Dios en su futuro* del doctor David Jeremiah. Cada capítulo es una guía paso a paso para vivir los sueños que Dios ha plantado en nosotros. He leído muchos libros que me decían que Dios *quería* hacer grandes cosas en mi vida, pero este me indica *cómo* estar en Su camino para experimentarlo en verdad. Léalo usted mismo, regáleselo a familiares y amigos, y siga su sólido esquema bíblico para vivir y dejar esta vida con un legado».

—MIKE HUCKABEE
EXGOBERNADOR DE ARKANSAS
PRESENTADOR DEL PROGRAMA *HUCKABEE TALK SHOW*

«Del sueño a la concreción, el doctor Jeremiah brinda principios prácticos para avanzar en la vida desafiándonos a tener un sueño y perseguirlo. Sabiendo que ningún sueño puede vivir sin esperanza, nos insta a abrazar lo que es eterno invirtiendo nuestras pasiones en formas que nos permitan trascender en nuestra vida con el mañana, siempre desarrollándose "a la velocidad de la gracia". ¡Qué reflexión! ¡Qué objetivo! ¡Qué trayectoria hacia el más duradero de los sueños hechos realidad! ¡Sí, adelante!».

—BILL Y GLORIA GAITHER

«He leído todos los libros que ha escrito David Jeremiah, ¡pero ninguno me ha impactado como el más reciente, *Adelante*! Mido un libro por la cantidad de marcas que hago y por la cantidad de páginas que doblo, ¡y he hecho un montón de ambas cosas con este libro! No podía dejar de leerlo; lo leí de una sola vez y no me sorprendería si a usted le sucede lo mismo».

—Pat Williams
Ejecutivo de la NBA y miembro del Salón de la Fama
Autor de *Revolutionary Leadership*

«El versículo más corto de la Biblia donde Jesús habla es Lucas 17:32. En él dijo: "Acordaos de la mujer de Lot". No obstante, no deje que la naturaleza concisa de esas seis palabras lo engañe. Tienen mucho peso. Es fácil enojarse, ser rehén de su ayer y no experimentar las bendiciones que Dios tiene para su futuro. En su nuevo libro *Adelante*, el doctor David Jeremiah lo ayudará a salir corriendo y a dejar caer las cosas que lo agobian para que pueda enfrentar el futuro a toda prisa».

—Levi Lusko
Pastor de Fresh Life Church
Autor de *Take Back Your Life*

«Si alguna vez hubo un momento para enfocarse en su sueño y seguir *Adelante*… ¡es *ahora*! Le aseguro que este libro pondrá su mente en orden… y su alma también. Si está buscando encender su pasión, profundizar su propósito y crear más impacto, lea este libro… ¡Cambiará su vida!».

—Todd Durkin,
máster, especialista certificado en fuerza y acondicionamiento
Dueño de Fitness Quest 10
Autor de *Get Your Mind Right*
Presentador del pódcast *Todd Durkin IMPACT Show*

«El doctor Jeremiah enseña a la perfección la lección liberadora de dejar atrás nuestro pasado y seguir *Adelante* con el plan perfecto que Dios tiene para cada uno de nosotros. Pienso tomar prestada (con crédito) su elocuente observación de que con el Señor "¡nuestro futuro siempre se desarrolla a la velocidad de la gracia!". Una lectura positiva, edificante y motivadora para todo creyente».

—Matthew Crouch
Presidente de la cadena de televisión Trinity Broadcasting Network

«Usando un mosaico de historias de la vida real junto con pasos prácticos que motivan y guían a los lectores a seguir *Adelante*, David Jeremiah impulsa a los creyentes a salir de la complacencia y a entrar en una vida de plenitud y propósito. A todos los seguidores de Jesús les recomiendo este libro alentador, práctico, fácil de leer y de entender».

—ANNE GRAHAM LOTZ
MAESTRA INTERNACIONAL DE LA BIBLIA
AUTORA DE *JESÚS EN MÍ*

«No importa si está dirigiendo a su familia, su negocio, su iglesia o un programa de baloncesto universitario. Si no avanza, sin importar la situación o la circunstancia, retrocederá de forma rápida. En *Adelante*, el pastor Jeremiah nos da una estrategia y un esquema centrado en la Biblia para seguir haciendo que nuestra vida avance hacia arriba y hacia adelante».

—TOM CREAN
ENTRENADOR PRINCIPAL DE BALONCESTO MASCULINO
EN LA UNIVERSIDAD DE GEORGIA

«El mundo está paralizado y en pánico, pero el pueblo de Dios fue creado para tiempos como estos. No solo miramos hacia adelante, sino que además avanzamos en la energía de Cristo y con la previsión de la verdad bíblica. ¡No se pierda lo que viene a continuación en su vida! La tinta de estas páginas brota de los cofres de ideas bíblicas y experiencias de vida del doctor Jeremiah. Al resaltar sus frases, usted sentirá cómo se resalta su futuro con el resplandor dorado de la voluntad de Dios. ¡Gracias, Dr. J!».

—ROBERT J. MORGAN
AUTOR Y CONFERENCISTA

«Como entrenadora y profesora de jóvenes, estoy encantada de que el nuevo libro del doctor Jeremiah, *Adelante*, se relacione tanto con las luchas del deportista de hoy. Los deportistas tienen sueños y metas, pero aun así se enfrentan al miedo, a la duda y a las distracciones. Este libro revoluciona esa narrativa. El miedo se convierte en valentía y fe, la duda se convierte en propósito y las distracciones se convierten en confianza en el plan de Dios para su vida. Estoy ansiosa de compartir este libro con los deportistas y ser testigos de la obra que Dios está haciendo».

—PATTY GASSO
ENTRENADORA PRINCIPAL DE SÓFTBOL EN LA UNIVERSIDAD DE OKLAHOMA

«Una vez más, el doctor Jeremiah nos ha dado el mensaje que necesitamos en el momento que más lo necesitamos. Es poderoso, bíblico, inspirador y práctico».

—RVDO. JOHNNIE MOORE
PRESIDENTE DEL CONGRESO DE LÍDERES CRISTIANOS
AUTOR DE *THE NEXT JIHAD*

«Si se siente estancado, no tiene por qué estarlo. Si se siente desanimado, es tiempo de que se ocupe de ello. Si se siente indeciso, puede obtener claridad. El doctor Jeremiah explica el proceso de cómo encontrar y cumplir el sueño de Dios para su vida, y promete que porque Dios existe, hay una razón para que usted espere con ansias el mañana».

—DR. JOHN ANKERBERG
AUTOR Y CONFERENCISTA
PRESENTADOR DEL PROGRAMA *THE JOHN ANKERBERG SHOW*

«Brillante. Bíblico. ¡Maravillosamente inspirador! *Adelante*, del doctor David Jeremiah, es un recorrido transformador hacia la esperanza, la ayuda y la dirección saludable para hacer avanzar su vida hacia el propósito, el plan y el camino único que Dios tiene para Su gloria y para el bien de usted. ¡Este libro sopla *vida* a su futuro!».

—PAM FARREL
AUTORA DEL LIBRO ÉXITO EN VENTAS *LOS HOMBRES SON
COMO WAFFLES, LAS MUJERES COMO ESPAGUETIS*

«¿Puede ser posible que Dios tenga un plan para su futuro? David Jeremiah nos indica que la respuesta es sí y que Dios quiere que lo entienda por completo. En su libro *Adelante*, lo lleva a buscar con expectativa la dirección de Dios en su vida y el propósito para su futuro. ¡Es una lectura bastante esperanzadora!».

—STEVE GREEN
PRESIDENTE DE HOBBY LOBBY

«¡Qué oportuno, muy oportuno! Debemos seguir adelante, conscientes de Su presencia, seguros en nuestra relación, inquebrantables en nuestro compromiso, avanzando sin importar el costo. *Adelante* lo inspirará y preparará para el desafío. A los ochenta y siete, sigo adelante porque mi Señor me expresa que no hay retiro ni baja en tiempo de guerra (Ecl 8:8). Este es el tiempo…».

—Kay Arthur
Autora y profesora
Cofundadora y embajadora de Precept Ministries International

«Desde un nuevo comienzo hasta un fuerte final, el doctor Jeremiah ofrece consejos bíblicos y prácticos sobre cómo avanzar en el camino de Dios. Si usted siente que está atrapado en la rutina o tan solo quiere avanzar hacia un terreno más alto, *Adelante* es el libro que debe leer ahora. ¡Prepárese para ser inspirado, desafiado y bendecido!».

—Satish Kumar
Fundador y pastor de Calvary Temple
Hyderabad (India)

«No veo la hora de pasar el libro *Adelante* a mis hijos adolescentes, a mi cónyuge y a mis padres, porque tiene algo crucial que decir a cada generación. Todos estamos buscando respuestas y significado en la vida, en especial durante los días difíciles de nuestro mundo. Al leer y aplicar este libro, usted no solo encontrará su propósito, sino que también experimentará que su corazón cobre vida nuevamente».

—Arlene Pellicane
Conferencista y creadora de pódcast
Autora de *Parents Rising*

«*Adelante* describe el tipo de vida que quiero vivir todos los días. El doctor Jeremiah ha identificado los pasos bíblicos y prácticos, compartidos tanto por cristianos como por judíos, que nos ayudan a ver más allá de la vertiginosa gama de preocupaciones y distracciones hacia el camino simple y directo de una vida dedicada a Dios».

—Yael Eckstein
Presidenta y directora ejecutiva de La Hermandad
Internacional de Cristianos y Judíos

Adelante

Descubra la presencia y el
propósito de Dios en su futuro

DR. DAVID JEREMIAH

GRUPO NELSON
Desde 1798

Para Tommy Walker.
Tú escribiste la canción
que inspiró este libro.

Contenido

Introducción   XIII

Capítulo 1: Sueñe: aproveche hoy su mañana   1
Capítulo 2: Ore: consulte con su Creador   21
Capítulo 3: Elija: disminuya sus distracciones   41
Capítulo 4: Enfóquese: haga que su *única cosa* sea lo principal   61
Capítulo 5: Arriésguese: salga de su zona segura   79
Capítulo 6: Persiga: vaya tras su sueño   97
Capítulo 7: Crea: ponga su mente en orden   113
Capítulo 8: Invierta: trascienda su vida   135
Capítulo 9: Termine: no ha finalizado hasta que haya terminado   153
Capítulo 10: Celebre: convierta su avance en eternidad   173

Agradecimientos   193
Notas   195
Índice de pasajes bíblicos   207
Índice   211
Acerca del autor   219

Introducción

Este libro trata sobre el resto de su vida. Trata sobre el mañana, *su* mañana, y el día después.

El futuro que Dios le ha dado no es un revoltijo casual de contingencias confusas. Si se siente estancado, no tiene por qué estarlo. Si se siente desanimado, es tiempo de que se ocupe de ello. Si se siente indeciso, puede obtener claridad.

Está recorriendo un camino señalado lleno de promesas y productividad. Todo en su pasado lo ha preparado para lo que viene, y cada promesa de Dios proveerá lo que se necesita. No es momento de dejar que la ansiedad, la apatía o cualquier otra cosa lo obstaculice.

He escrito este libro para animarlo a seguir adelante, sea cual sea su edad o sus circunstancias. Continúe con su vida y vaya tras su futuro que se despliega poco a poco, y hágalo con enfoque, fe y fervor. ¡Estoy entusiasmado por lo que le depara el futuro! Sus próximos días y años están repletos de bendiciones. Sí, quizás haya cargas, pero Dios también las conoce. Así que, no tema al mañana. Aprovéchelo para el Señor y para los demás.

He vivido lo suficiente como para aprender algo: no importa en qué etapa de la vida se encuentre, sus mejores y más brillantes días están justo a la vuelta de la esquina. Eso no es solo mi opinión y no es un cliché piadoso; es una verdad bíblica. Cuando usted busca primero el reino de Dios y Su justicia, su futuro siempre se desarrolla a la velocidad de la gracia. Dios está esperando para usarlo ahora más que nunca, y su vida está lejos de terminar. Apenas está comenzando.

Piénselo de esta manera. El espejo retrovisor de su coche es una fracción del tamaño del parabrisas, y hay una razón para ello. Los conductores que manejan de forma segura miran por el espejo, pero se enfocan en la carretera que tienen por delante. ¿Le gustaría ser el tipo de conductor que se queda mirando por el espejo? Demasiadas personas transitan por la vida de esa manera. Se lamentan por los fracasos pasados, reviven las bendiciones del ayer, van por la vida con un cuarto de tanque de combustible y esperan que haya una vista panorámica adelante. Demasiado a menudo, eso los deja varados al costado del camino.

Permítame pasarle un balde y un trapo. Lave el parabrisas, abróchese el cinturón de seguridad y ponga el automóvil en marcha. Esa fue la actitud del apóstol Pablo cuando declaró: «… olvidando ciertamente lo que queda atrás, y extendiéndome a lo que está *delante*, prosigo a la meta, al premio del supremo llamamiento de Dios en Cristo Jesús» (Fil 3:13-14).

Ese también ha sido mi enfoque de vida, pero el domingo 14 de abril de 2019, sentí una sensación de redescubrimiento en este sentido. Esa noche, en Shadow Mountain Community Church, donde sirvo, invitamos al músico Tommy Walker para que nos ministrara en un concierto. (Si desea escuchar la canción, diríjase a https://vimeo.com/388291193/5c5f551a48). Tommy es un artista talentoso y sincero, y su última canción tocó mi corazón. Fue como si la hubiera escrito y cantado solo para mí. Su título era *Forward* [Adelante], y la letra, en parte, es la siguiente:

> Ha sido un largo, largo camino.
> Ha sido un camino torcido,
> con muchos giros y vueltas.
> Pero no voy a mirar atrás.

Camino hacia adelante
creyendo lo que has dicho, Señor,
que vas a estar conmigo,
no importa lo que la vida me depare.

Adelante, camino hacia adelante,
a los planes que tienes para mí,
a horizontes aún no vistos.
Adelante, a tus nuevas misericordias que encontraré.
Mientras prosigo al premio,
camino hacia adelante.[1]

Al hablar con Tommy después del concierto y al leer más tarde lo que había escrito sobre esta canción, llegué a apreciar esas palabras aún más.

Él escribió: «Esta canción fue escrita con un sentido de determinación de seguir ADELANTE por medio de la fe hacia la próxima temporada de mi vida. Cuanto más viejo me vuelvo, más fácil es querer que mi vida sea segura, cómoda y predecible. ¡Pero ese no es el plan de Dios! El Dios que adoramos es un Dios que ama lo nuevo y que quiere brindar cosas nuevas a nuestra vida y a la vida de quienes nos rodean».

Tommy continuó: «¡Tendremos que soltar lo seguro y familiar para poder entrar en las cosas que traen Su vida, gozo y poder! ¡Dios desea que todos prosigamos y avancemos por fe hacia los buenos planes y las buenas obras que tiene para cada uno de nosotros! ¡Nunca es demasiado tarde! ¡Digamos no al miedo, a la complacencia y a la comodidad y caminemos hacia ADELANTE mediante la fe en el nombre de Jesús!».[2]

Su canción se convirtió en el tema de este libro.

Los hombres y mujeres eficaces son personas que piensan hacia *adelante*. El predicador del siglo XIX F. B. Meyer escribió: «Es un error estar siempre volviendo atrás para recuperar el pasado. La ley para la vida cristiana no es hacia atrás, sino hacia adelante; no por las experiencias que quedan atrás, sino para hacer la voluntad de Dios, que siempre está adelante y nos llama a seguirla».

Meyer continuó exhortándonos: «Dejemos las cosas que quedaron atrás y extendámonos a las que están delante, porque en cada nuevo nivel que alcanzamos, hay alegrías apropiadas que corresponden a la nueva experiencia. No se preocupe si las alegrías de la vida se han ido. Hay más por delante. ¡Levante la mirada, siga adelante, lo mejor está por venir!».[3]

He pensado en esto una y otra vez, planteándome en mi mente cómo sería eso para mí. Creo que hay diez acciones que nos permiten avanzar de manera enérgica en la vida: soñar, orar, elegir, enfocarse, arriesgar, perseguir, creer, invertir, finalizar y celebrar. En este libro, he presentado cada una de ellas con una oración profunda para que usted comparta la emoción de vivir con confianza en una dirección hacia adelante.

Este libro es para los jóvenes que necesitan de manera desesperada conocer estas cosas a medida que comienzan a avanzar hacia la plenitud de la voluntad de Dios para ellos. Es para los padres y profesionales jóvenes aturdidos por las presiones de la vida. Es para aquellos de mediana edad que necesitan un nuevo comienzo. Y es para los que somos mayores, porque a veces nos olvidamos de que nuestros mejores momentos del servicio divino están por llegar.

¿Alguna vez ha necesitado poner en marcha su motor conectando cables? Los diez pasos que describo en las páginas siguientes despertarán su interés y lo ayudarán a seguir adelante con una energía renovada. Comienza cuando usted empieza a sentir los deseos y sueños que Dios tiene para usted, los cuales nacen en la oración. A medida que esos sueños crecen en su corazón, usted despeja su rutina para poder vivir con un enfoque más agudo y una fe más profunda. Se aferra a la verdad de Dios: Él tiene un mapa de ruta único para usted y lo ha diseñado de forma maravillosa para la ruta que Él ha elegido.

En el proceso, usted tiene que deshacerse del pesimismo y continuar con una mentalidad positiva como la de los héroes del Libro de Apocalipsis que estaban dispuestos «... [a seguir] al Cordero por dondequiera que [fuera]» (Ap 14:4). Su vida es una inversión con dividendos eternos. Aquí en la tierra, terminará en el tiempo que Dios disponga solo para reanudar de forma inmediata sus actividades en el cielo, donde lo espera una eternidad de adoración, trabajo y comunión.

En Jesucristo su vida no es obsoleta, no está pasada de moda ¡y no ha terminado!

¡Que el Señor Jesús use este libro para ayudarlo a descubrir, o a redescubrir, los sueños, los deseos y la fuerza impulsora que Él tiene aguardando por usted a medida que cambia para seguirlo hacia *adelante*!

Capítulo 1

Sueñe

Aproveche hoy su mañana

Cuando pensamos en grandes soñadores, nos vienen a la mente personas como George Lucas, Elon Musk o Walt Disney. Todo el que haya visto una película de *La guerra de las galaxias*, leído sobre automóviles eléctricos o visitado Disney World sabe que los grandes logros comienzan con la imaginación extraordinaria de una persona.

El sueño de Walt Disney comenzó con bocetos de dibujos animados, dos empresas fallidas y un libro prestado sobre animación. Con el tiempo, dio vida a personajes entrañables, creó películas clásicas y construyó Disney World, Disneyland y Epcot. Creó «el lugar más feliz de la tierra» y se hizo conocido como el hombre que hacía realidad los sueños.

El personaje público de Disney era el «tío Walt», un hombre sonriente que de forma amable firmaba autógrafos y vestía una chaqueta de *tweed* mientras paseaba por la calle principal en un automóvil con techo de flecos conducido por Mickey Mouse. Sin embargo, detrás de escena, el verdadero Walt Disney era un hombre exigente y avasallador con un millón de ideas que exasperaba a familiares y colegas. Su vida fue un torbellino de proyectos visionarios que agotaron a sus asociados y cambiaron nuestro mundo.

Cuando a Disney le diagnosticaron cáncer de pulmón, siguió planeando películas, desarrollando parques temáticos y trabajando en su última idea: una «Comunidad experimental prototípica del mañana» o EPCOT, por sus siglas en inglés. Mientras yacía en su lecho de muerte con su hermano Roy sentado cerca, Walt miró los azulejos en el techo del hospital, levantó el dedo y, señalándolos, trazó sus planos para Epcot. Le dijo a su hermano que cuatro azulejos representaban una milla cuadrada. Usando ese mapa mental, sugirió rutas para sus autopistas y monorrieles que había imaginado.[1]

Habiendo dicho todo eso, creo que los sueños de Walt Disney eran demasiado pequeños. Lo crea o no, usted y yo podemos tener sueños más grandes que los que Disney jamás concibió. Una cosa es invertir la vida en un reino mágico y otra bastante distinta es desempeñar un papel en el reino de Dios. Como seguidores de Cristo, podemos cultivar para nuestra vida un sueño que sobreviva al mundo, transforme el tiempo, cambie la eternidad y promueva Su causa y Su reino para Su gloria.

De hecho, esa es la historia de la Biblia, la cual está llena de personas que vieron cómo podría ser la vida en el reino de Dios y luego avanzaron con fe. Abraham soñó con una gran nación cuando aún no tenía hijos. Moisés concibió un pueblo libre cuando los israelitas aún fabricaban ladrillos sin paja. Josué imaginó una tierra habitada; Sansón, un enemigo derrotado; David, un templo en una colina. Nehemías construyó kilómetros de muros restaurados en sus oraciones antes de que se colocara una sola piedra. Daniel vislumbró un reino futuro; Pedro, una iglesia establecida; Pablo, una misión global.

Todas estas historias, los sueños de hombres y mujeres de Dios de hace miles de años, siguen inspirándonos, guiándonos e influyéndonos más de lo que creemos. Y nos recuerdan que Dios quiere hacer lo mismo con usted y conmigo. Los sueños del Señor para nosotros son igual de reales, y el proceso de encontrarlos y cumplirlos no ha cambiado.

De eso trata este libro. ¿Cómo puede mantenerse enfocado en el mañana, dejando atrás el pasado y avanzando hacia el futuro? ¿Cuál es el papel de la oración? ¿Cómo descifra el siguiente paso? ¿Cuál es el riesgo? ¿Y qué lo espera al final de todo? En estas páginas quiero hablarle de estas cosas y más. Nunca me he conformado con colgar las botas y usted tampoco debería hacerlo. Siempre hay más delante de nosotros. Siempre una razón para esperar el mañana.

Por lo general, todo comienza con un sueño. Ese es el primer paso en este proceso de ir hacia adelante.

Cuando hablo de un sueño, no estoy describiendo una visión de su vida hecha por usted mismo al margen de la voluntad de Dios. Y no estoy usando la palabra como lo hacían los antiguos profetas cuando tenían visiones sobrenaturales de revelación inspirada. No estoy hablando de ver criaturas celestiales o tener sueños apocalípticos. En cambio, estoy hablando de visualizar el siguiente paso o etapa de su vida. Un sueño o una visión es tan solo una imagen de lo que usted siente que Dios quiere que haga a continuación.

¿Y usted? ¿Cuál es su sueño? ¿Puede imaginar el próximo paso de Dios para su vida? ¿Qué quiere hacer Él a través de usted este año, en los años venideros y en el tiempo restante que le concede en esta vida?

El poder de un sueño

La Biblia afirma: «Donde no hay visión, el pueblo se extravía...» (Pr 29:18, NVI). Sin un plano, no se puede construir una casa; y sin una idea de qué tipo de casa se quiere, no se puede dibujar un plano. Lo mismo ocurre cuando se trata de hacer planes para el futuro. Si no tiene una idea clara de a dónde quiere ir, y por qué quiere ir allí, es difícil mantener el impulso hacia adelante.

Sin un sueño, fluctuamos por la vida sin atrapar nunca la corriente. Muchos de nosotros ocupamos la mayor parte de nuestras horas con distracciones y solo unos pocos con sueños. Sin embargo, son los soñadores decididos, hombres y mujeres visionarios, los que dan forma a nuestro mundo. Al igual que ellos, usted necesita un sueño para alcanzar su objetivo.

Brett Hagler es alguien que conoce el poder de un sueño. Después de luchar contra el cáncer en la escuela secundaria, Brett cumplió veinte años resuelto a sacarle el máximo provecho a la vida con mucho «oro, chicas y gloria».

«Me creí la falsa ecuación de que las cosas materiales me iban a dar satisfacción. […] Fue el camino al vacío».

Con la ayuda de un amigo, Hagler se volvió a Cristo. Poco después, visitó Haití y vio la devastación que había dejado el terremoto de 2010. En ese momento, él estaba leyendo el Nuevo Testamento y se dio cuenta de que Jesús tenía una fuerte «inclinación y consideración por los pobres».

Dios le dio a Hagler el sueño de fundar una empresa sin fines de lucro llamada New Story, una empresa emergente de viviendas que usa máquinas de impresión 3D para crear hogares. ¡New Story puede construir una casa de dos habitaciones y un baño en unas 24 horas! Goldman Sachs ubica a Hagler dentro de los 100 emprendedores más intrigantes, ya que busca combatir la falta de vivienda global.

Hoy, cuando Brett viaja por el país contándoles a las personas su historia, alienta al público con un lema simple pero poderoso: «Sueñe en grande, pero comience de a poco».[2] ¡Ese es un gran consejo!

Admiro a las personas que visualizan cosas que aún no se ven y hacen cosas que aún no se han hecho. Los imaginativos abren la puerta al futuro y nos dejan entrar. Sus nombres llenan los capítulos de nuestros libros de historia: Alejandro Magno, Nicolás Copérnico, Leonardo Da Vinci, Cristóbal Colón, Thomas Edison, Albert Einstein, Neil Armstrong, Steve Jobs, Mary Anderson.

¿Mary Anderson? ¿Quién es?

Era una mujer común y corriente que visitó la ciudad de Nueva York durante el invierno de 1902. La nieve y el hielo caían con furia, y cuando Mary se subió a un tranvía, notó que el conductor tenía que mantener la ventana delantera abierta porque el parabrisas estaba cubierto de nieve. Al regresar a casa, concibió la idea de un dispositivo de goma que barriera el parabrisas de un lado a otro y que lo mantuviera despejado para conducir. Inventó el limpiaparabrisas.[3]

Verá, todo el mundo puede tener una visión: joven o viejo, rico o pobre, famoso o desconocido. Ya sea que sueñe con mirar a través de los ojos de buey o los parabrisas, debe mirar hacia el futuro y preguntarle a Dios qué quiere que usted haga a continuación.

Construya su sueño

Jan Koum nació en una familia judía en Kiev (Ucrania) en 1976, durante la era soviética cuando el antisemitismo era rampante. En su casa no había agua corriente, y sus padres rara vez estaban juntos debido al trabajo. Suponían que su teléfono estaba intervenido, por lo que tenían un contacto limitado con el mundo. Jan creció con una sensación constante de que lo escuchaban y vigilaban.

Cuando tenía dieciséis años, Jan y su madre emigraron a California. (Su padre planeaba ir más tarde, pero murió antes de que pudiera hacer el viaje). La madre de Jan encontró trabajo como niñera, y Jan barría pisos para ayudar a pagar las cuentas. Cuando consiguió su primera computadora en la escuela secundaria, se compró manuales de computadora usados y aprendió a programar por sí mismo. Esa habilidad lo llevó a trabajar como probador de seguridad de Internet, y más tarde fue contratado por Yahoo.

Una noche, Jan visitó la casa de Alex Fishman, quien a menudo invitaba a la comunidad rusa local a comer pizza y ver películas en su casa. Se presentaron unas cuarenta personas, y ahí nació el sueño de Jan. Él quería una forma de que las personas se mantuvieran en contacto sin que Gran Hermano escuchara: una aplicación de teléfono encriptada. Las aplicaciones eran algo nuevo, y Jan había comprado su primer iPhone y había visitado una de las primeras tiendas de aplicaciones unos meses antes. Se preguntó si una aplicación podía realmente ayudar a las personas a mantenerse en contacto en todo el mundo. Recordó la dificultad de comunicarse con su familia en Ucrania y el gasto que implicaba. También se estremeció al pensar en ser monitoreado. Koum comenzó a concebir la idea de una aplicación que conectara de manera segura a personas de todo el mundo.

Pensó en el nombre WhatsApp porque sonaba como «What's up» (Qué pasa). Encontró algunos cubículos baratos en un almacén reconvertido y trabajó día y noche, cubriéndose con mantas para mantenerse caliente. En lugar de ganar dinero, vació su cuenta bancaria. Esto fue durante la gran recesión de 2009. ¿Quién lanza una empresa emergente en una recesión?

Aun así, Jan Koum y su compañero de la época de Yahoo, Brian Acton, siguieron trabajando. «No nos detendremos hasta que cada una de las personas del planeta tenga una forma económica y confiable de comunicarse con sus amigos y seres queridos», prometió Jan.[4]

Cuando Jan Koum vendió WhatsApp a Facebook por 19 300 millones de dólares en 2014, eligió un lugar inusual para firmar los papeles: un antiguo edificio blanco que solía albergar la oficina de servicios sociales en la ciudad de California donde Jan iba a la escuela. Él y su madre habían hecho fila frente a ese mismo edificio para buscar cupones de alimentos.[5]

Cuando Jan Koum no tenía nada, en realidad tenía la única cosa que muchas personas nunca encuentran: un sueño. A pesar de las dificultades y contra todo pronóstico, la visión de un mañana mejor lo impulsó a seguir adelante en la vida. Eso es lo que un sueño puede hacer por usted, y no necesita una computadora, un estudio de cine o un parque temático para realizarlo. Todo lo que necesita es una imagen de lo que podría ser su mañana mientras sigue a Cristo.

Lillian Trasher tuvo ese tipo de sueño. A principios del siglo pasado, Lillian estaba trabajando en un orfanato en Carolina del Norte cuando sintió el llamado de Dios para ir tras el trabajo misionero en Egipto. El llamado fue tan fuerte que rompió su compromiso cuando su prometido no compartió su visión. Vendió sus pertenencias y reservó audazmente un pasaje a un país extranjero, al que llegó con menos de cien dólares en su cartera. Un día le pidieron que fuera al lado de la cama de una joven viuda moribunda, quien le suplicó que cuidara a su niña desnutrida. Lillian accedió, y así comenzó el primer orfanato de Egipto.

Esos primeros años estuvieron llenos de grandes dificultades y apoyo limitado, pero Lillian perseveró en llevar adelante su visión no solo de un orfanato, sino también de escuelas y ministerios de evangelización. Al momento de su muerte en 1961, Lillian había cuidado a más de ocho mil huérfanos y alcanzado a miles más. La organización que ella fundó, el Lillian Trasher Orphanage, todavía hoy atiende a los necesitados en Egipto.

Para mí, la mejor parte de la historia de Lillian fue la oración que ofreció al Señor cuando aún era una niña. Ella nunca la olvidó, y el Señor tampoco. Ella oró: «Señor, quiero ser tu niña. ¡Señor, si alguna vez puedo hacer algo por ti, házmelo saber y lo haré!».[6]

¿Puede pensar en una oración más simple que esa? ¡Inténtelo! *Señor, si alguna vez puedo hacer algo por ti, házmelo saber y lo haré.*

Entonces, si la visión es tan importante, ¿cómo construye la suya propia? Hay muchos modelos bíblicos que podría seguir, pero creo que el mejor ejemplo para construir sueños en la Biblia es la historia de la visión del rey David de construir un templo para el Señor en la cima del monte Moriah de Jerusalén.

Durante cientos de años, Israel había adorado alrededor de los restos deshilachados del tabernáculo, la elaborada tienda construida en los días de Moisés como una casa de adoración portátil. Sin embargo, ahora la nación estaba ocupando la tierra que Dios había prometido, y Jerusalén era su capital. Así que David comenzó a soñar con un lugar permanente donde el pueblo pudiera adorar durante los siglos venideros.

La historia de David revela los principios que usted y yo podemos seguir a medida que construimos nuestros propios sueños.

Arraigue su sueño en la historia

En 2 Samuel 7, David le dijo al profeta Natán: «... Mira ahora, yo habito en casa de cedro, y el arca de Dios está entre cortinas» (v. 2). La reacción inicial de Natán fue positiva: «Adelante, hazlo», así que David se aferró a su sueño y comenzó a avanzar para verlo cumplido.

Sin embargo, la idea de David de construir un templo no apareció de la nada en su cabeza como la explosión que da origen a una nebulosa, sino que tenía sus raíces en la historia de Israel. Siglos antes, Dios le dijo a Abraham que ofreciera a su hijo, Isaac, como sacrificio y holocausto en una montaña lejana. Y Dios fue específico en cuanto a la montaña. No podía ser cualquier monte. Tenía que ser el monte Moriah (Gn 22:2).

Mil años después, cuando David y luego Salomón planearon construir el templo judío, lo colocaron en esa misma montaña, el monte Moriah (2 Cr 3:1). La visión de David sobre la ubicación de su templo tenía raíces tan profundas como Génesis 22. Se enraizaba en la historia de la voluntad de Abraham de sacrificar a su hijo unigénito como holocausto (He 11:17-19). No es casualidad que mil años después de David, Jesucristo se entregó a sí mismo como ofrenda por el pecado en esta misma montaña o cerca de ella.

Desde Abraham y su hijo, pasando por David y su templo, hasta Cristo y Su cruz, todo estaba conectado, y cada acontecimiento tenía sus raíces en el que lo precedía.

Los mejores sueños no comienzan con nosotros, sino que Dios los planta en nosotros. Si no está enraizado, está podrido. Nosotros nos paramos en los hombros de otros. Somos eslabones de una cadena y construimos sobre lo que otros han hecho, así como las generaciones futuras construirán sobre el trabajo que nosotros hemos hecho.

Por eso está bien mirar a nuestro alrededor en busca de ideas y ver lo que otros están haciendo. Obtenemos ideas de la historia y de cómo otros se inspiran para actuar hoy. Para desarrollar su sueño, piense en su herencia, en lo que le gusta hacer y en sus experiencias de vida. Piense en sus antecedentes. Todo en su vida lo ha preparado para el próximo paso, así que preste atención a lo que ya está ocurriendo en su vida y en su iglesia. Comience por donde está y trabaje hacia afuera y hacia adelante.

Brewster McLeod fue pastor de Southland Christian Church en Lexington (Kentucky) durante cuarenta años. En el año 2000, se dio cuenta de que muchos estudiantes con necesidades especiales eran excluidos de manera inadvertida del baile de graduación de su escuela secundaria. Así que organizó un evento de graduación solo para ellos en una iglesia local. Esa experiencia avivó la carga de McLeod por los chicos con necesidades especiales, y el enfoque de su ministerio cambió para servirlos a ellos. Durante las últimas dos décadas, ha ministrado a este grupo en el nombre de Cristo.

El año pasado, este pastor ya jubilado dio vida a su visión de una forma nueva: abrió una cafetería sin fines de lucro que emplea a cincuenta jóvenes con autismo y dificultades de desarrollo. La cafetería proporciona ingresos y les da un propósito a los empleados, a quienes él llama VIP, y los ayuda a integrarse en la comunidad al darles la oportunidad a los clientes de sentirse cómodos con quienes tienen necesidades especiales.

«No lo hago por esa palmadita en la espalda, porque eso puede ser bastante adictivo —comenta McLeod—. Lo hago porque de verdad me preocupo por ellos y sé que tienen talento. Solo quiero que sepan que tienen un gran valor».[7]

Brewster McLeod vio una necesidad que conmovió su corazón y respondió haciendo algo que le era natural, algo que había estado haciendo durante años: organizó un evento en una iglesia. Y a partir de allí su sueño siguió creciendo.

La visión para el futuro proviene de actividades pasadas. Lo nuevo se construye sobre lo viejo. Mientras reflexiona y ora sobre sus sueños personales, piense en su vida, sus experiencias, sus mentores e influencias, sus dones y sus pasiones. Arraigue su sueño en la historia y tendrá un punto de apoyo firme sobre el que avanzar.

Reproduzca su sueño en una imagen

A medida que las ideas y las intenciones brotan en su corazón y mente, necesita averiguar por dónde empezar y cómo implementar su sueño.

Tiene que convertir la carga abstracta en un plan de vida real. Después de todo, para que su visión alcance a otros debe volverse tan práctica como la cena de Ester, la honda de David, las antorchas de Gedeón, el almuerzo de pan y peces del joven, el vino y el aceite del buen samaritano, la hospitalidad de Filemón, las túnicas de Dorcas y la pluma y el pergamino de Pablo. Nunca sabemos cómo el Señor usará un simple detalle, nacido de una mente visionaria, para ayudar a este mundo.

Los visionarios tienen la asombrosa habilidad de «ver» sus sueños y expresarlos en imágenes. Así fue como David desarrolló el ímpetu necesario para su proyecto del templo. Como hemos visto, el sueño de David comenzó cuando le dijo al profeta Natán: «… Mira ahora, yo habito en casa de cedro, y el arca de Dios está entre cortinas» (2 S 7:2). El templo no era un concepto abstracto, sino una visión a color que llenaba su mente. Al trazar un contraste, él podía transmitir esa imagen a los demás y motivarlos a la acción: «Miren mi palacio con sus paredes de paneles y sus baluartes gloriosos, y miren esa tienda deshilachada llamada tabernáculo. ¿No debería ser la casa de Dios mejor que cualquier hogar suyo o mío?».

La habilidad de ver lo que podría ser es esencial para avanzar hacia la realización de su sueño. En el funeral de Steve Jobs, su esposa, Laurene Powell, dijo: «Es bastante difícil ver lo que ya está ahí, eliminar los muchos impedimentos para tener una visión clara de la realidad, pero el don de Steve era aún mayor: él veía con claridad lo que no estaba ahí, lo que podía estar ahí, lo que tenía que estar ahí. Su mente nunca fue cautiva de la realidad. Todo lo contrario. Imaginaba lo que le faltaba a la realidad y se disponía a remediarlo».[8]

Eso es tan importante. Como pastor, he participado en diez programas de construcción durante mi carrera. Por la gracia de Dios, he podido imaginar cada uno de los edificios en mi mente antes de que se plasmaran en planos, maquetas o estructuras erigidas. No sé cómo puede cumplir una visión si no la ve en sus oraciones y sueños.

Un día, Edwin Land estaba haciendo turismo en Nuevo México con su nieta de tres años y estaban tomando fotografías de cosas que les interesaban. La niña estaba impaciente por ver cómo salían las fotos. Quería saber por qué no podía verlas de forma instantánea. Land dio un breve paseo por el desierto y reflexionó sobre esa pregunta. Cuando regresó, había visualizado una cámara que revelaba sus negativos al instante. Lo vio todo en su mente y pasó a inventar la Polaroid Land Camera, uno de los productos fotográficos más exitosos del siglo XX. Al describir cómo inventó la cámara, Land dijo más tarde: «Uno siempre comienza con una fantasía. Parte de la técnica de la fantasía consiste en visualizar algo como perfecto. Luego, con los experimentos, uno vuelve de la fantasía a la realidad, quitando los componentes».[9]

Tener un sueño para el mañana no es solo cuestión de sentir una carga generalizada. Puede comenzar allí, con un anhelo de alimentar a los hambrientos, ayudar a los que no tienen un techo o evangelizar el mundo. No obstante, a medida que su visión se desarrolla, adquiere imágenes claras y detalladas. Puede verse a sí mismo arremangándose y tomando control de las cosas necesarias para seguir adelante con su sueño. Puede transmitírsela a los demás de una manera que los entusiasme.

No se preocupe si no puede ver el cumplimiento final de sus sueños a largo plazo: en los próximos capítulos, analizaremos los pasos prácticos para alcanzar el éxito. Por ahora, lo que importa es poder imaginar su sueño de una manera que lo cautive tanto a usted como a los demás.

Reafirme su sueño con determinación

David también descubrió que todos los sueños enfrentan el desánimo. Eso es parte del proceso de probar su validez. El sueño del templo lo entusiasmaba como ninguna otra cosa en su vida. Estaba enardecido, listo para comenzar, ansioso por liderar la campaña de construcción. Podía verlo en su mente cada vez que miraba desde la azotea de su palacio hacia el monte Moriah.

Pero luego el techo se derrumbó, por así decirlo. Dios le dijo a David que no le permitiría construir el templo debido a su pasado violento: «... Tú no edificarás casa a mi nombre, porque eres hombre de guerra, y has derramado mucha sangre. [...] Salomón tu hijo, él edificará mi casa y mis atrios...» (1 Cr 28:3, 6). ¡Dígame si esto no es la muerte de una visión!

Oh, cuántas de mis visiones han muerto, y en cada oportunidad siento que una pequeña parte de mi corazón muere. Hay un pequeño lugar cerca de mi casa donde voy, estaciono mi auto y lloriqueo un poco cuando uno de mis sueños no se cumple. Me pongo a pensar en ello, lo entrego a la voluntad de Dios y luego me alejo mirando hacia adelante a través del parabrisas, no hacia atrás por el espejo retrovisor.

David no lloriqueó por mucho tiempo, si es que lo hizo. Se dijo a sí mismo algo como esto: «Bueno, si no puedo hacerlo yo mismo, y si Dios le ha designado la tarea a mi hijo Salomón, entonces haré todo lo que pueda para ayudarlo a tener éxito». Al negarse a renunciar al proyecto porque le quitaron el mando, David ilustró un valor fundamental en la construcción de sueños: ningún sueño se hace realidad sin una gran dosis de determinación.

Esto me recuerda una historia sobre mi nieto mayor, David Todd. Una de nuestras tradiciones familiares en Navidad es armar rompecabezas. Este año David Todd se nos unió. Lo disfrutó tanto que, cuando regresó a la universidad, se lo narró a sus compañeros de cuarto y juntos decidieron resolver un rompecabezas. Para mi asombro, compraron un rompecabezas de dos mil piezas.

Tardaron diez días en terminarlo en torno a sus obligaciones regulares. Luego recibí una llamada telefónica de un muy frustrado David Todd. Me dijo que el rompecabezas estaba terminado, ¡pero faltaba la última pieza!

Entonces, ¿qué hicieron él y sus amigos? Decididos a completar lo que habían comenzado, volvieron a la tienda y compraron el mismo rompecabezas. Usando la tapa de la caja como guía, buscaron entre las dos mil piezas hasta que encontraron a la causante del problema. Con gran satisfacción, colocaron la pieza final en su lugar. El rompecabezas completo ahora cuelga en su pared con las firmas de todos los que ayudaron.

El rompecabezas fue un proyecto divertido, un objetivo simple y compartido entre amigos; pero su determinación para lograr ese objetivo fue real. La imagen en la tapa de la caja fue tanto una visión como una guía, que les mostraba su objetivo, así como la pieza exacta del rompecabezas que necesitaban para lograrlo. La visión de Dios también es una guía para que usted la siga. Y cuando Dios pone Su sueño en su corazón, usted se vuelve más decidido y comprometido. Se esfuerza por ver el trabajo terminado.

En la Biblia, una joven viuda llamada Rut que vivía en Moab era fiel a su suegra, Noemí. Cuando Noemí decidió regresar a Belén tras la muerte de su esposo e hijos, Rut quiso acompañarla. Noemí trató de disuadirla, pero la Biblia indica que cuando Noemí vio «que estaba tan resuelta a ir con ella», cedió y la llevó consigo (Rt 1:18). Llegaron a Belén, donde, para hacer su pan, Rut recogió cebada y trigo caído de los campos de Booz, pariente de Noemí. Al final, Rut se casó con Booz, y su hijo se convirtió en el abuelo del rey David y, por lo tanto, en parte de la línea familiar de Jesucristo.

Tener una profunda convicción de lo que sentimos que Dios quiere que hagamos por la eternidad nos hará hombres y mujeres de devoción, dedicación y determinación. Cuando estamos decididos a hacer nuestra parte por Dios, las piezas del rompecabezas encajan de forma magnífica.

Concilie su sueño con su costo

A medida que construya su visión, esté dispuesto a sacrificarse. Los sueños son costosos, como descubrió David cuando Dios lo guio a comprar un terreno para el templo en un lugar alto de la zona. Era propiedad de Arauna el jebuseo, quien usaba la ubicación alta para que sus vientos trillaran su trigo. La paja volaba y los granos de trigo se recolectaban y vendían. David se dirigió a Arauna por este sitio valioso, el lugar más deseable en Jerusalén.

Como él era el venerable rey de Israel, David podría haberse apoderado de la tierra, y quizás por esa razón Arauna se ofreció a donársela. Sin embargo, David dijo: «… No, sino por precio te lo compraré; porque no ofreceré a Jehová mi Dios holocaustos que no me cuesten nada…» (2 S 24:24).

Los grandes sueños son caros. Si ha tenido la experiencia de un sueño cumplido, sabe de lo que hablo. El costo viene en dinero, energía, críticas, incredulidad, obstrucciones no planificadas, ayudantes infieles y una multitud de otras cosas desalentadoras.

Creo que Jesús estaba tratando de ayudarnos con todo esto cuando escribió estas palabras: «Porque ¿quién de vosotros, queriendo edificar una torre, no se sienta primero y calcula los gastos, a ver si tiene lo que necesita para acabarla? [...] ¿O qué rey, al marchar a la guerra contra otro rey, no se sienta primero y considera si puede hacer frente con diez mil al que viene contra él con veinte mil?» (Lc 14:28, 31).

Es posible que su sueño no implique construir una torre o ir a la guerra, pero aun así conlleva un costo si quiere verlo realizado. No comprender ese costo por adelantado puede hacer que renuncie a su sueño cuando se encuentre con el primer obstáculo.

Dorothea Dix fue una mujer que entendió el costo de un sueño. Nacida en Maine en 1802, huyó de su casa a los doce años para escapar de su familia alcohólica y de su padre agresivo. Vivió con su abuela en Boston y, a los catorce años, ya enseñaba en una escuela para niñas. Con el tiempo, le pidieron que enseñara en una clase de escuela dominical para mujeres en una prisión que albergaba a dementes y perturbados mentales, a quienes, en esa época, se los encarcelaba junto con criminales y se los trataba como animales. A muchas de estas almas frías y desnudas las mantenían en la oscuridad, las encadenaban a las paredes e incluso las azotaban.

Dorothea decidió con todo su corazón ayudar a estos desdichados parias de la sociedad, y dedicó el resto de su vida a una visión incansable de reforma penitenciaria para los enfermos mentales. Visitó penitenciarías, presentó informes, testificó ante las legislaturas, escribió artículos, dio discursos e inició reformas. Visitó cientos de prisiones y cárceles, y dondequiera que fuese, se enfrentaba a un nivel de sufrimiento que la enfermaba.

Con su característico gorro y chal de cachemira, recorrió más de noventa y cinco mil kilómetros en tren y carruaje, testificando que la providencia de Dios definía su camino. Horace Mann dijo que ella tenía un «magnetismo divino».

Dorothea fue una de las primeras reformadoras estadounidenses en defender a los niños con enfermedades mentales. Y cuando sus propuestas fueron rechazadas en las legislaturas estatales, ella redobló sus esfuerzos. Viajó al extranjero y defendió la reforma penitenciaria para discapacitados mentales en Gran Bretaña y en toda Europa. Cuando estalló la Guerra Civil en Estados Unidos, fue nombrada jefa de enfermeras del Ejército de la Unión y se dedicó a organizar la atención médica para los soldados heridos. Cuando la guerra terminó, tenía sesenta y tres años y pesaba cuarenta y tres kilogramos, pero estaba lejos de terminar.

Dorothea volvió al ruedo en nombre de los enfermos mentales y pasó otros quince años viajando entre Maine y California, estableciendo ministerios para las víctimas olvidadas de la sociedad. «Parecería que todo mi trabajo no termina nunca», escribió. Sin embargo, siguió trabajando.

Durante los últimos cincuenta años de su vida, Dorothea no tuvo hogar. Tan solo vivió en las habitaciones de los ciento veintitrés asilos y hospitales que había fundado. Falleció a la edad de ochenta y cinco años, y en su funeral se leyó Mateo 25:35-36: «Porque tuve hambre, y me disteis de comer; tuve sed, y me disteis de beber; fui forastero, y me recogisteis; estuve desnudo, y me cubristeis; enfermo, y me visitasteis; en la cárcel, y vinisteis a mí».[10]

Dorothea pagó un alto precio por perseguir su sueño, pero también recibió una gran recompensa, de manera más concreta, mejoras en todo el mundo en el tratamiento de millones de personas que padecen enfermedades mentales. El costo que pagó por sus esfuerzos fue real, pero los beneficios aún siguen propagándose en nuestro mundo actual.

Libere su sueño para su legado

Mirando hacia atrás en este período de la historia de Israel, una cosa me llama la atención: este era el sueño de David, pero terminó llamándose el templo de Salomón. De manera sorprendente, David no solo aceptó eso, sino que además hizo que sucediera.

Él se negó a dejar que su sueño muriera con él. Y aunque no se le permitió construir el templo, el Señor le dio los detalles de la construcción, que luego él pasó a su hijo Salomón. En 1 Crónicas 28:10-12 leemos:

> Mira, pues, ahora, que Jehová te ha elegido para que edifiques casa
> para el santuario; esfuérzate, y hazla. Y David dio a Salomón su hijo
> el plano del pórtico del templo y sus casas, sus tesorerías, sus aposentos, sus cámaras y la casa del propiciatorio. Asimismo el plano de
> todas las cosas que tenía en mente para los atrios de la casa de Jehová,
> para todas las cámaras alrededor, para las tesorerías de la casa de
> Dios, y para las tesorerías de las cosas santificadas.

El Espíritu Santo había instruido a David con los detalles específicos del templo, y David, a su vez, se los pasó a su hijo. Puedo imaginar a David transfiriendo la información de Dios a un plano arquitectónico, luego presentándoselo a Salomón y diciendo: «Aquí está. Dios me dio esto. Esto es lo que debes construir».

David había soñado con construir un lugar permanente donde se pudiera adorar a Dios y decidió dejar algo que honrara al Señor. Fue su sueño y los recursos que puso en marcha lo que le permitió a su hijo Salomón avanzar de forma rápida hacia la construcción del templo.

Desde entonces, las instrucciones de David a Salomón han sido un encargo para pastores, misioneros y obreros cristianos: «... Anímate y esfuérzate, y manos a la obra; no temas, ni desmayes, porque Jehová Dios, mi Dios, estará contigo; él no te dejará ni te desamparará, hasta que acabes toda la obra para el servicio de la casa de Jehová» (1 Cr 28:20).

Esta historia también ilustra cómo es posible lograr algo después de su muerte que no podría haber logrado durante su vida. Antes de morir, David decidió transmitir algo que perduraría después de él. De su vida podemos aprender la gran importancia de soñar más allá de nuestros años de vida. ¿Cómo puede Dios usarnos? ¿Qué podría hacer a través de cada uno de nosotros una vez que ya no estemos aquí?

A menudo pienso en esto cuando sostengo *The Jeremiah Study Bible* en mis manos. Recuerdo que cuando era joven leía la *Biblia de estudio Scofield* que mis padres me habían regalado cuando cumplí dieciséis años. Fue parte de mi educación espiritual. Todavía tengo esa Biblia y la aprecio. Fue la Biblia de referencia estándar durante mis años de crecimiento a pesar de que los derechos de autor datan de 1909. Años después de su creación, seguía ayudando a personas como yo a entender lo que la Biblia enseña, su significado y lo que significa para mí.

Solo puedo esperar y orar para que, de alguna pequeña manera, *The Jeremiah Study Bible*, que se publicó en 2013, tenga el mismo impacto en algún futuro estudiante de la Escritura.

En 1771, un domingo por la tarde, un hombre llamado Valentin Haüy se metió en un restaurante de París para cenar y se sentó cerca del escenario. El espectáculo de esa noche representaba a personas ciegas en una rutina de comedia, quienes eran objeto de burla y crueldad. El acto estaba diseñado para burlarse de su ceguera. Ofendido de manera profunda, Haüy comenzó a desarrollar una carga por las personas ciegas.

Algún tiempo después, vio a un niño pobre y ciego que estaba pidiendo monedas afuera de una iglesia parisina. Al darle algo de dinero al niño, Haüy se sorprendió al ver que el niño palpaba las marcas en relieve de las monedas y distinguía las cantidades. Eso le dio a Haüy una idea. ¿Por qué los libros no podían escribirse con letras en relieve, como las imágenes de las monedas? ¿Por qué la gente no podía aprender a leer con los dedos? Haüy sacó al niño de las calles, le ofreció comida y techo, ideó un plan con bloques de madera y números, y le enseñó a leer. En 1784, Haüy inauguró la primera escuela del mundo para niños ciegos. Fue en París, y uno de los primeros maestros fue el niño ciego rescatado de las calles.

Pero eso es solo el comienzo.

Varios años después, nació otro niño llamado Louis en el pueblo de Coupvray (Francia). Su padre era granjero y fabricante de arneses y, de pequeño, a Louis le encantaba ver a su padre trabajar con herramientas de cuero. Sin embargo, la tragedia llegó a su puerta en 1812 cuando Louis, de tres años, estaba jugando con una correa de cuero sobrante, tratando de perforarla. Su mano resbaló, y la herramienta afilada le perforó y le sacó el ojo. Se produjo una infección que se extendió al otro ojo, y el pequeño Louis terminó ciego de ambos ojos de por vida.

Un ministro local llamado Jacques Palluy amaba al niño y comenzó a visitarlo para leerle la Biblia. Al ver que el niño tenía una buena mente, el padre Jacques decidió que debía recibir una educación. Así, a los diez años, Louis ingresó en la escuela que Haüy había establecido en París, donde demostró ser un estudiante brillante.

Con el tiempo, Louis comenzó a enseñar a otros estudiantes en la Escuela para Ciegos de París. Estudió el método de lectura de Haüy y también se interiorizó en un sistema de comunicación militar desarrollado por un capitán del ejército francés que permitía a los soldados comunicarse en la oscuridad pasando los dedos sobre una serie de puntos y rayas. Aunque todavía era un adolescente, Louis Braille comenzó a adaptar estos sistemas en un programa propio; en 1829, a la edad de veinte años, publicó un pequeño libro sobre el método de lectura Braille.

La escuela se encontraba en un edificio húmedo junto al río Sena. Era fría e insalubre, y la comida y las condiciones eran malas. Louis se enfermó de tuberculosis, pero continuó trabajando en su sistema de lectura, que comenzó a ganar popularidad y pronto se exportó a todo el mundo. Cuando su salud falló, Louis dijo: «Estoy convencido de que mi misión en la tierra se ha cumplido. Le pedí a Dios que me llevara de este mundo».[11]

Piense en la reacción en cadena de ese sueño en cascada. Un hombre desarrolló una carga por los ciegos cuando vio actores ridiculizados en el escenario y un niño mendigo en las calles. Su carga lo llevó a establecer una escuela e intentar un sistema de lectura. Luego, un pastor local desarrolló una carga por un niño ciego en otro pueblo, le enseñó la Biblia y quiso enviarlo a la escuela. Ese niño ciego, Louis Braille, desarrolló una carga para mejorar y expandir el trabajo de Haüy. El mundo cambió y, como resultado, millones de almas ciegas han experimentado el gozo de leer la Biblia y otros libros por sí mismos durante casi dos siglos.

Es posible que usted y yo nunca creemos un idioma para las personas ciegas ni construyamos un templo para el Señor, pero, por favor, recuerde que no hay tareas pequeñas en la obra del Señor ni sueños insignificantes.

Nuestro trabajo nunca es rutinario, nuestra labor nunca se desperdicia y nuestro legado es capaz de sobrevivir a nosotros.

Puede confiarle sus sueños a Dios

Siempre me ha gustado la radio y todo lo relacionado con ella, desde sentarme al lado cuando era niño con la oreja pegada al parlante para poder escuchar *El llanero solitario* o *La sombra*, hasta armar equipos de radio cuando era adolescente. Por razones que no puedo explicar, la radio ha tenido un control misterioso sobre mí desde que tengo uso de razón.

Cuando comencé a estudiar en la Universidad de Cedarville en 1959, se me presentó una oportunidad radial única. Una nueva estación FM cristiana estaba por ser lanzada en Springfield (Ohio), a solo veinticuatro kilómetros de mi casa. No recuerdo cómo sucedió, pero pude hacer una audición para un puesto de locutor en directo y obtuve el trabajo.

Todos los días, de lunes a viernes, conducía hasta Springfield para cubrir el turno de las 3 de la tarde a las 11 de la noche en WEEC-FM. Leía las noticias, presentaba programas musicales de llamadas telefónicas y preparaba y reproducía programas de radio como *Back to the Bible* [De vuelta a la Biblia] y *Unshackled* [Desencadenados]. Amaba cada minuto, y cuando me pidieron que ayudara a iniciar una estación de radio en el campus de nuestra universidad, me uní a Paul Gathany, un compañero de clase de la universidad, y a mi novia, y futura esposa, Donna Thompson, y lanzamos WCDR-FM. Esta estación tuvo un comienzo humilde. Era un transmisor de doce vatios en el tercer piso del edificio de administración. Solíamos bromear entre nosotros que en un buen día se iba a poder escuchar la estación en el primer piso.

Con el tiempo, esa estación creció hasta convertirse en una red de estaciones que literalmente cubría todo el valle de Miami (Ohio) con excelente música cristiana y el mensaje del evangelio. Creo que Dios usó WCDR para ayudar a hacer crecer la Universidad Cedarville.

Cuando estaba en el tercer año en la universidad, Dios me llamó al ministerio. Tenía bien claro que iba a convertirme en un predicador del evangelio, así que de inmediato me inscribí en el Seminario Teológico de Dallas. Donna y yo nos casamos justo después de graduarnos y nos fuimos a Texas para recibir cuatro años de formación de posgrado.

Mi mayor arrepentimiento, si pudiera llamarlo así, fue este: me encantaba la radio y había pasado la mayor parte de mi vida en la radio. Sin embargo, parecía que Dios me estaba guiando en una dirección totalmente diferente en términos de mi vocación y llamado de vida.

La radio quedó en suspenso durante cuatro años mientras trabajaba en mi maestría, pero lo que sucedió después es una de las historias más increíbles de mi vida. Después de un breve período como pastor de jóvenes en Nueva Jersey y doce años como pastor de una iglesia que recién comenzaba en Fort Wayne (Indiana), acepté el llamado a Shadow Mountain Community Church (en ese momento se llamaba Iglesia Bautista Scott Memorial) en San Diego (California). Al año siguiente comencé un programa local de enseñanza de cinco días a la semana en una estación cristiana en San Diego, KPRZ de Salem Radio. El gerente de la estación, David Ruleman, me ayudó a iniciarme en este nuevo formato… Y el resto es historia.

Hoy Turning Point sale al aire en más de tres mil estaciones de radio en Estados Unidos, y en muchas de esas estaciones, el programa se escucha dos o tres veces al día. *Momento decisivo*, la edición en español del programa, se escucha en todos los países donde se habla español. Emitimos más de 121 000 programas de radio y 4050 programas de televisión fuera de Estados Unidos cada año, en idiomas como el bahasa, el hindi y el mandarín.

Como podrá ver, Dios no me llamó al ministerio para quitarme mi sueño. ¡Me llamó al ministerio porque mi sueño era demasiado pequeño! Él tenía un plan mucho mejor y mucho más grande para mi vida.

Como resultado de esas experiencias, he aprendido que puedo confiarle mis sueños a Dios incluso mientras avanzo hacia Sus planes para mi vida.

Y usted también puede hacerlo.

Capítulo 2

Ore

Consulte con su Creador

En 1909, la joven Leonora Wood se ofreció como voluntaria para ir a los montes Apalaches y enseñar en una escuela misionera de tan solo un aula. Allí, en el empobrecido pueblo Del Rio (Tennessee), se convirtió en una especie de leyenda viva gracias a su profunda fe en el poder de la oración. Leonora sabía cómo convertir los sueños en oración y la oración en sueños, y creía que debemos avanzar hacia nuestras metas en presencia de Dios a través de la oración.

Raymond Thomas era un adolescente adoptivo, que a menudo se detenía en la cabaña de Leonora, con sus zapatos pesados que le llegaban hasta la rodilla, para hablar con ella mientras Leonora se sentaba en el porche delantero y desvainaba arvejas o zurcía calcetines. El sueño aparentemente imposible de Raymond era ir a la universidad.

«¿Cómo voy a lograrlo? No tengo dinero ahorrado ni posibilidades», dijo.

«Raymond —respondió Leonora—, para lo que necesites, Dios tiene la provisión lista para ti, siempre que estés preparado para recibirla… Habrá dinero para cualquier sueño que sea adecuado para ti, cualquier sueño por el que estés dispuesto a trabajar».

Raymond le pidió a Leonora que orara por su sueño y la oración de ella fue la siguiente:

«Padre, le has dado a Raymond una mente excelente. Creemos que tú deseas que esa mente se desarrolle, que el potencial de Raymond sea utilizado para ayudarte a levantar e iluminar alguna parte de tu mundo. Como toda la riqueza del mundo es tuya, por favor, ayuda a Raymond a encontrar todo lo que necesita para acceder a una educación».

Sin embargo, ella no había terminado aún.

»Padre, también creemos que tienes planes aún más grandes para Raymond. Siembra en su mente y en su corazón las imágenes vívidas, los sueños específicos que reflejan tus planes para él después de la universidad. Y dale gozo al soñar, un gran gozo».

Raymond Thomas logró terminar la universidad en cuatro años, tuvo *doce* trabajos para mantenerse y se graduó con una licenciatura en ciencias *cum laude*. También sirvió en la Segunda Guerra Mundial y más tarde se instaló en Viena, donde obtuvo un doctorado en Física. Después visitó sesenta países, dominó varios idiomas y se relacionó con algunas de las personas más importantes de Europa gracias a su trabajo en la Comisión de Energía Atómica de Estados Unidos.

Años más tarde, la hija de Leonora, Catherine Marshall, le escribió a Raymond para avisarle que iba a ir a Europa. Cuando Catherine llegó a Roma, se encontró con funcionarios dispuestos a mostrarle lugares sagrados a los que pocos turistas pueden acceder. En Florencia, la llevaron a lo alto de la cúpula del Duomo. En Venecia, la esperaba una góndola. Catherine se dio cuenta de que su amigo de la infancia era conocido en toda Europa.

Cuando por fin se encontraron en Viena, Raymond le comentó: «Que pudiera sentarme en la puerta de tu casa, sin dinero, soñar con ir a la universidad y lograrlo, me demostró algo. Básicamente, lo que dijo tu madre era cierto: cualquier sueño correcto puede hacerse realidad… Y la oración te ayuda a saber si es correcto y te da el poder de aferrarte a él».[1]

Eso es lo que Nehemías diría también.

Nehemías fue uno de los líderes más eficaces de la Biblia, y su historia se desarrolla en el libro del Antiguo Testamento que lleva su nombre. Ejecutivos y empresarios estudian sin parar su libro por las lecciones de liderazgo que contiene.

Nehemías era un funcionario judío que servía al rey persa en la ciudad de Susa, a unos mil seiscientos kilómetros de Jerusalén, la cual, en aquel momento, era una ciudad en ruinas. Los babilonios habían destruido Israel y Jerusalén en el año 587 a. C., pero varios miles de migrantes hebreos habían regresado por fin para reconstruir el templo y restablecer la presencia judía allí.

Esta era una profunda carga para Nehemías. Sabía que el plan de redención de Dios dependía de la continuidad de Su pueblo en su tierra, donde pudieran ofrecer sacrificios en Su templo y esperar a Su Mesías. Para Nehemías, era un motivo de oración sincero.

Un día, el hermano de Nehemías y algunos otros hombres llegaron a Susa con noticias nefastas sobre Jerusalén. «… El remanente, los que quedaron de la cautividad, allí en la provincia, están en gran mal y afrenta, y el muro de Jerusalén derribado, y sus puertas quemadas a fuego» (Neh 1:3).

La noticia le cayó a Nehemías como un balde de agua fría. Se desplomó en la silla y comenzó a sollozar. No obstante, de sus lágrimas profundas brotaron oraciones sinceras y de sus oraciones surgió un sueño ferviente. Con la ayuda de Dios, él mismo regresaría a Jerusalén y reconstruiría los muros de la ciudad antigua de su Dios. Parecía una hazaña imposible porque Nehemías era el copero del rey y un consejero de confianza. La probabilidad de que el rey Artajerjes lo liberara (y mucho menos que financiara el viaje) parecía inverosímil. Sin embargo, Dios ya había sembrado el sueño en el corazón de Nehemías, así como está sembrando sueños nuevos en el suyo.

Prepare su corazón para el plan de Dios

Los deseos de Dios florecen en los corazones preparados, al igual que las semillas en la tierra surcada. En el capítulo anterior, lo insté a imaginar su futuro. Si afirma: «¡Sí, quiero hacer eso!», pero no está seguro de cuál es su sueño o cuál es el paso siguiente, entonces la oración es la respuesta.

Nehemías vio una necesidad que agobiaba su corazón y comenzó a orar por ella. He estudiado el Libro de Nehemías durante años, y hay dos versículos que nos dicen algo sobre los sueños, no del tipo de sueño que se tiene por la noche, sino del que lo guía hacia adelante.

Observe estas dos frases reveladoras: Nehemías afirmó que Dios había puesto en su corazón reconstruir los muros de Jerusalén (Neh 2:12). Luego expresó: «Entonces puso Dios en mi corazón» que organizara al pueblo (Neh 7:5).

Recuerde la oración de Leonora Wood: *Siembra en su mente y en su corazón las imágenes vívidas, los sueños específicos que reflejan tus planes.*

Eso es lo que le sucedió a Nehemías. El sueño de los muros de Jerusalén no se le ocurrió por sí solo. Su corazón fue receptivo a las cargas e impresiones que Dios le envió. Un corazón que ora es terreno fértil para las ideas divinas.

Chip Barker se lo narrará al compartir un plato de costilla de res de Texas. Hace varios años perdió su trabajo en Pepsi cuando el centro de distribución local cerró. Su esposa, Karen, fue despedida al mismo tiempo. «Nos atrasamos en todo —dijo Chip—. Pedíamos dinero prestado a todo el mundo solo para pagar la factura de la luz».

Barker se ofreció a realizar trabajos de jardinería, y su mujer hizo lo mismo para tareas domésticas.

Una mañana, Barker tomó una taza de café y se fue a caminar entre los árboles de pacana detrás de su casa. Comenzó a orar, pidiendo a Dios que le diera un sueño y le mostrara qué hacer. Dijo: «Señor, no quiero hacer lo que estoy haciendo. Necesito que me muestres el camino».

Le vino a la mente una frase de una conocida película, *El campo de los sueños*: «Si los construyes, vendrán». Chip meditó en ella un momento, luego la descartó y siguió orando. Cerca de allí, los vecinos estaban cocinando tocino para el desayuno y el olor se colaba por las pacanas. En ese momento, Chip decidió abrir un restaurante de barbacoa.

Esa noche no podía dormir, así que se dirigió a una tienda local para tomar otra taza de café. Allí se encontró con un amigo que le sugirió que lo hiciera sencillo y que abriera su restaurante en un galponcito. Chip calculó los costos y concluyó que necesitaba 12 000 dólares.

«¡Dios está detrás de esto!», se dijo a sí mismo mientras conducía hasta el banco local. Le aprobaron el préstamo y firmó los papeles bajo las pacanas donde había orado para ser guiado. Eso fue hace años, y hoy Chipster's Grill es conocido en todo Texas por su comida y su camaradería.[2]

¿Cómo puede estar seguro de que el sueño en su corazón es la voluntad de Dios y no la suya? Debe pedirle a Dios de manera humilde y específica que deposite Sus ideas para su vida en su corazón y en su mente. Salmos 25:4 menciona: «Muéstrame, oh Jehová, tus caminos; enséñame tus sendas».

Cuanto antes lo haga, mejor. Agradezca a Dios por los adolescentes como Raymond Thomas que saben orar por su sueño mientras son jóvenes y por personas como Chip Barker que lo hacen después. No importa su edad, no se preocupe. Nunca es demasiado pronto ni demasiado tarde para pedirle a Dios el capítulo siguiente de su vida. ¡Nunca es demasiado pronto ni demasiado tarde para seguir adelante!

Un ejemplo perfecto es Fred Lunsford, uno de los soldados que irrumpieron en las playas de Normandía el Día D en 1944. Después de la guerra, se convirtió en pastor en las montañas de Carolina del Norte, donde dedicó setenta años fieles a predicar el evangelio.

Hace dos años, cuando Lunsford tenía noventa y tres años, se enfermó de gravedad y pensó que iba a morir. Le dijo al Señor que quería ir al cielo, pero Dios le dijo: «¡Todavía no!».

Sentado en el jardín de oración ubicado detrás de su casa, Lunsford le preguntó al Señor: «¿Por qué me dejas aquí?».

El Señor pareció responderle que tenía algunos «asuntos pendientes» para Lunsford: «¡Orar por un despertar espiritual!».

Desde ese momento, Lunsford ha estado orando con fervor por un despertar en Estados Unidos y en todo el mundo y está reclutando a otros para que hagan lo mismo. Hace poco, Fox News publicó una noticia sobre él que informaba que, de alguna manera, no me pregunte cómo, Lunsford tiene más de un cuarto de millón de personas que oran con él todos los días por un gran avivamiento.

«Esto es de verdad un avivamiento de la oración —dijo Lunsford—. A partir de este día, Dios va a hacer maravillas. Cuáles son, no lo sé, pero quiero ser parte de ello».[3]

¡Yo también! Dios puso Sus sueños en el corazón de un adolescente pobre en los Apalaches, en la mente de un desempleado bajo una arboleda de pacanas en Texas, en el alma de un veterano de noventa y tres años en su jardín de oración, y en el corazón de un copero de la antigua Susa. Nunca dude de que Él puede mostrarle con seguridad lo que quiere que haga a continuación.

Ore ahora mismo con el salmista: «Muéstrame, oh Jehová, tus caminos; enséñame tus sendas» (Sal 25:4).

Ore por sus planes día y noche

No importa la hora ni las circunstancias, ¡ore! Cuando Dios comience a darle impresiones y pensamientos sobre su futuro, entrégueselos a Él en una oración solemne y continua. En cuanto Nehemías sintió la necesidad de reconstruir los muros de Jerusalén, lloró, ayunó y oró delante del Dios de los cielos (Neh 1:4).

Cuando sus pensamientos se aclararon y comprendió mejor lo que debía suceder, escribió una oración sincera, que se conserva para nosotros en Nehemías 1:5-11. Comenzó a decir: «… Te ruego, oh Jehová, Dios de los cielos, fuerte, grande y terrible, que guarda el pacto y la misericordia a los que le aman y guardan sus mandamientos; esté ahora atento tu oído y abiertos tus ojos para oír la oración de tu siervo, que hago ahora delante de ti día y noche...» (vv. 5-6).

Nehemías pasó a confesar sus pecados y los de su pueblo. Le recordó a Dios las promesas bíblicas a los hijos de Israel. Luego concluyó: «Te ruego, oh Jehová, esté ahora atento tu oído a la oración de tu siervo, y a la oración de tus siervos, quienes desean reverenciar tu nombre; concede ahora buen éxito a tu siervo, y dale gracia delante de aquel varón...» (v. 11).

¿Quién era «aquel varón»? Era el rey Artajerjes, el hombre más poderoso de la tierra. Aunque Nehemías era su copero, no podía acercarse al rey sin arriesgar su vida. Solo Dios podía disponer el momento adecuado. Así que Nehemías oró.

Muchos cristianos han olvidado cómo orar con sinceridad y fervor. ¿Cuándo fue la última vez que se dedicó a orar con fervor? Estamos demasiado ocupados, ¿verdad?

E. M. Bounds fue un pastor del siglo XIX que escribió libros inspiradores sobre el tema de la oración. Cada página es tan convincente que solo puedo leerlo en pequeñas dosis. Bounds llamaba a la oración «energía espiritual».

¡Cuán vastas son las posibilidades de la oración! ¡Cuán dilatado es su alcance! ¡Cuán grandes son las cosas que son realizadas por este medio de gracia hecho asequible por Dios! La oración echa mano del Dios Todopoderoso y mueve a hacer cosas que de otro modo no haría si no se hubieran pedido. Hace que ocurran cosas que de otra manera no ocurrirían. Por eso, podemos afirmar que la historia de la oración es la historia de grandes acontecimientos. La oración es, pues, un poder maravilloso colocado por Dios Todopoderoso en las manos de sus santos, el cual puede ser usado para conseguir el cumplimiento de grandes propósitos y alcanzar resultados extraordinarios.[4]

Nehemías en verdad lo creía. También lo cree Mark Cole, un conocido líder de adoración con más de cien canciones publicadas en su porfolio. Cole ha dedicado su carrera a la formación de músicos y al discipulado de cristianos.

En el otoño de 1981, Mark era el director musical de una banda cristiana en Europa. Tenía veintisiete años, era soltero y viajaba de un país a otro con el mensaje de Cristo. Esperaba poder ministrar más allá del Telón de Acero, pero las huelgas de Solidaridad en Polonia frustraron sus planes, y se tuvo que quedar un mes en un albergue cristiano cerca de Viena.

Allí, Cole empezó a leer la Biblia con renovado fervor. El Señor utilizó esas semanas en Austria para trabajar a fondo en su corazón. También vio por casualidad un video de un profesor neozelandés llamado Winkie Pratney. El tema era: «Cómo encontrar una esposa». El contenido se basaba en Génesis 24, cuando Abraham envió a su siervo a buscar una esposa para Isaac. Pratney señaló cómo el siervo había pedido la guía de Dios y cómo el siervo había encontrado la joven adecuada para el desafortunado Isaac.

«Eso me pareció bien —afirmó Cole—, así que elaboré una lista de diecinueve cosas que buscaba en una esposa. Fui bastante específico. […] Durante los meses siguientes, Dios siguió trabajando en mi corazón y transformándome. No sé si los demás lo notaron, […] pero me sentía como una persona totalmente nueva […] y me apasioné por leer y memorizar la Palabra de Dios».

Al regresar a Norteamérica a principios de 1982, Cole recibió una llamada telefónica de una iglesia de Vancouver, en la que le pedían que fuera a dirigir su culto, y él aceptó. Un día, se fijó en una linda joven italiana llamada Anna que cantaba en el coro.

«No tenía mucha prisa por empezar una relación, pero […] a medida que iba conociendo a Anna, me di cuenta de que satisfacía todas mis diecinueve peticiones de oración. Era el momento de casarse. Dios estaba respondiendo mi oración».

Mark y Anna se casaron en 1983 y ahora les cuentan a sus nietos la historia de la guía de Dios en sus vidas.[5]

¿Recuerda cómo Nehemías confesó su pecado, le recordó a Dios Sus promesas y oró día y noche? La Biblia afirma: «... La oración eficaz del justo puede mucho» (Stg 5:16).

La oración es la energía divina que trae el poder de Dios a los planes que Él le da a usted, pero debe aprender a orar con fervor, persistencia y fe. No conozco ningún atajo para esto. Dios guía a Sus hijos mientras aprenden el gozo de orar día y noche.

Practique la oración espontánea

Es maravilloso disponer de una hora de ocio en el patio para estudiar la Biblia y orar, o dedicar un tiempo especial y prolongado para la oración con amigos en la iglesia, suplicando a Dios Sus favores. Sin embargo, a veces hay que orar al instante, con urgencia, de improviso. ¡El Señor también escucha esas oraciones!

Le insto a que aprenda a orar de forma rápida, silenciosa y en el acto. Nadie en la Biblia dominó esa habilidad mejor que Nehemías. Su libro está salpicado de oraciones cortas intercaladas en su narración. Él sabía orar de manera espontánea.

Por ejemplo, un día el rey quiso un vaso de vino, así que Nehemías se lo preparó: «... tomé el vino y lo serví al rey. Y como yo no había estado antes triste en su presencia, me dijo el rey: ¿Por qué está triste tu rostro? pues no estás enfermo. No es esto sino quebranto de corazón...» (Neh 2:1-2).

Nehemías sabía que esas palabras podían reflejar una preocupación genuina o su sentencia de muerte. Era una ofensa capital estar triste en presencia de Artajerjes.

Entonces temí en gran manera. Y dije al rey: Para siempre viva el rey. ¿Cómo no estará triste mi rostro, cuando la ciudad, casa de los sepulcros de mis padres, está desierta, y sus puertas consumidas por el fuego? Me dijo el rey: ¿Qué cosa pides? Entonces oré al Dios de los cielos, y dije al rey: Si le place al rey, y tu siervo ha hallado gracia delante de ti, envíame a Judá, a la ciudad de los sepulcros de mis padres, y la reedificaré (Neh 2:2-5).

Estoy seguro de que lo ha notado: *Entonces oré al Dios de los cielos, y dije al rey.*

En un abrir y cerrar de ojos, Nehemías tuvo su oportunidad, pero tenía que decir con exactitud las palabras correctas de la manera correcta para conmover al rey. Su vida estaba en juego, sin mencionar los deseos de su corazón. Era fundamental que hablara con sabiduría y que el rey reaccionara de forma positiva. Así que, Nehemías lanzó una flecha al cielo. Tal vez fue: *¡Ayúdame, Señor!*

Y el Señor respondió, y pronto Nehemías se puso en marcha para reconstruir los muros de Jerusalén (Neh 2:6).

Cuando sepa orar con fervor día y noche, descubrirá que también hay un gran poder en los estallidos espontáneos de oración. Como indica un comentarista: «Como Nehemías tenía la costumbre de orar con regularidad, su respuesta natural ante esta peligrosa situación fue ofrecer una rápida y silenciosa "flecha de oración"».[6]

Un fatídico día de 2001, el teniente coronel Dan Hooten estaba trabajando en la primera planta del anillo C del Pentágono, que está en el centro del edificio. Se estaba preparando para una reunión a las diez cuando un compañero de trabajo entró en su despacho con la noticia de que el World Trade Center en Nueva York estaba en llamas.

Hooten se dirigió al despacho de su jefe, donde estaba la televisión encendida. Observó el desarrollo de los sucesos y luego tuvo el presentimiento de que debía levantarse y volver a su oficina. Por el camino se detuvo a hablar con alguien en un cubículo cercano. De repente, toda la sala estalló en llamas, y Hooten fue lanzado seis metros hacia delante. Su pierna izquierda quedó atascada bajo los escombros y las paredes estaban en llamas. Llamó a gritos a su compañero de trabajo, pero no obtuvo respuesta.

Él recuerda: «En ese momento hice una oración breve, le pedí a Dios que me mostrara la salida».

Hooten hizo palanca y pudo soltar su pierna, y vio una luz en la distancia. Arrastrándose por una abertura, se encontró atrapado de nuevo. «La habitación estaba llena de humo y mis pulmones también. La habitación era como un horno, y en ese momento pensé que iba a morir por inhalación de humo».

Hooten trepó por encima de más escombros y vio una mano que se extendía para ayudarlo. De repente, se encontraba en el helipuerto del Pentágono. Empezó a ayudar a los demás, sin darse cuenta de que estaba sangrando por múltiples heridas de metralla. Cuando ahora cuenta su historia, atribuye su supervivencia a que Dios respondió a sus simples palabras: «Muéstrame la salida».[7]

Prepárese para que Dios haga las cosas a Su manera

A medida que Dios deja caer sus semillas de inspiración en su mente y usted ora por ellas, ya sea en una oración silenciosa y prolongada o en una oración rápida del momento, aprenderá a confiar en Él y en Su propio tipo de éxito. Tiene que esperar que Él haga las cosas a Su manera.

Proverbios 16:3 indica: «Encomienda a Jehová tus obras, y tus pensamientos serán afirmados». La palabra *encomendar* significa «confiar». Usted puede confiarle a Dios sus sueños, para que los revele, los desarrolle, a veces los retrase y siempre los llene de Sus bendiciones.

Dios abre y cierra puertas, ordena las circunstancias y, a veces, crea trayectorias que usted no esperaba.

En el caso de Nehemías, el rey le concedió cartas de salvoconducto a través del imperio, junto con provisiones para los muros y las puertas. Nehemías dijo: «… Y me lo concedió el rey, según la benéfica mano de mi Dios sobre mí» (Neh 2:8). Además, Artajerjes envió un convoy militar para acompañarlo porque los judíos tenían fuertes enemigos en la provincia de Judá.

Al llegar a Jerusalén, Nehemías quiso mantener su sueño en secreto hasta que llegara el momento de reunir a los judíos, así que ensilló su caballo en la oscuridad e inspeccionó las ruinas a la luz de la luna. Al día siguiente, reunió al pueblo y le dijo: «… Vosotros veis el mal en que estamos, que Jerusalén está desierta, y sus puertas consumidas por el fuego; venid, y edifiquemos el muro de Jerusalén, y no estemos más en oprobio. Entonces les declaré cómo la mano de mi Dios había sido buena sobre mí…» (Neh 2:17-18). El pueblo estuvo de acuerdo y comenzó a trabajar, y Nehemías declaró con confianza: «… El Dios de los cielos, él nos prosperará…» (Neh 2:20).

Creo de todo corazón que el Dios del cielo concederá éxito a Sus hijos sinceros que buscan Su voluntad para sus vidas. No obstante, recuerde que el éxito no implica siempre salud, riqueza, fama y fortuna. Cuando Dios utiliza el término *éxito*, significa el cumplimiento de Su plan para usted y, si usted quiere avanzar, tiene que confiar en Él más allá de cómo esto se desarrolle.

Muchos de ustedes han escuchado la voz amable de Susie Larson en la radio. En uno de sus libros, Susie escribió sobre su esposo, Kevin, que era adicto al trabajo. Trabajaba día y noche para mantener a su familia. Susie creía que Dios podía proveer para ellos sin que Kevin trabajara hasta el cansancio y comenzó a orar al respecto. Ella sentía que él descuidaba a su familia al trabajar demasiado, y esto se convirtió en una carga profunda para ella.

«Llevé mi situación ante Dios con tal determinación que no se me iba a negar —afirmó—. Es como si me hubiera aferrado a los cuernos del altar y me hubiera negado a soltarlos. No pude evitarlo. Si Dios no nos ayudaba, temía que nuestra vida familiar no *alcanzara* lo que Dios nos había prometido.

»Corrí el riesgo. De cara al suelo, imploré a mi Dios que obrara en el corazón de mi marido y en su situación laboral. Cada día buscaba en la Escritura promesas que me anclaran, clamaba al Espíritu Santo para que Su presencia me diera poder y apelaba al cielo para que Dios me guiara».

Mientras continuaba con sus oraciones, a Kevin le diagnosticaron una enfermedad grave. Susie no se lo esperaba, pero confió en Dios. «No creo ni por un instante que Dios le diera cáncer a Kevin para darle una lección, pero sí creo que permitió que sucediera algo que el enemigo quería para el mal y lo convirtió en algo para el bien en nuestra vida».

Cuando Kevin se recuperó, se dio cuenta de que la empresa para la que trabajaba se había aprovechado de él. Había otra empresa en el pueblo que era mucho mejor, pero los puestos de trabajo allí eran escasos.

Susie mantuvo los cables al cielo encendidos. «Oraba por la mañana, oraba por la noche, oraba cuando doblaba la ropa y cuando preparaba el almuerzo para los niños».

Un día, Kevin atendió el teléfono y era el presidente de la otra empresa con una oferta de trabajo. Susie escribió: «Nunca hubiéramos pensado que Dios iba a abrir ese camino para cambiar nuestra vida».[8]

Sí, es necesario planificar si quiere avanzar hacia los planes que Dios tiene para su vida; pero también necesita orar porque hay muchas cosas que están fuera de su control. Dios no siempre lo guía como espera, así que debe improvisar por fe.

La Biblia afirma: «¡Vamos ahora! los que decís: Hoy y mañana iremos a tal ciudad, y estaremos allá un año, y traficaremos, y ganaremos; cuando no sabéis lo que será mañana. Porque ¿qué es vuestra vida? Ciertamente es neblina que se aparece por un poco de tiempo, y luego se desvanece. En lugar de lo cual deberíais decir: Si el Señor quiere, viviremos y haremos esto o aquello» (Stg 4:13-15).

Eso pone las cosas en perspectiva, ¿verdad? Encomiende al Señor cualquier cosa que haga con esta actitud: *Señor, no se haga mi voluntad sino la tuya.* Cuando usted le entrega sus planes al Señor Jesús, Él tiene una manera maravillosa de cumplirlos más allá de sus expectativas. Él es capaz de hacer «... todas las cosas mucho más abundantemente de lo que pedimos o entendemos, según el poder que actúa en nosotros» (Ef 3:20).

Suplique por fuerzas para superar momentos de opresión

Como aprendieron Kevin y Susie Larson, seguir en oración el plan de Dios para su vida significa que puede encontrarse con obstáculos, miedos y enemigos enormes. Nehemías también lo aprendió.

En la provincia de Judá, fuerzas poderosas se alinearon contra Nehemías ni bien se presentó. Los ocupantes de la tierra odiaban la presencia de los judíos en Jerusalén. Uno de los principales enemigos era un caudillo militar samaritano llamado Sanbalat. La investigación actual ha demostrado que era el comandante de una fuerza de guarnición y un oponente formidable.

Nehemías 4 relata:

Cuando oyó Sanbalat que nosotros edificábamos el muro, se enojó y se enfureció en gran manera, e hizo escarnio de los judíos. Y habló delante de sus hermanos y del ejército de Samaria, y dijo: ¿Qué hacen estos débiles judíos? ¿Se les permitirá volver a ofrecer sus sacrificios? ¿Acabarán en un día? ¿Resucitarán de los montones del polvo las piedras que fueron quemadas? (vv. 1-2).

Esa es la situación a la que se enfrentó Nehemías: tratar de recuperar piedras para su muro de entre los montones de escombros quemados mientras los enemigos enfurecidos se burlaban de él.

Usted también tendrá oposición. Al igual que Sanbalat, el diablo lanzará sus fuerzas contra la obra de Dios en su vida, pero no se deje amedrentar. No se deje intimidar. Nunca se deje desanimar. Haga lo que hizo Nehemías. Observe estos dos versículos pequeños que Nehemías incluyó en la historia: «Oye, oh Dios nuestro, que somos objeto de su menosprecio, y vuelve el baldón de ellos sobre su cabeza, y entrégalos por despojo en la tierra de su cautiverio. No cubras su iniquidad, ni su pecado sea borrado delante de ti, porque se airaron contra los que edificaban» (Neh 4:4-5).

Unos versículos más tarde, ¡más problemas y más oración!

«Entonces oramos a nuestro Dios, y por causa de ellos pusimos guarda contra ellos de día y de noche» (Neh 4:9).

Un par de capítulos más tarde, ¡más problemas y más oraciones!

«… Ahora, pues, oh Dios, fortalece tú mis manos» (Neh 6:9).

Y así es, usted debe orar para que Dios lo fortalezca en los momentos de opresión. Necesita que Dios fortalezca sus manos mientras avanza y, en especial, cuando se enfrenta a dificultades inesperadas o no deseadas.

Karen Rhea estaba en un viaje misionero con su esposo, Jim, un dentista. Con su hijo de siete años, Billy, fueron a la selva de México para brindar atención dental voluntaria a pueblos remotos. Un tramo del viaje requería ir en mula por la ruta de la montaña con un misionero local y algunos aldeanos que guiaban el camino.

«Mi mula empezó a tropezar en la pendiente empinada —escribió Karen—. Las rocas empezaron a ceder bajo sus pezuñas. Mi silla de montar se deslizó hacia sus ancas».

Karen esperaba que el animal recuperara el punto de apoyo, pero en lugar de eso, se cayó por el precipicio. Karen saltó de la mula en el aire y aterrizó con un terrible golpe seco unos siete metros más abajo. Jim y los aldeanos bajaron por la ladera del acantilado y cuando él levantó la cabeza de Karen, tenía las manos cubiertas de su sangre.

Para su gran alivio, Karen abrió los ojos. «¿Está bien la mula? —preguntó—. ¿Qué hice mal? Creo que tengo la espalda fracturada. ¿Podemos irnos a casa ahora?».

Karen estaba en estado de *shock*, recobraba el conocimiento y volvía a perderlo. Billy bajó para estar cerca de su madre, con los ojos llenos de lágrimas. Fue entonces cuando uno de sus compañeros levantó la voz para orar: «Padre Dios, acompaña a nuestra hermana, Karen. Sabemos que esta situación te aflige tanto como a nosotros. Te rogamos por más protección, ayuda y sanación. Consuela a Jim y a Billy. Ayúdanos a confiar en tu gracia salvadora que nos mantiene con vida. Permítenos hacer tu voluntad. Guíanos, te lo pedimos. Amén».

El doctor Rhea envió a Billy y al resto en busca de ayuda mientras él trataba las heridas de su esposa con los suministros médicos que había traído para los aldeanos. Sabía que la zona estaba infestada de jaguares y sentía que sus vidas corrían riesgo. Sin embargo, Dios respondió su oración. Un grupo de aldeanos regresó pronto con una camilla improvisada de madera de balsa y enredaderas.

«Aunque estaba en estado de *shock* —menciona Karen—, recuerdo la sensación de que las manos me cubrían de pies a cabeza». Un avión Cessna los llevó a un hospital local y, una semana después, Karen pudo volar a casa para quedarse una semana en un hospital de traumatología, seguida de seis meses de reposo.

En un momento durante ese tiempo, se deprimió y se cuestionó «la enormidad del error que había cometido al ir al viaje misionero con Jim. No solo mi familia estaba traumatizada, sino que fuimos a ayudar a otros y, sin embargo, nuestra familia se convirtió en la necesitada».

Luego, llegó una carta del misionero de la selva. Parece que los aldeanos se sintieron tan gratificados al convertirse en las manos y los pies de Jesús. Les dio dignidad y un sentido de ministerio. El gozo que sintieron al rescatar a Karen los reanimó y revivió. Se había convertido en una gran bendición. Mientras tanto, Karen se recuperaba sin más que algunos dolores de espalda ocasionales, una historia para narrar y un Salvador al que alabar.

Y, sí, en caso de que se lo pregunte, ¡la mula también sobrevivió![9]

Espérelo: el diablo tratará de sacarlo del camino, pero Aquel a quien oramos es Aquel ante quien los demonios tiemblan. Dios le dará fuerzas para superar los momentos de opresión.

Eso es lo que hizo por Nehemías. Entienda esto: ¡él y los residentes de Jerusalén terminaron el muro en cincuenta y dos días! Solo Dios podría haber hecho eso.

Créame, no puede avanzar en la vida sin cubrir cada paso en oración.

Uno de los mejores barcos de todos los tiempos fue el RMS Mauretania, construido en 1906. Tuvo una carrera distinguida, obtuvo el récord mundial por cruzar el Atlántico y sirvió a la Marina Real británica durante la Primera Guerra Mundial. Aún hoy, muchos de los muebles del Mauretania se encuentran en los interiores de algunos de los edificios más exclusivos del mundo.

Escondido en la historia se encuentra este dato interesante: «El Mauretania se construyó con oración. El arquitecto naval que lo construyó no ponía una sola pieza de ese gran barco sin pedir de forma decidida la ayuda de Dios y no recibía ninguna parte de la maquinaria sin saber que también había recibido la aceptación divina. Así se ha construido el mayor barco del mundo, haciendo de la oración un principio elemental de la vida».[10]

Haga que la oración sea un principio elemental en su vida al orar sobre cada paso que dé. La única manera de mantenerse ordenado es pedirle a Dios que le dé fuerzas para superar los momentos de opresión y seguir adelante con Su poder. Recuerde, no es el sueño de usted lo que Dios quiere: ¡es usted!

Alabe a Dios por Su gran obra en usted

Usted tiene una oportunidad más relacionada con la oración mientras avanza hacia el futuro que Dios le ha preparado. Tiene el privilegio de alabar a Dios por Su obra en su vida. Debido a que Nehemías y los judíos de Jerusalén terminaron los muros tan rápido, tuvieron algo de tiempo libre. ¿Qué sigue ahora? ¿Qué tal una conferencia bíblica?

Con la seguridad de una ciudad amurallada, los migrantes judíos se sintieron a salvo. Además, una sección de la muralla, cerca de la puerta de las Aguas, formaba una gran plaza pública nueva. Así que se corrió la voz desde allí. Todo el pueblo se reunió en la plaza de la puerta de las Aguas, y el sacerdote Esdras se subió a una plataforma construida para la ocasión. Alabó al Dios del cielo, y la multitud levantó las manos hacia arriba y gritó: «¡Amén! ¡Amén!».

El escriba Esdras leyó directo de la Escritura, explicó el significado y lo aplicó. Al principio, el pueblo se afligió porque, de repente, se dieron cuenta de lo mucho que habían descuidado la Palabra de Dios, pero Esdras y Nehemías les dijeron: «… día santo es a nuestro Señor; no os entristezcáis, porque el gozo de Jehová es vuestra fuerza» (Neh 8:10).

Los sentimientos de la multitud cambiaron enseguida, y el pueblo se alegró por lo que Dios había hecho.

Más tarde, cuando se dedicó el muro, grandes coros marcharon a lo largo de los parapetos, dirigiendo la adoración. «Y sacrificaron aquel día numerosas víctimas, y se regocijaron, porque Dios los había recreado con grande contentamiento; se alegraron también las mujeres y los niños; y el alborozo de Jerusalén fue oído desde lejos» (Neh 12:43).

No hay nada como el gozo de ver a Dios formar y cumplir Su plan para su vida. Y esto solo ocurre cuando da un paso hacia sus sueños en la presencia del Señor mediante la oración.

El gran humanitario cristiano George Muller escribió: «El gozo que dan las respuestas a la oración es indescriptible, y el impulso que dan a la vida espiritual es sumamente grande».[11]

La bloguera Dionna Sánchez recuerda un momento en el que Dios respondió a una gran oración para su familia. Un asunto había llegado a pesar mucho en sus corazones y habían orado con fervor por ello. Dios respondió de forma inesperada, en Su tiempo y con sabiduría perfecta. Así que Dionna y su familia decidieron celebrar, abrieron una sidra espumosa e hicieron un brindis, levantaron sus copas al aire, diciendo: «Gracias, Señor, por responder nuestras oraciones».

Ella sostuvo: «Quería que mis hijos entendieran que lo que sucedió no era solo algo "bueno", ¡lo que sucedió fue algo de "DIOS"!».

Bailaron en la cocina, conscientes de que las cosas podrían haber resultado tan distintas. «Estábamos más que agradecidos —dijo—. Estábamos exultantes». Fue un momento que su familia recordará por mucho tiempo.[12]

Así lo fue para los habitantes de Jerusalén cuando se regocijaron en su Dios y esa alegría les renovó las fuerzas.

Así lo será también para usted. Entonces, ¿cuál es su próximo paso?

He comenzado este capítulo hablándole de la inimitable Leonora Wood. Permítame terminar con una oración especial compuesta por su hija, Catherine Marshall. Esta oración fue inspirada por su madre y fue incluida en el libro de Marshall, *Aventuras en la oración*. Tanto Catherine como Leonora están en el cielo ahora, pero estoy seguro de que les encantaría que hiciera suya la oración de ellas. Adelante, lea esta parte en voz alta si lo desea:

Padre, una vez, parece que fue hace mucho tiempo, tuve sueños grandes, muchas expectativas por el futuro. Ahora, no me atrae ningún horizonte resplandeciente; mis días están apagados. Le veo tan poco valor duradero a la rutina diaria. ¿Dónde está tu plan para mi vida, Padre?

Nos has dicho que, sin visión, los hombres perecemos. Así que, Padre celestial, sabiendo que puedo pedir con confianza lo que me quieres dar según tu voluntad expresa, te pido que deposites en mi mente y en mi corazón el sueño particular, la visión especial que tú tienes para mi vida.

Y junto con el sueño, ¿me darás la gracia, la paciencia y la resistencia necesarias para llevarlo a cabo hasta que dé fruto? Presiento que esto puede implicar aventuras que no he previsto. No obstante, quiero confiar en ti lo suficiente como para seguirte, aunque me lleves por caminos nuevos. Reconozco que me gustan algunas de mis rutinas. Sin embargo, sé que los hábitos que parecen nidos acogedores por dentro, desde tu punto de vista pueden ser celdas de prisión. Señor, si tienes que derribar alguna de mis prisiones antes de que pueda ver las estrellas y captar la visión, entonces, comienza el proceso ahora. En espera gozosa, amén.[13]

Capítulo 3

Elija

Disminuya sus distracciones

Apenas unos meses antes de que Estados Unidos entrara en la Segunda Guerra Mundial, un joven infante de marina de Ohio llamado Walter Osipoff abordó un avión de transporte DC-2. Él y varios otros marines despegaron en un ejercicio de rutina de salto en paracaídas mientras el piloto Harry Johnson se dirigía hacia el hermoso cielo azul de San Diego.

Nueve hombres saltaron del avión y luego ocurrió el desastre. Osipoff estaba parado cerca de la puerta de salto cuando su cuerda de apertura se enganchó en algo y se desplegó. Su paracaídas se abrió, y él salió disparado del avión como un cohete y golpeó el costado del avión. El impacto le rompió dos costillas y le fracturó tres vértebras. Mientras Osipoff se precipitaba hacia el suelo, algo lo detuvo y luego lo empujó hacia atrás. Su paracaídas se había enrollado alrededor de la rueda del avión, y el desventurado infante de marina se encontró colgando a unos cinco metros por debajo de la cola del avión. Estaba literalmente colgando de un hilo.

La situación empeoró. La correa del pecho del paracaídas y el arnés de una pierna se habían roto, por lo que Osipoff estaba colgando en el aire, boca abajo, suspendido por una sola correa que se le había deslizado hasta el tobillo. Su peso ejercía una presión tremenda sobre el avión, y Johnson luchaba para evitar caer en picada. Además, Johnson no tenía contacto por radio y los otros hombres en el avión no podían comunicarse con su amigo. El marine que colgaba, herido y aterrado, mantenía los ojos cerrados contra el viento que soplaba. La sangre goteaba de su casco. Estaba atascado y enfrentaba una muerte segura.[1]

Le diré el final de la historia más adelante, pero, por ahora, quiero que imagine lo indefenso que se sintió Walter Osipoff. Puede que usted no haya estado colgando de un avión, pero ¿alguna vez ha sentido que su vida estaba patas arriba? Quizás se ha sentido como si estuviera al final de su cuerda, estirado hasta el punto de romperse o atascado en una situación de la que no podía escapar. No suele ser tan dramático como lo que experimentó nuestro amigo marine, pero la impotencia de no poder cambiar algo es real y puede mantenerlo congelado en su lugar.

Ya hemos visto la importancia de la oración en nuestros esfuerzos por alcanzar nuestros sueños. En este capítulo, quiero mostrarle cómo disminuir las distracciones que lo atascan y cómo establecer las prioridades correctas para que pueda elegir el mejor camino a seguir.

¿Se siente atascado?

Los autores lo llaman bloqueo del escritor. Los deportistas lo llaman bajón. Los economistas lo llaman estancamiento. Los pastores lo llaman agotamiento. Los nadadores lo llaman flotar en el agua. Los que manejan camionetas todoterreno lo llaman hacer girar las ruedas. Los minoristas lo llaman lentitud. Los científicos lo llaman inercia. Los jubilados lo llaman el síndrome de «todos los días son sábado». Los marineros lo llaman depresión.

Sin embargo, tengo buenas noticias. Esto no es lo que Dios quiere para su vida. La Biblia afirma: «... el que comenzó en vosotros la buena obra, la perfeccionará hasta el día de Jesucristo» (Fil 1:6).

Verá, nuestro Dios poderoso tiene un plan para su vida, ¡y no tiene la intención de detenerse en medio del diseño! Aquel que compuso los cantos de los pájaros, marcó las órbitas de los planetas, formó los ciclos de la historia y trazó los caminos de las grandes ballenas, tiene un diseño único para su vida. Nada es más importante que cumplirlo.

En ciertos momentos de la vida, usted se sentirá incapacitado y atascado, incapaz de ganar impulso. Algunos de los más grandes personajes de la Biblia quedaron inmovilizados por un tiempo:

- Moisés estuvo atascado en el desierto durante años, sin saber el futuro de Dios para él (Éx 3:1).
- Noemí quedó atrapada en Moab después de la muerte de su esposo e hijos (Rt 1:5).
- Elías estaba atrapado en el desierto, sintiendo lástima de sí mismo después de no haber logrado el avivamiento que esperaba para Israel (1 R 19:10).
- Ezequiel quedó varado en Babilonia a la edad de treinta años, frustrado porque no podía entrar a su servicio sacerdotal en el templo de Jerusalén (Ez 1:1).
- Pedro fue atrapado en un ciclo oscuro y depresivo el sábado antes de la Pascua (Mt 26:75).
- Tomás cayó en un desánimo de incredulidad cuando se perdió la aparición del Salvador el domingo de Pascua (Jn 20:24).
- Pablo estaba atascado en Troas donde una gran puerta de evangelismo estaba abierta para él, pero no tenía paz mental debido a la ansiedad por los problemas en la iglesia de Corinto (2 Co 2:12-13).
- El apóstol Juan fue exiliado a la isla de Patmos, solo e incapaz de continuar con su ministerio, o eso creía él (Ap 1:9).

¡Pero espere! Dios tiene un diseño para cada situación y para cada persona. Mire esa lista de nuevo. Por la gracia de Dios, cada una de estas personas logró salirse de ese atascamiento y siguió adelante, hacia sus días de mayor utilidad para el Señor.

Usted fue creado para una vida siempre fructífera, floreciente y próspera. Jesús afirmó: «... yo he venido para que tengan vida, y para que la tengan en abundancia» (Jn 10:10). La Biblia menciona: «En lo que requiere diligencia, no perezosos; fervientes en espíritu, sirviendo al Señor» (Ro 12:11).

En 1 Corintios 15:58, el apóstol Pablo proclamó: «Así que, hermanos míos amados, estad firmes y constantes, creciendo en la obra del Señor siempre, sabiendo que vuestro trabajo en el Señor no es en vano».

No puede estar atascado y vivir en abundancia al mismo tiempo. No puede estar abatido mientras mantiene su fervor espiritual en el servicio de Dios. No puede quedarse inmovilizado y entregarse de lleno a la obra del Señor.

Entonces, ¿cómo puede liberarse del banco de arena y volver a navegar en aguas abiertas?

Considere lo que es mejor

Comience por aceptar que no todo es igual de importante. Permítame repetirlo: no todo en su vida es igual de importante. Casi todos los adultos luchan con esto hoy en día. Nos distraemos tanto con las madrigueras que no podemos subir la montaña.

En febrero de 2020, cuando Dan Cain de Twinsburg (Ohio) llegó a su casa, se encontró con trabajadores postales que transportaban setenta y nueve contenedores grandes de cartas a su casa. En un día recibió cincuenta y cinco mil cartas, todas ellas iguales. Eran cartas duplicadas de una compañía de préstamos estudiantiles. De alguna manera, la empresa cometió un error en su sistema de correo e inundó a Cain con suficiente correo para toda una vida.[2]

Ahora piense en esto. ¿Y si en algún lugar entre esas cincuenta y cinco mil cartas había una comunicación vital, un pequeño paquete mezclado entre los contenedores? ¿Y si era una carta de Dios? ¿Y si un pequeño ejemplar de la Biblia, el mensaje de esperanza y del cielo, estaba mezclado entre las cartas en esos setenta y nueve contenedores de correo?

Su mundo desordenado lo bombardea con miles de bits de datos todos los días. ¡No es de extrañar que esté distraído! Es fácil que las cosas más importantes se pierdan. Por eso debe reconocer que no todo es prioridad. No todas las actividades son vitales. No todas las situaciones son eternas.

En Su parábola del sembrador, Jesús expresó: «El que fue sembrado entre espinos, este es el que oye la palabra, pero el afán de este siglo y el engaño de las riquezas ahogan la palabra, y se hace infructuosa» (Mt 13:22).

¿Se siente identificado con eso? Yo sí. El Señor ha sembrado la semilla de Su Palabra en nuestro corazón, pero no es tan productiva o fructífera como Él quiere. De alguna manera, «el afán de este siglo y el engaño de las riquezas» ahogan Su obra en nosotros y a través de nosotros.

Muchas veces nuestra incapacidad para avanzar se debe a una falta de prioridades: ni siquiera consideramos que algunas cosas son más importantes que otras. Si usted no comprende la naturaleza de las prioridades, no puede ordenar las preocupaciones de este mundo, pero puede quedar paralizado por las cargas, las obligaciones y las ocupaciones. Al tratar de hacer todo, termina sin hacer nada. Esta «parálisis por análisis» puede devastar su moral y su salud emocional.

En su libro *Esencialismo*, Greg McKeown escribió:

La palabra *priority* (prioridad) llegó al idioma inglés en el siglo XV. Era un término en singular. Significaba lo primero o lo previo. Se mantuvo en singular durante los siguientes cien años. Hasta el siglo XIX fue cuando se pluralizó y se comenzó a hablar de prioridades. De manera ilógica, razonamos que, al cambiar la palabra, podíamos modificar la realidad. De alguna forma, seríamos capaces de multiplicar las cosas que son «lo primero». Personas y empresas intentan hacer justo eso en el día a día. Un líder me describió su experiencia en una empresa que hablaba de «Pri-1, Pri-2, Pri-3, Pri-4 y Pri-5». Esto daba la impresión de que muchas cosas eran la prioridad, cuando en realidad nada lo era.[3]

Comprender que no todas las cosas son igual de importantes es una parte esencial para avanzar en la vida. Las prioridades lo mantienen enfocado y lo ayudan a lograr lo que en verdad importa, porque la mejor forma de avanzar es… ¡hacia adelante!

Clarifique lo que es mejor

Una vez que haya entendido el significado de las prioridades, el siguiente paso para salirse del atascamiento es determinar de verdad *las cosas más importantes* en su vida. Para ello, necesita tener claridad para saber qué es lo mejor. Comience preguntando qué es lo más importante para Dios. ¿Qué no es tan importante para Él? ¿En qué necesita concentrarse en su vida y qué puede comenzar a eliminar?

Los buenos autores saben cómo crear un borrador inicial de su capítulo, luego lo leen y eliminan las palabras innecesarias, a veces, párrafos enteros. Lo he hecho con este libro; de lo contrario, sería el doble de su tamaño. La buena escritura es como ser un corredor que se quita la ropa innecesaria o un excursionista que quita el peso innecesario de su mochila.

Para generar un impulso hacia adelante, evalúe sus actividades. Elimine las cosas de menor importancia para conservar las de mayor valor. No puedo darle una lista detallada de lo que debería ser importante para usted, pero en Marcos 12, Jesús nos dio tres principios que deberían ser centrales en la vida de todos.

En ese pasaje, un escriba del templo judío se acercó a Jesús para pedirle consejo sobre cómo organizar la vida. Su pregunta específica fue: «… ¿Cuál es el primer mandamiento de todos?» (Mr 12:28).

¡El gran mandamiento! El que está por encima de todos los demás. La prioridad máxima. De hecho, el escriba le estaba preguntando a Jesús:

«¿Qué es de verdad importante en la vida? Desde la perspectiva de Dios, ¿qué cosa es indispensable?».

Este escriba provenía de una tradición judía que se jactaba de una multitud de mandatos y obligaciones. Los rabinos judíos dividían los mandamientos del Antiguo Testamento en leyes positivas y negativas, y en leyes mayores y menores. Según sus cálculos, el Antiguo Testamento contenía 613 mandamientos. De esos, 248 nos dicen que hagamos algo positivo y 365 nos prohíben hacer algo negativo. Este escriba le estaba preguntando a Jesús cuál de estos 613 mandamientos era el más importante desde la perspectiva de Dios.

Sin dudar, Jesús respondió: «… El primer mandamiento de todos es: Oye, Israel; el Señor nuestro Dios, el Señor uno es. Y amarás al Señor tu Dios con todo tu corazón, y con toda tu alma, y con toda tu mente y con todas tus fuerzas. Este es el principal mandamiento. Y el segundo es semejante: Amarás a tu prójimo como a ti mismo. No hay otro mandamiento mayor que estos» (Mr 12:29-31).

¡Qué respuesta! Jesús resumió el contenido de todo el Antiguo Testamento en una prioridad única y contundente: el amor. Y atribuyó tres aplicaciones a esa prioridad. Si no entendemos esto, es imposible avanzar. El amor, como Dios lo define, es la prioridad máxima de la vida.

La prioridad de amar a Dios

Primero está la prioridad de amar a Dios. Citando Deuteronomio 6, Jesús dijo: «Y amarás al Señor tu Dios con todo tu corazón, y con toda tu alma, y con toda tu mente y con todas tus fuerzas…» (Mr 12:30).

Más que cualquier otra cosa, esto es para lo que estamos hechos: una aceptación apasionada y práctica de Dios con todos Sus atributos, todas Sus virtudes, toda Su gracia, aceptándolo con un corazón rebosante de devoción ardiente y gozo apasionado. Eso afecta todo lo demás que pensamos, hacemos y decimos.

Cuando el actor Chris Pratt pronunció su discurso de agradecimiento en los Teen Choice Awards, dijo: «Estoy tan emocionado de estar aquí. [...] Esto significa mucho para mí. [...] Quiero agradecer a Dios.

Siempre lo hago cuando estoy en una plataforma frente a un montón de caras jóvenes. Amo a Dios, eso es lo mío. ¡Lo amo! ¡Y ustedes también deberían hacerlo!».[4]

Como todos nosotros, Pratt tiene altibajos, pero cada vez más se expresa sobre el cristianismo y no duda en decirle al público adolescente que amar a Dios debe ser una prioridad en sus vidas.

Pero ¿qué significa amar a Dios?

En su libro *Do I love God?* [¿Amo a Dios?], el profesor Rod Culbertson afirma que la pregunta más grande es: «¿Tiene emociones, pasión y devoción por el único Dios vivo y verdadero, así como un compromiso firme de que él es el Señor de su vida y todo para usted?».

Culbertson también pregunta: «¿Qué le impide amar a Dios con un amor devoto y sincero? ¿El trabajo, el juego, el ocio, la familia, la mala gestión del tiempo, la tecnología, la pereza, el pecado o el fracaso personal? Las excusas y las razones son numerosas y, de alguna manera, nos permiten ignorar o nos impiden desarrollar nuestra relación con Dios, la relación más importante en la vida. Entonces, concluyo con una pregunta más: "¿Está creciendo en su amor por Dios?"».[5]

Elisabeth Elliot también dijo: «Ahora tengo un solo deseo: vivir una vida para el Señor, de temerario abandono, dedicando a ello toda mi energía y fortaleza».[6]

La prioridad de amar a las personas

Jesús continuó: «… Amarás a tu prójimo como a ti mismo…» (Mr 12:31). Dentro de la misma prioridad del amor hay una segunda aplicación. Debemos amar a nuestro prójimo, ¡y tenemos 7 700 millones de ellos! No podemos conocer o cuidar de manera personal a cada uno de ellos, pero el Señor sabe exactamente cómo guiarnos a aquellos a quienes debemos servir.

Paul Lee, un oficial de policía, estuvo años arrestando a criminales y siendo testigo de terribles males. Se volvió tan insensible que decía: «No sentía nada. Odiaba a todo el mundo. Nadie decía la verdad».

El matrimonio de Paul terminó, y él se sumergió en el consumo excesivo de alcohol y el cinismo constante. «Sabía la vida que estaba viviendo […], estaba pasando ante mis ojos como una mala película de clase B», recordó.

Entonces su madre murió. Mientras se duchaba y se preparaba para su funeral, pensó en su dedicación a Cristo. «Sabía que la vida que estaba viviendo estaba totalmente equivocada —comentó—. Había culpado a Dios durante veinte años, pero la muerte de mi madre me quebró por completo y me llevó al punto más bajo de mi vida».

Allí, bajo el agua humeante de la ducha, dijo tres cosas que, con frecuencia, le decían los delincuentes: «Me rindo. Me entrego. Tiro la toalla». En un instante, hizo de Jesús el Señor de su vida.

Poco después, Paul se unió a la Fraternidad de Oficiales de Policía Cristianos (FCPO, por sus siglas en inglés). Sintió una profunda compasión por otros policías que sufrían lo que él había sentido: «El sentimiento de soledad y solitud, y que a nadie en realidad le importa». Ahora ministra a los oficiales de policía de una manera que pocos pueden hacerlo; los ama como solo un hermano de uniforme puede hacerlo.

«Con una mentalidad bíblica, uno se da cuenta de que Dios lo puso allí para Sus propósitos, para llevar a cabo Su misión, sea cual sea», dijo Paul.

Paul y sus compañeros de la FCPO entienden que los policías cristianos están posicionados de forma ideal para llegar a sus colegas y al público al que sirven. «Estamos en el campo misionero —expresó—. No hay que golpear a la gente en la cabeza con la Biblia. Solo hay que mantener la compasión de Cristo. Nuestro propósito es mucho mayor que simplemente meter a alguien en la cárcel».[7]

Amar a los demás es compartir la compasión de Cristo con las personas que lo rodean.

La Biblia afirma: «No debáis a nadie nada, sino el amaros unos a otros; porque el que ama al prójimo, ha cumplido la ley. […] El amor no hace mal al prójimo; así que el cumplimiento de la ley es el amor» (Ro 13:8, 10). Y el apóstol Pablo escribió: «Porque toda la ley en esta sola palabra se cumple: Amarás a tu prójimo como a ti mismo» (Gá 5:14).

Cuando estaba terminando este libro, nuestro mundo se vio sacudido por la pandemia del coronavirus. Ya conoce los detalles de los horrores y la devastación causados por esta plaga. Todos lo estamos transitando y nos hemos visto afectados.

Como en todas las calamidades y tragedias, hemos tenido que tomar decisiones. La gente de nuestra congregación eligió usar esta pandemia como una oportunidad para amar a nuestros vecinos. Con el liderazgo de David St. John, uno de los miembros más antiguos de nuestro personal, comenzamos a proporcionar alimentos a las personas de nuestra comunidad. Cada semana distribuíamos más de veintidós mil kilos de comida. Alimentamos a mil familias con alimentos básicos, artículos de primera necesidad y un galón de leche para cada una. Más de sesenta de nuestros hermanos en la fe se reunían todos los viernes, se ponían las máscaras y los guantes, y ponían este regalo de amor en los baúles de los coches de las personas necesitadas que pasaban por nuestro establecimiento.

Cientos de correos electrónicos, cartas y llamadas telefónicas nos ayudaron a darnos cuenta de lo que esto significaba para los destinatarios. Quizás el mayor beneficio de esta iniciativa fue la alegría absoluta que presencié en las vidas de las personas que hacían las donaciones. En verdad es más bienaventurado dar que recibir, y amar al prójimo no es algo que uno siente… ¡es algo que uno hace!

Porque como Santiago 2:8 menciona: «Si en verdad cumplís la ley real, conforme a la Escritura: Amarás a tu prójimo como a ti mismo, bien hacéis».

Sin embargo, mantener las prioridades alineadas de forma correcta es un desafío diario. El primer paso es saber qué está primero en la lista. Una vez que eso está claro, las demás cosas se acomodan de forma más natural. Lo primero está claro: el *amor* hacia Dios, hacia los demás y luego hacia nosotros mismos.

La prioridad de amarnos a nosotros mismos

Observe otra vez cómo Jesús expresó este mandato: «… Amarás a tu prójimo como a *ti mismo*…» (Mr 12:31, énfasis añadido). Eso significa que está bien amarnos a nosotros mismos. De hecho, ¡se nos ordena amarnos a nosotros mismos!

Por supuesto, debemos tener cuidado en este punto, porque el diablo siempre intenta convertir el amor propio en egoísmo, ego, autoestima baja y alta, engreimiento, altanería, arrogancia y todos los demás elementos que componen el narcisismo pecaminoso. No estoy recomendando ninguna de esas cosas.

Por otro lado, el apóstol Pablo dijo: «Por tanto, mirad por vosotros, y por todo el rebaño…» (Hch 20:28).

Permítame parafrasear aquí: cuídense ustedes mismos y cuiden a todos los demás que Dios ha asignado a su cuidado.

Si no se cuida a usted mismo, no puede cuidar a los demás. Si se fatiga e irrita, no puede animar a otros. Si no presta atención a su dieta y ejercicio, perderá la fuerza que necesita para cumplir la voluntad de Dios.

Dios le ha dado la responsabilidad de cuidarse a usted mismo. Su cuerpo es el templo del Espíritu Santo. Su personalidad es el medio por el cual Dios llega a otros. Si se atrapa en una rutina, arrastrará a los demás consigo; pero cuando tiene su prioridad, el amor, en su lugar correcto y entiende sus tres aplicaciones, las cosas comienzan a avanzar.

Brad Hall escribió una columna en un periódico mientras su esposa estaba embarazada de su bebé. Él quería convertir el cuarto de huéspedes en un cuarto de niños, pero la habitación se había convertido en una especie de depósito, así que había que sacar muchas cosas.

«Mientras organizaba el cuarto de niños —dijo—, separé nuestros artículos según la prioridad y la frecuencia con la que podríamos usarlos. Mantuve cerca las cosas que usamos regularmente. Las cosas que no íbamos a usar con regularidad se colocaron en el garaje o en el fondo de un armario. Y todo lo demás fue donado o puesto en la pila de la venta de garaje».

Brad aprendió una lección de eso. «Nuestra vida necesita estar organizada para que Dios y nuestras familias siempre puedan estar por encima de todo lo demás. Nuestros trabajos son importantes, pero no deben estar antes que Dios. El tiempo de ocio con los seres queridos es importante, pero tampoco debe estar antes que Dios. Y si hay algún pecado en su vida que lo mantiene alejado de Dios, debe desecharlo por completo».

Brad concluyó: «Ponga a Dios por delante de todo lo demás, y él se encargará del resto».[8]

¡Amén! A veces nuestra vida necesita una limpieza. Muchas de nuestras actividades y actitudes deberían desecharse. Otros intereses deben guardarse en un lugar ordenado en nuestros calendarios. Solo es posible saber qué vale la pena conservar cuando se tiene la claridad de saber qué es lo mejor y cuando se comprende la prioridad del amor.

Elija lo mejor

Una vez que haya clarificado qué es lo mejor de Dios en su vida, lo siguiente que debe hacer es elegir esas prioridades. Debe tomar decisiones intencionales y planificadas que eleven lo que es mejor y eliminen lo que es meramente bueno.

Hacer esto requerirá valentía.

Cuando Moisés estaba muriendo, le dijo a su sucesor, Josué: «Esfuérzate y anímate; porque tú entrarás con este pueblo a la tierra que juró Jehová a sus padres que les daría, y tú se la harás heredar. Y Jehová va delante de ti; él estará contigo, no te dejará, ni te desamparará; no temas ni te intimides» (Dt 31:7-8).

No se necesita valentía para permanecer en la rutina. Se necesita agallas y valor para despertarse lo suficiente como para salir de la rutina y seguir adelante.

Cada diciembre, nuestro ministerio, Turning Point, lleva a cabo un evento navideño en la ciudad de Nueva York en Broadway o cerca de allí. Mientras camino por esa calle, no puedo dejar de notar las glamorosas marquesinas de los teatros con los nombres de las obras actuales en La Gran Vía Blanca. Es un poco como «un *déjà vu* de nuevo», para citar a Yogi Berra, porque a muchas de las obras se las llama «reestrenos».

El *New York Times* hace poco publicó un artículo titulado «Is Broadway Stuck on Replay?» [¿Está Broadway atascado en la repetición?] sobre cómo los productores de Broadway casi tienen miedo de estrenar nuevos espectáculos, porque las obras son bastante costosas de producir y tienden a fracasar. Así que Broadway mira hacia atrás, a los éxitos del pasado. La gente ya conoce la música y, cuando ven el título en la marquesina, les invade una sensación de nostalgia. El escritor del *Times* dijo que la temporada actual en Broadway está empezando a «parecer una repetición».[9]

No deje que su vida sea una repetición. Tenga la valentía de hacer algo nuevo. Lo que sea que Dios lo lleve a hacer, siga adelante. Una vez que establezca sus prioridades, encuentre el valor para decirle no a algunas cosas y sí a otras. Veamos dos áreas donde se requiere este tipo de valentía.

Valentía para aceptar sus limitaciones

En primer lugar, acepte sus limitaciones. ¿Tiene alguna? ¡Todos tenemos! Cuidado con vivir en la negación. Para avanzar, tiene que ser realista. El progreso viene al aceptar los límites que Dios le ha dado. Sí, dije «que Dios le ha dado».

Algunos límites tienen que ver con su edad o etapa en la vida. Yo solía correr mucho para hacer ejercicio, pero ahora mis rodillas no lo permiten. Así que tengo que aceptar esa limitación y encontrar otras formas de hacer el ejercicio que necesito.

Algunas de sus limitaciones tienen que ver con los dones que Dios le ha dado o el lugar donde lo ha colocado. Tal vez es un fiel pastor rural. Su congregación nunca será una megaiglesia debido a la región en la que se encuentra. Eso no significa que no pueda avanzar para hacer grandes cosas para Dios. ¡Claro que puede! Él lo colocó allí.

Tal vez usted lucha contra una discapacidad o una enfermedad crónica, o cuida de alguien enfermo. Tal vez tiene un miembro disfuncional en la familia o vive en una zona peligrosa. Quizás tiene un ingreso fijo o no pudo pagar los estudios universitarios, o su trabajo se está desmoronando. Sean cuales sean, acepte sus limitaciones; no las use como excusa para no hacer lo que Dios le ha asignado.

Incluso el Señor Jesucristo tuvo Sus limitaciones. Como Dios Todopoderoso, por supuesto, no tuvo limitaciones. Él era y es todopoderoso, omnisciente y amoroso. Ni siquiera el universo entero puede contenerlo. Su poder, fuerza, gracia, santidad y justicia son ilimitados, infinitos e inconmensurables. Sin embargo, cuando el Hijo de Dios entró en la raza humana en Belén, fue confinado dentro del comedero de un animal. Creció en un pequeño pueblo en la ladera. No se ha registrado ningún milagro hecho por Él durante los primeros treinta años de Su vida, y vivió en sumisión a Sus padres.

Cuando Jesús comenzó Su ministerio, no voló como un ángel de una asignación de predicación a otra. Ni siquiera tenía un caballo o un burro, salvo en una ocasión conocida. Él dijo: «... Las zorras tienen guaridas, y las aves del cielo nidos; mas el Hijo del Hombre no tiene dónde recostar su cabeza» (Mt 8:20).

El área de ministerio de Jesús estaba limitada a una pequeña franja de tierra a lo largo del Mediterráneo, y nunca visitó las grandes ciudades de Su época: Atenas, Roma, Milán, Alejandría, Cartago. Tenía una educación limitada, un ingreso limitado y un tiempo limitado para Su obra: apenas unos tres años. Oh, y Su nación no era libre; estaba ocupada por soldados romanos.

El Hijo ilimitado de Dios estaba limitado de forma financiera, geográfica, cronológica, política y física. Y luego Sus limitaciones se hicieron mucho más estrictas. En la cruz, quedó tan limitado por los clavos en Sus manos y pies que no podía limpiarse la sangre de los ojos ni espantar las moscas de Su rostro.

Sin embargo, Sus limitaciones obraron en beneficio de todo el mundo. ¡Imagínese! Las limitaciones nunca deben convertirse en excusas para quedarse donde está. Sus prioridades están determinadas por los dones que Dios le ha dado, su etapa en la vida y sus defectos personales. ¿No menciona la Biblia algo en cuanto a que el poder de Dios se perfecciona en nuestras debilidades (2 Co 12:9)?

Valentía para eliminar sus distracciones

Para avanzar, usted necesita el valor para eliminar las distracciones diciéndole no a lo malo e incluso diciéndole no a algunas cosas buenas. Usted solo querrá decirle sí a lo mejor.

No a lo malo. No a lo bueno. ¡Sí a lo mejor!

Warren Buffett ha aprendido que no puede concentrarse en demasiadas cosas a la vez. Él aconseja hacer una lista de las veinticinco cosas principales que desea lograr en los próximos años. De esta lista, elija las cinco que sean más importantes para usted. Ahora tiene dos listas. Buffett sugiere «evitar a toda costa» la más larga, ya que esas cosas pueden evitar que las cosas importantes sucedan.[10]

Para avanzar en la vida, tenemos que descubrir la belleza de la palabra *no*. La práctica de un no elegante requiere valentía, pero ¡dígame si no es libertador!

Hace unos años, en un brillante día de invierno en California, Greg McKeown visitó a su esposa, Anna, en el hospital. Incluso en el hospital Anna estaba radiante, pero también estaba exhausta. Era el día después de haber dado a luz a la preciosa hija de la pareja, que había nacido sana y feliz con unos tres kilos.

Lo que debería haber sido uno de los días más felices y serenos de su vida, en realidad, estuvo lleno de tensión. Incluso cuando la hermosa bebé recién nacida de Greg se encontraba en los brazos cansados de su esposa, él atendía llamadas por teléfono y correos electrónicos del trabajo, y sentía la presión de tener que ir a una reunión con un cliente. El colega de Greg le había escrito: «El viernes entre la 1 y las 2 sería un mal momento para tener un bebé porque necesito que vengas a esta junta».

De forma instintiva, Greg supo que debía estar con su esposa y su hija recién nacida, pero cuando le preguntaron si planeaba asistir a la reunión, dijo que sí.

«Para mi vergüenza —comenta Greg—, mientras mi esposa estaba en el hospital con nuestra bebé de apenas unas horas de nacida, fui a la junta».

Él esperaba que el cliente lo respetara por tomar esa decisión. No obstante, cuando llegó, la mirada en los rostros de los clientes reflejaba cómo se sentía Greg. ¿Qué estaba haciendo allí? Greg dijo que sí tan solo para complacer; y al hacerlo, perjudicó a su familia, su integridad e incluso la relación con el cliente.

Al final, nada resultó de la reunión con el cliente. Al tratar de mantener felices a todos, Greg sacrificó lo que más importaba y aprendió una lección importante en el proceso: si usted no establece prioridades en su propia vida, alguien más lo hará.[11]

En su libro *Learning How to Say No When You Usually Say Yes* [Aprenda a decir no cuando por lo general dice sí], Maritza Manresa advierte a sus lectores que está bien decir no a las cosas menos importantes para dejar espacio a las mejores. La mayoría de nosotros decimos que sí más de lo que deberíamos porque nos enseñaron a estar disponibles o porque no queremos decepcionar a los demás o desafiar la autoridad. Tal vez nos sentimos culpables o no queremos dañar una relación. Como resultado, de manera constante estamos comprometidos en exceso y lo mejor queda rezagado.

Manresa propone varias formas de decir no. La primera es tan simple: «¡No!». Esa es una oración completa en sí misma, pero si quiere ser más amable al respecto, pruebe afirmaciones como las siguientes:

- Lo siento, pero tan solo no puedo en este momento.
- Tengo una política personal…
- Parece que no podré hacerlo, pero si algo cambia, se lo haré saber.
- Parece que voy a tener que pasar esta vez.
- Simplemente no puedo darle un lugar en mi agenda.
- Esa es una buena causa, pero ya estoy apoyando otras buenas causas.
- No, gracias.[12]

¿Esto le resulta difícil? También lo es para mí, pero debemos tener la valentía de eliminar las distracciones si vamos a avanzar.

Jesús a menudo les decía no a los demás para poder decirle sí a Su

Padre. En Mateo 16, los fariseos y los saduceos se acercaron a Jesús y le pidieron una señal. Él dijo no. En cambio, les dio un pequeño y contundente sermón y los dejó y se fue (Mt 16:1-4). En Marcos 1:38, Pedro le pidió a Jesús que regresara a Capernaum, donde todos querían escucharlo. Sin embargo, Jesús dijo: «… Vamos a los lugares vecinos, para que predique también allí; porque para esto he venido».

No podemos hacer todo, pero siempre podemos hacer la voluntad de nuestro Padre. Podemos cumplir Su diseño para nuestros días.

Comprométase con lo mejor

Permítame resumir lo que hemos dicho en este capítulo. Cuando se sienta atascado, encuentre algo de tracción para darse impulso hacia adelante. Dios no quiere que haga girar sus ruedas. Una vez que esté en movimiento, necesita claridad para saber en qué dirección moverse, y Jesús se lo proporcionó al decirle que ame a Dios, ame a los que lo rodean y se ame a usted mismo. Armado con esa claridad, necesita la valentía de decir no a algunas cosas para poder decir sí a las cosas mejores. Y por último, necesita la constancia para practicar lo que es mejor. Proverbios 23:17 indica: «… Antes persevera en el temor de Jehová todo el tiempo».

Pablo declaró que debemos ser «… su pueblo, totalmente comprometidos a hacer buenas acciones» (Tit 2:14, NTV).

Cuando haga lo que he sugerido en este capítulo, usted se pondrá en los caminos que Dios ha prometido bendecir. Incluso cuando las cosas parezcan desalentadoras, siga adelante, confiando en que Dios hará un camino. Manténgase comprometido con lo que es mejor, porque el Señor toma las cosas de allí y hace maravillas.

Entré al ministerio hace más de cincuenta años en una iglesia que recién comenzaba en Fort Wayne (Indiana). Y estaba concentrado. ¡Vaya, qué concentrado estaba! No pretendía necesariamente ser un éxito espiritual; tan solo no quería ser un terrible fracaso.

Todos mis amigos sabían que fui a Fort Wayne para fundar una iglesia. Quería demostrarles a ellos y a mí mismo que podía construir una iglesia desde cero. Así que comencé a tocar puertas en cada momento libre, todo el día, sábados y domingos, por la tarde y por la noche. Estaba afuera todo el tiempo. ¡Estaba haciendo la obra de Dios! ¿Qué podía ser mejor?

Pero en ese momento, mi esposa, Donna, y yo teníamos dos niños pequeños. Jan era bebé y David solo tenía trece meses más. Mientras Donna estaba en casa con nuestros hijos, yo estaba en mi caballo blanco, ganando gente para Jesús y construyendo la iglesia. Todos los días, cuando llegaba a casa para cenar, Donna me decía: «¿Vas a irte otra vez esta noche?». Me esforzaba por equilibrar mis responsabilidades con mi familia y el ministerio. Y luego salía y tocaba algunas puertas más, solo para volver a casa y ver la mirada herida en el rostro de mi esposa. Yo pensaba que estaba haciendo la voluntad de Dios; pero en realidad, estaba haciendo la voluntad de David. Tan solo no quería fallar.

Un día, Donna me sentó en la cocina y me dijo: «Cariño, solo quiero decirte que nunca más te preguntaré: "¿Vas a irte esta noche?". He estado pensando y orando por esto, y el hecho es que tú eres el sacerdote de esta familia y un día tendrás que pararte delante de Dios y rendir cuentas de cómo nos guiaste. Si crees que Dios quiere que nos guíes estando fuera todo el tiempo, entonces no voy a discutir contigo. Todo esto está en tus manos ahora. Es tu responsabilidad».

Ese fue un punto de inflexión en mi vida. Me di cuenta de que no hay conflictos finales en la voluntad perfecta de Dios. Él no llama a un hombre a ser tanto padre como pastor de tal manera que esos dos roles estén de forma constante en guerra uno contra el otro. Comencé a orar para que las prioridades de Dios regresaran a mi vida. Pronto todo se me aclaró. Las organicé en las siguientes cuatro declaraciones:

- Soy una persona y tengo una responsabilidad ante Dios.
- Soy esposo y tengo una responsabilidad para con mi esposa.
- Soy padre y tengo una responsabilidad para con mis hijos.

- Soy pastor y tengo una responsabilidad para con mi congregación.[13]

No siempre he estado a la altura de estas cuatro prioridades, pero cada vez que me desvío, siento que estos principios me traen de vuelta al camino. ¡Eso es lo que hacen las prioridades!

Mis cuatro hijos ya son adultos y tengo doce nietos. La lección sobre las prioridades que Dios me enseñó la veo reflejada ahora en la forma en que mis hijos están criando a mis nietos. Lo veo casi todos los días y sonrío.

Aférrese a las prioridades de Dios

Y eso nos lleva de vuelta a nuestro infante de marina. Le pido disculpas por dejar la historia en suspenso. Por otro lado, ya sabe, esos marines tienen un lema: *Semper Fi* (siempre fiel). No son personas que se rinden tan fácil.

Walter Osipoff estaba colgado de un tobillo, arrastrado por un avión por las cuerdas de su paracaídas, que estaban enredadas en las ruedas del avión. El piloto, Harold Johnson, se estaba quedando sin combustible, pero sabía que un aterrizaje de emergencia mataría a Walter.

Johnson descendió a unos cien metros sobre el suelo y comenzó a hacer círculos sobre la base aérea. La mayoría de las personas que vieron el avión pensaron que estaba remolcando algún equipo. Sin embargo, un piloto, el teniente Bill Lowrey observó y, al instante, supo lo que estaba pasando. Divisó a un marine que estaba cerca, John McCants, y le gritó: «¡Hay un hombre colgado de esa cuerda!». De un salto, los dos se subieron a un SOC-1, un avión biplaza con cabina abierta, y despegaron sin siquiera saber si la aeronave tenía combustible.

De repente, todos los que estaban en tierra se dieron cuenta de la naturaleza de la emergencia, y todos los ojos quedaron paralizados. Los aviones no tenían radios, por lo que Lowrey le hizo señas a Johnson con la mano para que se dirigiera al Pacífico, y los dos aviones se elevaron a una altura de mil metros. El SOC-1 maniobró debajo del avión más grande, y McCants se puso de pie en el asiento trasero de la cabina y se abalanzó sobre Osipoff. Agarrándolo por la cintura, lo arrastró por el diminuto asiento, pero Osipoff todavía estaba atado al arnés.

En ese momento, ambos aviones y todos los marines estaban en peligro de muerte.

De alguna manera, fue la gracia de Dios, Lowrey acercó su avión más y más al DC-2 hasta tocarlo, y en el proceso, la hélice cortó las cuerdas restantes del paracaídas de Osipoff y lo liberó.

Después de volar por el aire durante más de media hora colgando de una cuerda de paracaídas, Osipoff estaba libre pero no a salvo. La cuerda cortada del paracaídas se enredó en el timón del SOC-1, y Lowrey luchaba por mantener el control del avión. Sin embargo lo consiguió, y cuando aterrizó, la multitud estalló en aplausos. Acababan de presenciar lo que se conoció más tarde como «uno de los rescates más brillantes y audaces en la historia naval».

Y en cuanto a nuestro desventurado marine, Walter Osipoff, pasó seis meses en el hospital. Tan pronto como se recuperó, volvió al trabajo y a saltar de los aviones.[14]

¡Bien por él!

Usted lleva bastante tiempo dando vueltas. Aférrese a la cuerda salvavidas de las prioridades de Dios y avance en el diseño que Él tiene para su vida, ¡siempre lleno de Su ímpetu y de Sus bendiciones!

Capítulo 4

Enfóquese

Haga que su única cosa *sea lo principal*

El maestro nació en Módena, una ciudad del norte de Italia. Su madre trabajaba en una fábrica de cigarros y su padre era panadero y tenor aficionado. Que fuera tenor aficionado fue lo que más conmovió al joven Luciano Pavarotti, a quien le encantaba oír cantar a su padre y pasaba horas escuchando la colección familiar de grabaciones de grandes tenores. Padre e hijo cantaban con los discos a todo volumen. El señor Pavarotti no cantaba en público debido al pánico escénico, pero sí lo hacía en el coro de la iglesia. A los nueve años, Luciano se unió a él. Al niño le encantaba cantar, y a la gente le encantaba oírlo.

«Tu voz me emociona cada vez que cantas», decía su madre.

Sin embargo, como carrera profesional era difícil. En aquella época, justo después de la Segunda Guerra Mundial, una carrera musical era arriesgada. Su madre sugirió que Luciano se convirtiera en instructor de atletismo, mientras que su padre lo incentivaba a seguir desarrollando su voz. «Pero tendrás que estudiar mucho, Luciano —le decía—. Practica mucho y luego, tal vez».

Luciano continuó sus estudios musicales y también se anotó en una escuela de profesorado. Después de graduarse, le preguntó a su padre: «¿Debo ser profesor o cantante?».

El anciano evitó con sabiduría dar una respuesta directa. En vez de eso, pronunció unas palabras que su hijo nunca olvidó: «Luciano, si intentas sentarte en dos sillas, te caerás entre ellas. Para la vida, debes elegir una silla».

Luciano eligió cantar. Le llevó siete años de mucho estudio y de práctica intensa antes de hacer su primera aparición profesional y le llevó otros siete llegar al Metropolitan Opera.

No obstante, Pavarotti vivía con un único enfoque. Finalmente, se convirtió en uno de los cantantes de ópera más famosos del mundo, el rey del do de pecho y un artista transversal que se ganó la admiración de millones de personas que nunca habían pisado un teatro de ópera. Su última actuación, cuando cantó «Nessun Dorma» en los Juegos Olímpicos de Invierno de 2006 en Turín, fue vista por todo el mundo.

«Dios me bendijo con una buena voz —señaló Pavarotti—. Creo que le agradó que decidiera dedicarme a ello. Ahora creo que, ya sea poner ladrillos, clavar un clavo recto, escribir un libro, lo que sea que elijamos, debemos entregarnos a ello. El compromiso es la clave. Hay que elegir una silla».[1]

Al igual que Pavarotti, usted ha sido bendecido por Dios. Ha sido bendecido con talentos, recursos y un sueño para la etapa siguiente de su vida. Una vez que haya orado por ese sueño y haya establecido las prioridades correctas para alcanzarlo, el paso siguiente es enfocar su vida en esa cosa principal.

El enfoque de mi vida

Yo también tuve un padre que supo transmitir un consejo sabio en el momento oportuno. Hace muchos años, cuando terminé mi formación en el seminario, mi padre predicó el sermón en mi ceremonia de ordenación. Lo basó en un pasaje de Hechos 13: «... David, habiendo servido a su propia generación según la voluntad de Dios...» (v. 36). Por supuesto, esto fue escrito sobre el rey David, pero me llaman así por él. Ese día mi padre me desafió.

Nunca he olvidado su desafío. Ha sido un punto de referencia para mí, una visión. Más de una vez me ayudó a enfocarme y a orar: «Dios, eso es lo que quiero hacer. Quiero servir a mi generación según tu voluntad».

No puedo servir a la generación que pasó. Ellos se han ido. No puedo servir a la generación que acaba de empezar; quizás no estaré aquí para hacerlo. No obstante, Dios me ha dado esta oportunidad pequeña de servir a mi generación y, por Su gracia, quiero mantenerme enfocado en eso.

Hubo momentos en los que me distraje y momentos en los que sentí que me destruían, momentos en los que estuve desanimado y decepcionado e incluso me sentía derrotado.

Sin embargo, esto es lo que he aprendido: cuando esas cosas empiezan a suceder es porque uno ha perdido su enfoque. Cuando empiezo a sentir esas emociones, tengo que detenerme y alejarme en algún lugar con mi Biblia, mi cuaderno y mi diario. Tengo que alejarme de toda la presión y decir: «Señor, estoy empezando a sentir cosas que no debería sentir si me mantengo enfocado. Ayúdame a enfocarme de nuevo».

¿Alguna vez usted hizo eso? «Señor, ayúdame a enfocarme en tu voluntad para mi vida para que nada me distraiga, destruya, desanime, decepcione o derrote». Cuando hago eso, tengo la victoria en mi alma y usted también la tendrá. Es mi deseo para usted que conozca a Dios de manera tal que esté al extremo seguro de cuál es Su propósito para su vida.

En la Biblia, el apóstol Pablo tenía ese tipo de enfoque. Él decía que se esforzaba por avanzar, prosiguiendo para alcanzar un tesoro celestial. A sus amigos en la ciudad de Filipos les escribió afirmando:

> No es que ya lo haya conseguido todo, o que ya sea perfecto. Sin embargo, sigo adelante esperando alcanzar aquello para lo cual Cristo Jesús me alcanzó a mí. Hermanos, no pienso que yo mismo lo haya logrado ya. Más bien, una cosa hago: olvidando lo que queda atrás y

esforzándome por alcanzar lo que está delante, sigo avanzando hacia la meta para ganar el premio que Dios ofrece mediante su llamamiento celestial en Cristo Jesús (Fil 3:12-14, NVI).

Pablo escribía a una iglesia por la que literalmente había derramado su sangre. Cuando comenzó a predicar en la ciudad de Filipos, como se registra en Hechos 16, atrajo tanto a conversos como a críticos. Los críticos lo agarraron, lo desnudaron y lo azotaron hasta que la sangre le corrió por la espalda. Él y su compañero de sufrimiento, Silas, fueron encarcelados, pero la iglesia valía la pena los golpes; esta se encariñó con Pablo, le envió ayuda económica una y otra vez, y oraba por él mientras él viajaba por el imperio. Fue a esta gente amada a la que Pablo expresó de manera abierta el anhelo más profundo de su corazón y reveló su declaración de misión personal: el enfoque de su vida.

Al desentrañar las palabras de Pablo, quiero mostrarle cuatro principios poderosos que agudizarán su enfoque y lo guiarán hacia sus próximos pasos en la vida.

Enfóquese en el propósito de Dios

Bob Weighton celebró su 112.º cumpleaños durante el brote de coronavirus en 2020, lo que significó que no pudo hacer una fiesta ni estar con sus amigos. Es una lástima porque ese día Bob se convirtió en el hombre vivo más viejo de la tierra. La organización de los récords mundiales Guinness le envió un certificado y los periódicos lo aclamaron en términos heroicos. Los amigos le cantaron el «Feliz cumpleaños» desde la distancia mientras Weighton, antiguo profesor de escuela misionera, escuchaba en su balcón.

«No puedo decir que me alegro de oír que el anterior titular ha muerto, pero me alegro mucho de haber podido vivir tanto tiempo y de tener tantos amigos», dijo.

Cuando se le preguntó por el virus, respondió: «Es extraño. Nunca había experimentado algo como el coronavirus. Estoy un poco frustrado, pero también he estado en situaciones en las que solo tenía que aceptar lo que estaba pasando».

Luego, resumió la sabiduría de una persona de 112 años: «No hay nada que podamos hacer al respecto, así que para el caso hay que hacer lo que se pueda. No hay que preocuparse por lo que no se puede hacer».[2]

¡Esa es la clave! Enfóquese en lo que *puede* hacer. Hay muchas cosas que no puede hacer, pero hay una cosa que todos podemos hacer: podemos seguir el deseo profundo de Dios de que crezcamos a imagen de Jesucristo. Pablo afirmó: «… Sin embargo, sigo adelante esperando alcanzar aquello para lo cual Cristo Jesús me alcanzó a mí» (Fil 3:12, NVI).

Ese es el propósito principal de Dios para usted y para todos nosotros. Por supuesto, Él también tiene un plan individual para su vida y para la mía, y me ocuparé de eso en un momento, pero primero, considere el propósito principal de Dios para su vida: que usted se asemeje cada vez más a Su Hijo, Jesucristo. Romanos 8:29 declara: «Porque a los que antes conoció, también los predestinó para que fuesen hechos conformes a la imagen de su Hijo…».

John Bray fue decano de la capilla de la Universidad Wesleyana de Indiana. Él y su esposa eran populares entre los alumnos, y sus mensajes en la capilla estaban llenos de vida y verdad. Luego, a Bray le diagnosticaron la enfermedad de Parkinson. La aparición de los síntomas lo llevó a abandonar su cargo, pero también continuó mirando hacia adelante, siguió avanzando.

«Todo el mundo recibe un diagnóstico de algún tipo en algún momento de su vida —le dijo Bray al periódico del campus—. No hay razón por la que yo no».

Les comentó a sus alumnos que no se preguntaba el porqué. «No puedo cambiar lo que me ha pasado, así que el *porqué* no es una pregunta fundamental en mi vida. "¿Cómo glorificaré a Dios en medio de todo esto?" es el tipo de pregunta que está en el corazón de casi todas las decisiones importantes que debe tomar un seguidor de Cristo».

Cuando se refirió a su discapacidad, Bray opinó: «Incluso esto, que no me agrada, está diseñado para moldearme más como Cristo».[3]

Esa es la voz de alguien que se ha aferrado al propósito de Dios para su vida y, sin importar lo que se le presente, no lo dejará ir.

Matt Mooney es un jugador profesional de baloncesto que, como todo deportista, trata de sobresalir en su deporte, con sus victorias y contratiempos. También es un comprometido seguidor de Jesús. «Sé que Dios tiene un gran plan para mí. Confío en él. Su propósito para mí es glorificarlo mientras juego.

»No puedo llevarme el juego de baloncesto a la eternidad. Lo único que es eterno es Dios y Jesús. Me di cuenta de eso hace años. Cuando empecé a enfocarme de verdad en mi fe, me di cuenta de que no importaba cómo jugara, bien o mal, Dios seguía amándome y yo seguía teniendo mi salvación intacta».[4]

El pastor Rick Warren escribió: «Su transformación espiritual en el desarrollo del carácter de Jesús le llevará el resto de su vida e incluso no se completará aquí en la tierra. Solo estará completa cuando llegue al cielo o cuando Jesús regrese».[5]

Cuando Dios lo mira y lo evalúa, quiere que se parezca cada vez más a Jesucristo, que lo siga de cerca y que emule su vida para que Cristo se refleje en usted cada vez más. Eso solo sucede cuando usted se enfoca en Él.

Enfóquese en la perspectiva de Dios

Luego, Pablo habló de ver la vida a través de los ojos de Dios. Habló de forma breve de su pasado y dijo que no valía la pena enfocarse en él: «Hermanos, yo mismo no pretendo haberlo ya alcanzado; pero una cosa hago: olvidando ciertamente lo que queda atrás…» (Fil 3:13).

En 1954, Roger Bannister era un estudiante de medicina al que le encantaba correr. Participó en una carrera en Oxford el 6 de mayo de ese año e hizo historia al convertirse en el primer atleta en correr una milla en menos de cuatro minutos. El tiempo de Bannister fue de 3 minutos y 59,4 segundos. En la otra punta del mundo, el rival de Bannister, el australiano John Landy, tomó nota. Un mes después, Landy batió el récord de Bannister por un segundo.

Los medios de comunicación se centraron en los dos corredores y miles de personas los miraron ese mismo verano cuando coincidieron en los Juegos del Imperio Británico en Vancouver (Canadá). Se llamó la «Milla del Siglo». Los corredores salieron disparados de los tacos de salida y Landy tomó la delantera y la mantuvo. El clamor del público era ensordecedor. Cuando faltaban solo noventa metros, Landy cometió un error fatal: miró hacia atrás. En ese preciso momento, Bannister le pasó a toda velocidad y ganó la carrera por menos de un segundo.

La carrera se conoció como la «Milla del milagro», y un escultor de Vancouver creó una estatua de bronce de los dos hombres en el momento en que Landy miró hacia atrás. Landy luego expresó: «La mujer de Lot se convirtió en una estatua de sal por mirar hacia atrás. Es probable que yo sea el único que se ha convertido en bronce por mirar hacia atrás».[6]

Al apóstol Pablo le hubiera encantado esa historia porque de eso hablaba en Filipenses 3. Habló de «olvidar» las cosas que quedaron atrás; usó la palabra *olvidar* en el sentido de minimizar el impacto negativo de nuestro pasado. Deje de permitir que las cosas del pasado le controlen el presente o le obstaculicen el futuro. Pablo se libró de esas cosas. No dejó que se aferraran a él como anclas que lo hundían.

Olvide sus éxitos pasados

Aquí estaba el gran apóstol que logró más en su vida que lo que la mayoría de nosotros podría lograr en diez vidas y, aun así, dijo: «Todavía no lo he alcanzado». Eso me asombra porque he pasado mi vida estudiando la vida y los escritos de Pablo, y su influencia a favor de Cristo es impresionante.

N. T. Wright escribió lo siguiente sobre el impacto de las cartas del apóstol:

Las cartas de Pablo, en una traducción moderna estándar, ocupan menos de ochenta páginas. [...] Es una apuesta segura decir que estas cartas, página por página, han generado más comentarios, más sermones y seminarios, más monografías y disertaciones que cualquier otro escrito del mundo antiguo. [...] Es como si ocho o diez pequeños cuadros de un artista oscuro fueran más buscados, más estudiados y copiados, más valorados que todos los Rembrandts y los Tizianos y todos los Monets y Van Goghs en el mundo.[7]

Las epístolas de Pablo son solo una parte de su ministerio. También fundó la mayoría de las iglesias de Asia Menor y fue un gigante intelectual. Algunos lo consideran el hombre más grande que ha existido, aparte de Jesucristo. Sin embargo, aquí estaba en el ocaso de su vida, mirando hacia atrás y diciendo: «Todavía no estoy allí. No he comprendido la calidad de vida espiritual que quiero para mí. Todavía no me he perfeccionado. Voy a seguir luchando por lo que Dios me ha llamado».

Un estudioso observó: «Pablo no seguía dándole vueltas en la mente a los buenos tiempos de servicio activo antes de ser encarcelado; no se recordaba a sí mismo todo el tiempo todos sus logros ni tampoco relataba esos apogeos especiales de su relación íntima con Cristo. [...] No se distrae con todos los trofeos del pasado».[8]

Olvide sus errores del pasado

La otra forma de adoptar la perspectiva de Dios con respecto a su pasado es decidirse a olvidar esas cosas que lo persiguen. Como bromeó Ruth Bell Graham: «Todo gato sabe que es necesario enterrar algunas cosas».

Una compañera de trabajo ofendió una vez a la fundadora de la Cruz Roja, Clara Barton, pero ella de inmediato perdonó a su amiga y siguió adelante. Años después, alguien le recordó el incidente y le preguntó: «¿No te acuerdas?».

«No —respondió la señorita Barton—. Recuerdo con claridad haberlo olvidado».[9]

Tiene que haber cosas en su vida que recuerde con claridad haber olvidado. ¿Qué cosas de su pasado podría elegir olvidar? Por ejemplo: la culpa es recordar un pecado que ya ha sido enterrado por la sangre de Cristo. La amargura es recordar una ofensa que debe ser enterrada por la gracia. El desánimo es dejar que el último contratiempo se convierta en un obstáculo.

Su cerebro quiere revivir los sucesos una y otra vez. Si se lo permite, lo perseguirá con fracasos, lo avergonzará con errores, lo mantendrá despierto por el estrés y lo hará dormir con nostalgia. Puede anteponerse a su cerebro entregándole el pasado a Dios y luego «olvidar» las cosas que lo harían retroceder y caer.

Si usted conoce a Cristo como Salvador, no hay ninguna razón para obsesionarse con los fracasos del pasado. La sangre de Cristo lo libera de castigarse a sí mismo con remordimientos. Cuando se convierte en seguidor de Cristo, entra en una nueva vida en Él y su pasado queda atrás de una vez por todas. A Satanás le encanta recordarle su historia con todos sus fracasos, pero es entonces cuando usted afirma con Jesús: «¡Quítate de delante de mí, Satanás!».

Recuerde que Pablo tuvo un pasado malvado. Persiguió con crueldad a los cristianos y atacó a la iglesia. Ayudó a condenar a Esteban, el primer cristiano martirizado por la causa de Cristo. Después de la conversión dramática de Pablo en el camino a Damasco, muchos cristianos todavía le tenían miedo.

¿Y si Pablo continuaba viviendo en ese pasado? ¿Y si hubiera seguido flagelándose por lo que había hecho? Habría perdido su influencia. En cambio, reconoció su pasado, pero estaba lleno de gratitud a Dios por la gracia del perdón total.

Harry J. Kazianis es director sénior de estudios coreanos del Centro para el Interés Nacional con sede en Washington y experto en temas de asuntos exteriores. Al ver su éxito actual, nunca se sabría que desde el séptimo grado Kazianis era todo el tiempo acosado.

«El peor de los bravucones era un niño llamado Joe. Todavía puedo ver su cara y la sonrisa que me mostraba antes de comenzar. Joe me ponía los peores apodos que se puedan imaginar… palabras que no son adecuadas para publicar. Pronto, los azotes verbales se volvieron físicos. Primero, me golpeaba en los brazos y en las piernas. Luego se intensificaron las palizas diarias en todo el cuerpo, en las que intervenían dos o tres de sus amigos».

Kazianis estaba paralizado por estas palizas, demasiado asustado para defenderse. Se escondía en la escuela. Comía su almuerzo en el baño. Otros niños se sumaron, y los siguientes años fueron un tormento para él.

«Todo esto me dejó hecho un caos emocional durante años», confesó.

Cuando Kazianis fue a la universidad, tenía miedo de hacer amigos. Cuando un profesor le daba su opinión, se sentía atacado. Quería estudiar temas de seguridad nacional y soñaba con hablar de política exterior, pero no tenía la capacidad para manejar situaciones individuales en las que las conversaciones se volvían intensas. Incluso las críticas leves se sentían como un acoso.

Como resultado, Kazianis renunció a su sueño y consiguió un trabajo en ventas. No obstante, durante la crisis financiera de 2008, cuando sus ingresos se redujeron de forma drástica, perdió su mecanismo de afrontar el dolor y cayó en una profunda depresión. Se sentó con su mujer y empezó a llorar sin control. Le relató lo que había sucedido años atrás y liberó un torrente de ira y dolor reprimidos.

La mujer de Harry es terapeuta y trabajó con él con paciencia y persistencia, ayudándolo a hacer las paces con el pasado y, en un sentido clínico, a olvidar lo que quedó atrás y seguir adelante. Kazianis aprendió a mirar su pasado de una manera nueva. Se dio cuenta de que había profundidades de comprensión que provenían de sus experiencias. Aprendió que el pasado nunca debe abrumar el futuro, pero puede ofrecerle información.

Kazianis volvió a la universidad y obtuvo la carrera de sus sueños. Ahora ofrece una visión internacional en Washington D. C., trabajando a pocos pasos de la Casa Blanca. «Casi que no sucede —escribió—. Estuve a punto de dejar que el pasado destruyera mi futuro».[10]

He sido pastor durante mucho tiempo y me he dado cuenta de que muchas personas de Dios se quedan varadas en el pasado. Algunos quedan atascados en sus éxitos y se duermen en los laureles. Otros quedan varados por sus fracasos, y una especie de miedo postraumático se apodera de sus corazones.

¿Le ha ocurrido a usted? Sea sincero. Debe mirar atrás, aprender de las lecciones del pasado y celebrar sus éxitos con humildad, pero una cosa es mirar hacia atrás y otra es quedarse atrapado en los recuerdos.

El pasado da perspectiva para el futuro, pero si se queda ahí demasiado tiempo, sus recuerdos borrarán sus sueños y le impedirán avanzar.

Enfóquese en el plan de Dios

Mientras continuamos con nuestro pasaje de Filipenses, observe que Pablo se volvió más específico; pasó de nuestra perspectiva a nuestros planes: «… esforzándome por alcanzar lo que está delante» (Fil 3:13, NVI).

El propósito de Dios para todos nosotros es el mismo: que nos parezcamos más a Jesús, pero Sus planes para cada uno de nosotros son únicos. Él tiene un plan distinto para la vida de cada individuo en la tierra y en la historia. El plan de Dios para usted está hecho a su medida y es solo para usted. Es perfecto por la forma en que Él lo creó y las experiencias que usted ha tenido. Todo lo ha preparado para el próximo paso de Dios en su vida, pero tiene que seguirlo hacia un territorio desconocido, hacia el futuro. Es un camino de fe.

Tony Bombacino es el cofundador de una empresa que elabora comida 100 % real para personas que deben alimentarse con una sonda. Él y su mujer tienen dos hijos, uno de ellos con necesidades especiales llamado AJ. Él se alimenta por sonda, no habla y sufre malformaciones cerebrales y epilepsia.

«El 31 de agosto de 2011, mi vida cambió para siempre —escribió Tony en un blog—. Ese fue el día en que mi hijo de 6 meses, AJ, que por lo demás era un niño sano, tuvo una convulsión de la nada que duró

45 minutos. La semana siguiente estuvo llena de momentos que no le desearía ni a mi peor enemigo y de momentos de claridad que nos unieron a mi esposa y a mí más que nunca».

Tony escribió que, aunque no se dio cuenta en aquel entonces, las experiencias clave de su pasado lo habían preparado para ser padre de un niño con necesidades especiales. Creció en la pobreza, lo que le hizo apreciar las bendiciones más pequeñas. Fue un deportista toda la vida, lo que le proporcionó mentores increíbles a través de un buen entrenamiento. Recibió una beca de baloncesto, y la vida universitaria le enseñó la necesidad de una gestión extrema del tiempo. Perdió a su madre cuando era adolescente, lo que le enseñó el valor de las relaciones, y perdió a su hermano mayor y mejor amigo, Scott, de cáncer en 2009, lo que le ha brindado una inspiración duradera.

«Saco una fuerza tremenda de todo lo que él me enseñó antes y durante su batalla final. Siempre fue tan humilde, tan agradecido por las cosas pequeñas y tan presente en las más importantes. [...] En los momentos en los que siento que todo se desmorona, en los que siento que no puedo seguir adelante, en los que siento miedo y me siento poco preparado, y en los que solo quiero derrumbarme en llanto, recuerdo el ejemplo de Scott de valentía, resistencia mental y de que siempre encontraba lo bueno incluso en las peores situaciones».

«Como padre de un niño con necesidades especiales —escribió Tony—, recurro a estas lecciones y recuerdos todos los días».[11]

Si un padre y empresario estadounidense puede basarse en sus experiencias pasadas y ver cómo caben en un plan para su vida, nosotros también podemos hacerlo si confiamos en la mano de Dios que nos guía.

Salmos 37:23 afirma: «Por Jehová son ordenados los pasos del hombre, y él aprueba su camino». No somos buenos por nosotros mismos, sino que somos buenos en Cristo. Y en Cristo, Dios no solo ordena sus pasos y sus momentos de pausa, sino que además se deleita en la forma en que lo guía hacia adelante. Si Él se deleita en Sus planes para usted, ¿no debería deleitarse usted también en ellos?

Enfóquese en el premio de Dios

Por último, para vivir una vida enfocada, fije su atención en el cielo y en la recompensa que lo espera allí. Pablo escribió: «… prosigo a la meta, al premio del supremo llamamiento de Dios en Cristo Jesús» (Fil 3:14).

Para Pablo, la meta y el premio eran lo mismo. Aunque no está definido en este verso, se trata de una referencia clara a las muchas promesas dadas a los que son victoriosos en Cristo, incluyendo una palabra de elogio de parte del Señor Jesús: «…Bien, buen siervo y fiel…» (Mt 25:21). Abarca «la corona de justicia» (2 Ti 4:8). También podría referirse a lo que Pedro llamó «la corona incorruptible de gloria» (1 P 5:4). Sea como sea, este premio y esta meta serán más de lo que el ojo ha visto o el oído ha escuchado o el hombre ha contemplado jamás (1 Co 2:9).[12]

Recuerde que Pablo estaba utilizando la metáfora de una carrera olímpica. En los antiguos Juegos Olímpicos, si un corredor ganaba la carrera, se lo llamaba desde el suelo del estadio hasta el palco de los jueces, donde se le colocaba una corona de laurel en la cabeza. Recibía una recompensa económica y algunos grandes beneficios adicionales: se le proporcionaba comida para el resto de su vida y tenía entradas de por vida en la primera fila del teatro ateniense.

Sin embargo, todos esos corredores llevan siglos muertos. Sus premios llegaron a su fin, su gloria se evaporó, la comida perdió su sabor y el teatro ateniense está ahora en ruinas. Todo fue temporal.

¡El premio del supremo llamamiento de Dios en Cristo Jesús es eterno! Según el apóstol Pedro, usted tiene «… una herencia incorruptible, incontaminada e inmarcesible, reservada en los cielos…» para usted (1 P 1:4).

Mantener los ojos enfocados en el premio es la motivación que lo mantiene en marcha, como aprendió Florence Chadwick. Chadwick fue una consumada nadadora de larga distancia y la primera mujer en nadar el Canal de la Mancha en ambas direcciones, estableciendo récords nuevos en cada una de ellas. En 1952, Florence, de treinta y cuatro años, se propuso batir otro récord. Ninguna mujer había nadado aún los treinta y dos kilómetros del canal entre la isla de Catalina y la costa de California.

Las condiciones de la mañana en que nadó no fueron ideales. El agua estaba fría y había niebla. Poco después de empezar a nadar, apenas podía ver los botes que la acompañaban. Como si eso fuera poco, los tiburones la siguieron varias veces y tuvieron que ahuyentarlos.

Aun así, Florence nadó durante más de quince horas mientras la niebla se hacía cada vez más densa y opaca. Al final, debido al cansancio físico y emocional, dejó de nadar. La subieron al bote y la llevaron hacia la costa de California, que, para angustia de Florence, estaba a poco más de ochocientos metros de distancia. Después de nadar casi treinta y dos kilómetros, había renunciado justo antes de llegar a su objetivo.

Al día siguiente, declaró a los medios de comunicación: «Lo único que veía era la niebla. [...] Creo que, si hubiera podido ver la orilla, lo habría logrado».

Dos meses después, Florence regresó a la isla Catalina y se metió en el agua para intentar nadar de nuevo. Por desgracia, las condiciones meteorológicas no fueron mejores. El agua estaba fría y, de nuevo, una densa niebla se instaló en el canal. Sin embargo, esta vez nadó hasta el final y fue la primera mujer en lograrlo. ¿Qué marcó la diferencia? Más tarde dijo que mientras nadaba esos últimos y agotadores kilómetros, mantuvo la mente enfocada en una imagen mental vívida de la costa de California. «En ese momento —dijo—, conocí el verdadero significado de la fe descrita en la Biblia como "la certeza de lo que se espera, la convicción de lo que no se ve"».[13]

Enfóquese en su *única cosa*

Esta es, entonces, la carretera de cuatro carriles en la que Dios quiere que se enfoque mientras avanza en la vida: conducir por los carriles de Su propósito, Su perspectiva, Su plan y Su premio para usted. No obstante, hay una última cosa que une todo esto mientras busca avanzar hacia el plan de Dios para la etapa siguiente de su vida: debe encontrar su pasión y entregar su vida a *una única cosa*. Debe elegir una silla. Como menciona un antiguo proverbio ruso: «Si persigue dos conejos, no atrapará ninguno».

Gilbert Tuhabonye es uno de los mejores corredores del mundo, una habilidad que desarrolló cuando tuvo que correr literalmente por su vida cuando era niño en Burundi.

Su historia es desgarradora. En octubre de 1993, Gilbert estaba sentado en su clase de la secundaria, quizás pensando en correr. Había desarrollado un amor por las pruebas de atletismo en la escuela y deseaba volver a correr por la pista.

Sin embargo, ese día, las rutinas sencillas de la clase fueron hechas añicos por terroristas hutus. La escuela fue invadida por miembros hostiles de la tribu, que se abalanzaron sobre los niños con furia genocida. Más de cien niños tutsis y sus profesores fueron obligados a entrar en un aula pequeña y asesinados a machetazos o quemados vivos. Gilbert no fue asesinado, pero se encontró en el fondo de una pila, enterrado bajo los cadáveres en llamas de sus compañeros.

El fuego lento se comía la piel de Gilbert, pero permaneció escondido durante más de nueve horas mientras los torturadores permanecían fuera riendo y bailando. Finalmente, Gilbert atravesó una ventana y salió disparado como una flecha. Los hutus lo persiguieron, pero Gilbert los dejó atrás y llegó a un hospital local, donde los médicos le dijeron que no volvería a correr.

Gilbert no les creyó a los médicos. Sentía que Dios le había dado una oportunidad y que el Señor tenía un plan para su vida. «Siempre supe que mi fe sería puesta a prueba y de verdad lo fue en esas horas en que mi escuela fue atacada. Mi creencia en Dios nunca flaqueó. Nunca lo culpé ni me pregunté cómo podía dejar que me pasara algo así a mí o a mis compañeros y profesores. Acepté lo que estaba ocurriendo y supe que todo formaba parte de un plan mucho más grande que yo».

Gilbert perseveró hasta que corrió bastante bien como para ganar el Campeonato Nacional de Burundi en los 400 y 800 metros. Sus entrenadores consideraron que tenía potencial olímpico y lo enviaron a Estados Unidos como parte de un programa de entrenamiento olímpico. Allí, la Universidad Cristiana de Abilene le ofreció una beca.

Tras su graduación, Gilbert se trasladó a Austin para entrenar a jóvenes corredores y, pronto, su ministerio empezó a funcionar. Sus libros, discursos y entrenamientos han tocado miles de vidas. Además, Gilbert creó la Fundación Gazelle, cuyo lema es «Corre por el agua», para financiar y construir proyectos de agua potable para la población de Burundi. Su grupo de entrenamiento «Gilbert's Gazelles» ofrece motivación y ayuda a corredores de todas las edades y niveles.[14]

Me agrada alguien así, alguien que nunca pierde el enfoque, que corre para ganar, cuya vida se define por una cosa. Este tipo de enfoque se ve a menudo en la Biblia porque los escritores de la Biblia sabían lo que era enfocarse en una cosa.

David afirmó: «Una sola cosa le pido al SEÑOR, y es lo único que persigo: habitar en la casa del SEÑOR todos los días de mi vida, para contemplar la hermosura del SEÑOR...» (Sal 27:4, NVI).

Jesús le dijo al joven rico: «... Una cosa te falta: anda, vende todo lo que tienes, y dalo a los pobres, y tendrás tesoro en el cielo; y ven, sígueme, tomando tu cruz» (Mr 10:21).

A Marta, ama de casa distraída, le dijo: «Pero solo una cosa es necesaria; y María ha escogido la buena parte...» (Lc 10:42).

El hombre que Jesús sanó expresó: «... una cosa sé, que habiendo yo sido ciego, ahora veo» (Jn 9:25).

El apóstol Pablo dijo: «... una cosa hago...» (Fil 3:13). La frase *una cosa* implica *consagración*, una palabra que significa dedicarse y dedicar cada día a la maravillosa voluntad de Dios.

En el centro de la vida de Pablo había un principio motivador: se enfocaba en Cristo. Se concentraba en su camino con Jesús. Decía, de hecho: «Señor, hágase tu voluntad, hoy y todos los días que me quedan en esta tierra. No se haga mi voluntad, sino la tuya».

Kent Hughes escribió:

La determinación, la capacidad de enfocarse, de quitar todo cuando es necesario, es la clave del éxito en prácticamente todos los ámbitos de la vida. Es el ingrediente esencial de la virtud maníaca de los héroes del baloncesto Michael Jordan y Tim Duncan, o del gran golfista Jack Nicklaus o del genio musical creativo de Wolfgang Amadeus Mozart.

Pero aquí el foco no es un aro de baloncesto, una bandera ondeando en un *green* lejano o una partitura musical: es Cristo mismo y cómo complacerlo. El discípulo enfocado está en el mundo, pero no se «enreda» en él. Evita todo lo que pueda obstaculizar la dedicación a su Maestro.[15]

Y esto me lleva al secreto de la vida enfocada: permanecer comprometido con su pasión… con su *única cosa*. Hace varios años me recordaron esta verdad cuando me invitaron a visitar una de las mayores granjas de zanahorias de Estados Unidos. Nuestro anfitrión me mostró las formas innumerables en que se consumen las zanahorias: jugo de zanahoria, torta de zanahoria, zanahorias baby y docenas de otros productos que nunca imaginé que procedieran de las zanahorias. Cuando pregunté: «¿Qué parte de la zanahoria utilizan?», nuestro anfitrión respondió: «¡Utilizamos todas las partes de la zanahoria! No se desperdicia nada en absoluto».

Para ilustrar su argumento, se dirigió a la pizarra y dibujó una zanahoria. Luego, etiquetó con cuidado cada parte de la zanahoria y su uso. Tenía razón: ¡nada se desperdicia!

Mi amigo construyó un negocio de gran éxito enfocándose por completo en las zanahorias.

Cuando volví a mi oficina, reuní a nuestro personal y le relaté la lección que aprendí en la pizarra sobre las zanahorias. Luego, me dirigí a nuestra pizarra, hice un boceto de una Biblia y dije: «¡Esta es mi zanahoria! Enfoquémonos en nuestra única cosa».

Juntos, renovamos nuestro compromiso de enfocar el ministerio de Turning Point en la Biblia de manera exclusiva y de entregar la Palabra de Dios de todas las formas creativas posibles. Pensamos en todas las

cosas que hacemos que se basan de lleno en la Palabra de Dios: sermones dominicales, programas de radio y televisión, transmisiones por
Internet, otros medios de comunicación social, revistas, libros, álbumes
de DVD, álbumes de CD, guías de estudio, devocionales diarios en línea,
traducciones a varios idiomas y una serie de otros productos y canales
dentro de los ministerios de Turning Point. Nuestro objetivo es como el
de mi amigo agricultor de zanahorias: ¡que no se desperdicie nada de la
pura y preciosa Palabra de Dios que da vida! ¡Seamos buenos administradores del llamado que Dios nos ha dado para proclamar Su Palabra a
tantas personas como sea posible en nuestra vida y más allá!

Esta es nuestra misión. Esta es nuestra *única cosa*. ¡Este es nuestro
enfoque!

No conozco los detalles del plan de Dios para su vida, pero sí sé esto:
mientras se enfoca en Su propósito, Su perspectiva, Su plan y Su premio,
Él lo guiará en el viaje hacia adelante. Comprométase a seguir al Señor lo
mejor que pueda y, pronto, disfrutará de la aventura de descubrir y vivir
para su *única cosa*, ¡paso a paso y día a día!

Capítulo 5

Capítulo 5

Arriésguese

Salga de su zona segura

Jean Hanson y su esposo, Steve, estaban celebrando su aniversario en un hermoso resort de playa en Santa Lucía. Una mañana decidieron caminar por el sendero de bienestar del resort, un camino de un kilómetro y medio con estaciones para hacer ejercicios como dominadas, una barra de equilibrio e incluso un puente de cuerda elevado. En cada estación hicieron la actividad. Luego llegaron al puente de cuerda. Steve lo cruzó con facilidad, pero Jean vaciló.

«Todo lo que podía ver eran grandes agujeros en los costados, lo suficiente grandes como para que toda mi pierna pasara con un solo deslizamiento del pie», escribió. El miedo se apoderó de ella, y ella retrocedió y se alejó, frustrada y decepcionada consigo misma.

Al día siguiente, ella y Steve hicieron un viaje en un velero de siete metros. Era la primera vez que Jean navegaba y estaba emocionada y eufórica, incluso cuando el barco estaba en aguas agitadas. Marineros experimentados estaban a cargo, pero Jean sabía que esta aventura era mucho más peligrosa que el puente de cuerda del que se había alejado.

A la mañana siguiente, Jean y Steve retomaron el sendero de bienestar. «Esta vez no dije nada, tan solo subí por la escalera y lo hice. No me detuve a mirarlo ni me pregunté cómo iba a lograr esta hazaña. Simplemente me detuve un segundo en la plataforma, agarré la cuerda y comencé a poner un pie delante del otro. [...] ¡Antes de darme cuenta, estaba del otro lado y me sentía victoriosa!».

La experiencia ayudó a Jean a darse cuenta de algo sobre sí misma. «Al mirar atrás, me di cuenta de que no era la primera vez que hacía esto. Varias veces a lo largo de mi vida, en lugar de dar vueltas preocupada o con miedo a lo que podría pasar, tan solo me detuve por un momento, tomé una decisión y de forma inmediata actué. En esos momentos, me di cuenta de que soy mucho más fuerte de lo que creo».[1]

La mayoría de nosotros pensamos en el riesgo como una situación negativa que debemos evitar, pero el riesgo es parte de la vida, y es una gran parte de la fe. No vale la pena correr todos los riesgos, pero si está demasiado abrumado por el miedo para evaluar de manera correcta una situación, perderá muchas oportunidades para crecer, aumentar su fortaleza, profundizar en su fe y tener éxito.

¿Has estado caminando sobre terreno seguro? ¿Demasiado seguro? Si la dirección que elige es hacia adelante, prepárese para asumir algunos riesgos basados en la fe. Ser un seguidor de Cristo en el mundo de hoy no es seguro. Y no tiene la intención de serlo.

En su libro *Seizing Your Divine Moment* [Atrape su momento divino], Erwin McManus escribió: «Quiero reiterar que el centro de la voluntad de Dios no es un lugar seguro, sino el lugar más peligroso del mundo. Dios no teme a nada ni a nadie. Dios se mueve con intencionalidad y poder. Vivir fuera de la voluntad de Dios nos pone en peligro, pero vivir en Su voluntad nos hace peligrosos».[2]

Piensa en los personajes bíblicos que asumieron grandes riesgos. Moisés no estaba caminando sobre terreno seguro cuando regresó a Egipto para confrontar a Faraón (Éx 5:1). Gedeón no estaba caminando sobre terreno seguro cuando despidió a la mayoría de su ejército (Jue 7:7). David no estaba caminando sobre terreno seguro cuando se acercó de manera resuelta a Goliat (1 S 17:32). Sadrac, Mesac y Abed-nego no estaban caminando sobre terreno seguro cuando se negaron a inclinarse ante la imagen que Nabucodonosor había erigido en las llanuras de Babilonia (Dn 3:16-18). Ester no estaba caminando sobre terreno seguro cuando arriesgó su vida para salvar a su pueblo y le dijo a Mardoqueo: «... y si perezco, que perezca» (Est 4:16). Pedro no estaba caminando sobre terreno seguro cuando salió del bote de pesca para caminar sobre el agua hacia Jesús (Mt 14:29). Pablo no estaba caminando sobre terreno seguro cuando le predicó al gobernador Félix «... acerca de la justicia, del dominio propio y del juicio venidero...» (Hch 24:25). El apóstol Juan no estaba caminando sobre terreno seguro cuando, en su vejez, envió un libro desde Patmos lleno de imágenes de dragones, bestias y días venideros de ira y juicio.

Usted tampoco puede caminar sobre terreno seguro. No si quiere aprovechar el mañana y cumplir los sueños que Dios pone en su corazón. Como vimos en el capítulo anterior, deberá enfocarse si quiere avanzar hacia esos sueños. En este capítulo, veremos por qué también es necesario tomar riesgos.

El señor Arriesgado

En el trabajo que Dios me ha dado a través de los años, he tenido que tomar muchas decisiones difíciles. Si hubiera sido por mí, habría errado demasiado a menudo a favor de la seguridad y la protección. Sin embargo, hay un hombre en la Biblia que me inspira a seguir avanzando y arriesgándome con toda mi confianza puesta en el Señor. Estoy convencido de que usted podrá avanzar sin miedo a correr riesgos si puede encarnar el espíritu de este hombre.

Este hombre es Caleb. ¿Lo conoce? Gran cantidad de personas no saben mucho sobre Caleb, porque solo ocupa treinta versículos en la Biblia.

¡Pero qué versículos! ¡Qué hombre de fe! En este capítulo, quiero mostrarle cómo este héroe del Antiguo Testamento le dejó un legado de valentía: un poderoso ejemplo de gracia que toma riesgos y se aferra al futuro.

En el Libro de Números, Moisés envió a doce hombres —Josué, Caleb y otros diez— como un grupo de avanzada para hacer un reconocimiento de la tierra prometida. Estos hombres abandonaron la seguridad de su campamento, vadearon el río Jordán y se deslizaron hasta Canaán. Su misión: tomar notas de la tierra, observar al enemigo, estudiar las fortificaciones, estimar la población y traer suficiente información para ayudar a Moisés a planificar la inminente invasión de la tierra que Dios le había prometido a los israelitas.

La Biblia cuenta la historia de esta manera: «Y ellos subieron, y reconocieron la tierra desde el desierto de Zin. [...] Y subieron al Neguev y vinieron hasta Hebrón; y allí estaban Ahimán, Sesai y Talmai, hijos de Anac...» (Nm 13:21-22).

La ciudad de Hebrón había sido el hogar ancestral de Abraham, Isaac y Jacob, pero ahora estaba habitada por una tribu malvada de grandes guerreros conocidos como los descendientes de Anac. Con solo ver a estos guerreros, algunos de los espías se aterrorizaron.

Los exploradores recolectaron enseguida algunas granadas e higos de los huertos de Canaán, y dos de ellos arrastraron un enorme racimo de uvas y lo llevaron en un palo. ¡Imagine la emoción cuando los espías regresaron a Cades-barnea! Su misión había durado cuarenta días, durante los cuales nadie sabía si habían sobrevivido o perecido. Día tras día, centinelas en los parámetros de Israel esperaban su llegada. Ahora estaban de vuelta, todos ellos sanos y salvos.

Pero no estaban unidos.

Cómo vivir la vida en la zona segura

En el fútbol americano profesional, los entrenadores de la Liga Nacional de Fútbol Americano (NFL, por sus siglas en inglés) estudian la estadística más pequeña para encontrar todas las ventajas posibles. Sin embargo, según el autor John Tierney y el psicólogo investigador Roy F. Baumeister, muchos entrenadores cometen el mismo y simple error semana tras semana. Ocurre en situaciones de cuarto *down*, cuando su equipo solo necesita una o dos yardas para mantener la posesión del balón. Nueve de cada diez veces, en lugar de tomar la decisión más arriesgada de intentar ganar buscando otra anotación, el entrenador se conforma con intentar no perder y manda al pateador a despejar el balón al equipo contrario.

Las estadísticas muestran que intentar el gol y la victoria es, en realidad, la mejor estrategia. Entonces, ¿por qué los entrenadores despejan en el cuarto *down*? Tierney y Baumeister concluyeron que hay otro factor involucrado. Lo llaman «el poder de lo malo».

En pocas palabras, nuestros cerebros están diseñados para dar más importancia a los sucesos negativos que a los positivos. Así que los sucesos «malos» influyen en nuestra toma de decisiones más que los positivos. Eso significa que no importa cuánto queramos tener éxito, evitar los sucesos «malos» puede convertirse tan fácil en nuestro objetivo principal.

Volvamos al entrenador. Él sabe que si elige la jugada arriesgada y falla, y el otro equipo anota, los hinchas y la prensa no lo perdonarán. Los comentaristas deportivos lo denunciarán como imprudente y usarán frases como *pérdida de impulso* y *punto de inflexión* en el juego. Si su equipo pierde por un estrecho margen, ese intento fallido de cuarto *down* será el culpable de la derrota y será reproducido sin cesar más tarde.

Esa imagen de potencial fracaso es difícil de superar. Así que el entrenador juega en terreno seguro. El miedo al fracaso ha hecho perder muchos partidos.[3]

¿Alguna vez ha escuchado estos nombres: Samúa, Safat, Igal, Palti, Gadiel, Gadi, Amiel, Setur, Nahbi y Geuel? ¿No? Estos son los nombres de los diez espías que arriesgaron sus vidas en una misión de espionaje solo para desanimarse, dudar del poder de Dios y no entender la voluntad del Señor (Nm 13:4-15). Regresaron tan desanimados que desalentaron al pueblo de Israel.

Esos hombres cometieron tres terribles errores. Cayeron en tres trampas que usted y yo debemos evitar a toda costa.

Agrandar la oposición

Dios quiere que usted avance. Él tiene aventuras, desafíos, victorias y tareas significativas para usted. Mientras mira el puente hacia su futuro, ¿está mirando las cuerdas o los agujeros? Jean Hanson escribió: «Si usted es una de esas personas que tienen miedo de correr riesgos calculados, se preocupan por cada cosa pequeña y tienen dificultades para tomar decisiones en sus vidas, es hora de tomarse un descanso y trabajar un poco en usted mismo. [...] Hace mucho tiempo, aprendí que ser dubitativo y cauteloso no lo llevará a ninguna parte».[4]

En Números 13, los diez espías magnificaron cada amenaza. Miraron el «puente» que Dios había diseñado para el futuro, y todo lo que vieron fueron los agujeros. La Biblia relata:

> Mas los varones que subieron con él, dijeron: No podremos subir contra aquel pueblo, porque es más fuerte que nosotros. Y hablaron mal entre los hijos de Israel, de la tierra que habían reconocido, diciendo: La tierra por donde pasamos para reconocerla, es tierra que traga a sus moradores; y todo el pueblo que vimos en medio de ella son hombres de grande estatura. También vimos allí gigantes, hijos de Anac, raza de los gigantes, y éramos nosotros, a nuestro parecer, como langostas; y así les parecíamos a ellos (Nm 13:31-33).

Preste atención a todos los *agujeros* en los que se concentraron los diez espías incrédulos:

- No podremos subir contra aquel pueblo.
- Son más fuertes que nosotros.
- La tierra traga a sus moradores.
- Los hombres son de gran estatura.
- Los hombres son gigantes.

- Son hijos de Anac, la raza de los gigantes.
- Somos como langostas, a nuestro parecer.
- Somos como langostas, a su parecer.

Si usted se propone avanzar en la vida, sobre todo si aspira al liderazgo, tendrá que aprender lo que significa tomar riesgos, para vivir por fe. La Escritura afirma: «Porque no nos ha dado Dios espíritu de cobardía, sino de poder, de amor y de dominio propio» (2 Ti 1:7). Incluso los líderes más célebres de la historia tuvieron que aprender esta lección.

Al comienzo de la Guerra Civil, ninguna carrera militar parecía más brillante que la del general George B. McClellan, a quien algunos llamaban el «Napoleón de la República estadounidense». Lincoln lo nombró comandante del Ejército del Potomac y luego lo ascendió a primer general en jefe del Ejército de la Unión.

McClellan tenía una figura imponente a caballo; parecía como si hubiera sido seleccionado para un rol de película, pero también a menudo sobreestimaba el tamaño del enemigo, magnificando la amenaza. Cuanto más intimidante se volvía el enemigo en su mente, menos confianza mostraba en el campo. Veía los agujeros en vez de las cuerdas.

Aunque de forma constante se organizaba y preparaba, rara vez se dedicaba a pelear. Cuando lo hizo, su objetivo parecía ser evitar una derrota, no ganar la batalla. Lincoln finalmente le escribió a McClellan, diciendo: «Si no quiere usar el ejército, me gustaría tomarlo prestado por un tiempo».[5]

Mmm... ¿Le recuerda a los diez espías?

Más importante aún, ahora es un buen momento para preguntarse si le recuerda a... bueno, a usted. Cada vez que nos comparamos con la oposición, en lugar de comparar la oposición con Dios, podemos entrar en un estado de miedo. Si ese es un patrón en su vida, el primer paso hacia adelante es reconocerlo.

Cuando Jesús salió de Galilea para viajar a Jerusalén cerca del final de Su vida, «... su aspecto era como de ir a Jerusalén» (Lc 9:53). Jesús sabía que la cruz esperaba, sin embargo, no había vuelta atrás para nuestro Señor, ni comparación, ni miedo. Su camino hacia adelante era claro y lo enfrentó con determinación.

Usted debe hacer lo mismo. Reconocer el riesgo y evaluar de manera adecuada la oposición. Luego, cuando tenga una idea de la voluntad de Dios para su vida, vuelva su rostro hacia ella y siga adelante.

Minimizar las oportunidades

Mientras que los diez espías agrandaron la oposición, también minimizaron las gloriosas oportunidades que tenían por delante. Solo tenían una vaga percepción de lo que Dios tenía reservado para ellos; creyeron en su corazón que Dios les estaba tendiendo una trampa y los iba a destruir, y su incredulidad fue contagiosa.

Puede leerlo por sí mismo en Números 14: «Entonces toda la congregación gritó, y dio voces; y el pueblo lloró aquella noche. Y se quejaron contra Moisés y contra Aarón todos los hijos de Israel; y les dijo toda la multitud: ¡Ojalá muriéramos en la tierra de Egipto; o en este desierto ojalá muriéramos! ¿Y por qué nos trae Jehová a esta tierra para caer a espada, y que nuestras mujeres y nuestros niños sean por presa? ¿No nos sería mejor volvernos a Egipto?» (vv. 1-3).

Su percepción de Dios sería irrisoria si no fuera tan trágica. ¡Después de todo lo que el Señor había hecho por ellos! ¡Él los liberó de la esclavitud! ¡Separó las anchas aguas del mar Rojo! ¡Los acompañó con nube y fuego! ¡Les dio su Ley! ¡Les proporcionó comida y bebida en el desierto! ¡Prometió hacer de ellos una gran nación en una tierra donde fluye leche y miel!

¿Cómo pudieron olvidarlo tan rápido?

Lo que es más importante, ¿cómo podemos nosotros olvidarlo tan rápido? Cuando olvidamos todas las bendiciones que Dios nos ha provisto en el pasado, somos propensos a minimizar Su capacidad para guiarnos en el futuro. Incluso podemos temer el futuro y hacia dónde creemos que Dios nos está llevando. Si es así, estamos justo donde el diablo nos quiere: en un lugar donde evitamos riesgos y caminamos en terreno seguro. Oh, nosotros, gente de poca fe.

Lo que le estoy diciendo es esto: no minimice las oportunidades que Dios tiene para usted en el futuro. No ponga todos sus esfuerzos en evitar derrotas ni aparte su rostro del futuro que Él ha planeado para usted. En cambio, siga adelante con confianza y valentía para hacer la tarea que Él le ha encomendado.

Poner en peligro el objetivo

En su incredulidad, los israelitas desecharon el precioso y poderoso futuro que Dios les tenía reservado. Su acto de rebelde incredulidad incurrió en una sanción terrible.

El castigo por traer un informe negativo al pueblo de Dios fue infligido mediante dos sentencias severas. En primer lugar, una plaga de inmediato dio muerte a los diez hombres que dieron el informe negativo: «Y los varones que Moisés envió a reconocer la tierra, y que al volver habían hecho murmurar contra él a toda la congregación, desacreditando aquel país, aquellos varones que habían hablado mal de la tierra, murieron de plaga delante de Jehová. Pero Josué hijo de Nun y Caleb hijo de Jefone quedaron con vida, de entre aquellos hombres que habían ido a reconocer la tierra» (Nm 14:36-38).

En segundo lugar, los hijos de Israel que escucharon a los diez espías y se negaron a seguir adelante también fueron castigados. El Señor dijo: «En este desierto caerán vuestros cuerpos; todo el número de los que fueron contados de entre vosotros, de veinte años arriba, los cuales han murmurado contra mí. Vosotros a la verdad no entraréis en la tierra, por la cual alcé mi mano y juré que os haría habitar en ella; exceptuando a Caleb […] y a Josué…» (Nm 14:29-30).

¡Qué triste! La bendición que Dios quería derramar sobre Su pueblo se perdió por la falta de voluntad del pueblo para arriesgarse a obedecer la orden del Señor.

¿Cuál es su Canaán? ¿Qué quiere Dios que usted afronte, que posea, que logre para Él? La incredulidad le hace perder oportunidades y pone en peligro su objetivo.

Así que, con el asombro de un niño, sigamos aprovechando los momentos que Dios nos provee.

Cómo arriesgar la vida en la zona de la fe

Y eso nos lleva de vuelta al valiente Caleb. Él y Josué representaban la opinión minoritaria entre los espías. Caleb había suplicado al pueblo: «… Subamos luego, y tomemos posesión de ella; porque más podremos nosotros que ellos» (Nm 13:30). ¡Imagínese la frustración de Caleb cuando toda la nación acalló sus palabras!

Sin embargo, Dios escuchó. A medida que pasaban las décadas, uno a uno los israelitas mayores morían y sus cuerpos salpicaban el desierto. Incluso el anciano Moisés subió al monte Pisga y murió. Josué y Caleb fueron los únicos sobrevivientes de su generación, pero cuando llegó el día de llevar a Israel a la tierra prometida, eran tan jóvenes en espíritu como cuarenta años atrás. Josué sucedió a Moisés y condujo a los israelitas a través del río Jordán hacia la tierra de Canaán. A medida que leemos el Libro de Josué, encontramos conquista tras conquista y distribución tras distribución.

Luego abrimos la Biblia en Josué 14 y ¿a quién encontramos otra vez? A Caleb, quien viajó para ver a su viejo amigo y compañero espía, Josué, a quien le dijo:

> Tú sabes lo que Jehová dijo a Moisés, varón de Dios, en Cades-barnea, tocante a mí y a ti. Yo era de edad de cuarenta años cuando Moisés siervo de Jehová me envió de Cades-barnea a reconocer la tierra; y yo le traje noticias como lo sentía en mi corazón. Y mis hermanos, los que habían subido conmigo, hicieron desfallecer el corazón del pueblo; pero yo cumplí siguiendo a Jehová mi Dios. Entonces Moisés juró diciendo: Ciertamente la tierra que holló tu pie será para ti, y para tus hijos en herencia perpetua, por cuanto cumpliste siguiendo a Jehová mi Dios (Jos 14:6-9).

Con el paso de los años, la fe de Caleb había crecido. Su mente era aguda; su espíritu, fuerte y su entusiasmo, como el de un niño. La promesa de Dios seguía siendo la obsesión de su corazón. Creo que hay cuatro razones para esto que nos ayudan a entender lo que implica vivir una vida de riesgo.

Los arriesgados se mantienen entusiastas con respecto a sus vidas

La primera razón tiene que ver con el entusiasmo de Caleb. Le dijo a Josué: «Ahora bien, Jehová me ha hecho vivir, como él dijo, estos cuarenta y cinco años, […] y ahora, he aquí, hoy soy de edad de ochenta y cinco años. Todavía estoy tan fuerte como el día que Moisés me envió; cual era mi fuerza entonces, tal es ahora mi fuerza para la guerra, y para salir y para entrar» (Jos 14:10-11).

¿Puedes sentir la energía que impulsaba la vida de Caleb? Era tan valiente a los ochenta y cinco como a los cuarenta. Cuando tiene ese entusiasmo, la edad y las habilidades se convierten en los antecedentes de los logros.

Después de ver los Juegos Olímpicos de 1996, la actriz Geena Davis se sintió intrigada por el deporte del tiro con arco. Aunque había interpretado a deportistas en películas, no era lo que uno llamaría deportista en su vida personal. Por ello, a los cuarenta y un años, algo sobre el tiro con arco la fascinó.

«Encontré a un entrenador y me obsesioné por completo», comenta ella. Davis comenzó a practicar cinco o seis horas al día, cinco o seis días a la semana. Dos años y medio más tarde, compitió en las semifinales por un lugar en el equipo olímpico de tiro con arco de Estados Unidos con la esperanza de ir a los Juegos Olímpicos de 2000 en Sídney (Australia). Quedó en el vigésimo cuarto lugar de trescientos y por poco no consigue un puesto en el equipo.

«Si uno no arriesga nada, lo arriesga todo», ha dicho Davis.[6]

¡Eso sí que es entusiasmo!

La psicóloga Kay Redfield Jamison escribió: «El entusiasmo nos lleva a lugares a los que de otro modo no iríamos: a través de la sabana, a la luna, a la imaginación. [...] Por sus placeres, el entusiasmo nos atrae y nos saca de nuestros lugares comunes y estados de ánimo más tranquilos; y después de la victoria, la cosecha, el descubrimiento de una nueva idea o de un lugar desconocido, nos da una razón poderosa para aventurarnos nuevamente».[7]

Esa es una descripción de Caleb, y espero que sea una descripción de usted. Es difícil avanzar sin el tipo de entusiasmo por la vida que tenía Caleb. Esas mismas ganas llenas de alegría también son posibles para usted.

«¿Para mí?», usted preguntará.

¡Sí, para usted! No se puede perder la maravilla de la vida preciosa y llena de promesas por la que Cristo murió para que usted tuviera. Puede pedirle gozo a Dios y puede elegir ser un entusiasta en la vida basado en Sus promesas. No se trata de evocar emociones, se trata de decir: «Señor, con tu ayuda voy a ser como Josué y Caleb, no como los otros diez».

Los arriesgados se mantienen entusiastas con respecto a su futuro

Como un trueno sigue de forma natural a un relámpago, cuando usted se siente entusiasmado con su vida, está entusiasmado con su futuro. El mejor ejemplo: Caleb. No visitó a su viejo amigo solo para recordar el pasado. Él tenía el futuro en mente. Algo específico había surgido en su corazón. Escuchemos de forma disimulada su conversación.

Caleb le dijo a Josué: «Dame, pues, ahora este monte, del cual habló Jehová aquel día; porque tú oíste en aquel día que los anaceos están allí, y que hay ciudades grandes y fortificadas. Quizá Jehová estará conmigo, y los echaré, como Jehová ha dicho» (Jos 14:12).

Cuando leo eso, tengo ganas de gritar: «¡Sí!» A la edad de ochenta y cinco años, Caleb estaba listo para reclamar la región montañosa, dominar la tierra y proveerles una herencia duradera a sus hijos.

Hay algo aquí que no quiero que se pierda. Anteriormente en el capítulo, mencioné que la ciudad de Hebrón había sido el hogar ancestral de

Abraham, Isaac y Jacob, pero ahora estaba habitada por una tribu malvada de grandes guerreros conocidos como los descendientes de Anac. Los diez espías infieles, con solo ver a estos guerreros, habían quedado aterrorizados y se habían sentido como langostas en comparación con el enemigo. Israel aún no había tomado esta porción del territorio, no la había poseído ni reclamado. Los gigantes habían atemorizado a todos.

Todos excepto el viejo Caleb, quien dijo, en efecto: «Quiero esa región montañosa como mi herencia, y estoy listo para encargarme de esos intimidantes supervillanos. ¡Déjame ir a ellos!».

No importa su edad o circunstancias, no importa qué monte tenga que tomar, ese tipo de entusiasmo lo llevará hacia adelante.

Jessica Long quedó huérfana en Siberia cuando era niña. Nació con hemimelia fibular, no tenía peroné, tobillos, talones ni la mayoría de los huesos de los pies. Sin embargo, después de mucha oración, una pareja cristiana de Baltimore (Maryland), Steve y Beth Long, la adoptaron cuando tenía trece meses. Unos meses más tarde, a Jessica le amputaron las piernas por debajo de las rodillas.

Durante su infancia, no podía hacer todo lo que hacían los demás niños, pero aprendió a nadar sin prótesis en la piscina de sus abuelos. A los diez años, Jessica se unió a un equipo de natación. A los doce años, ganó tres medallas de oro en los Juegos Paralímpicos de 2004 en Atenas. Desde entonces, ha competido en tres Juegos Paralímpicos más, y su medallero asciende a trece oros, seis platas y cuatro bronces. Es una de las atletas olímpicas más condecoradas de Estados Unidos.

«Me criaron de la manera correcta —relató Jessica—, pero aun así tenía que venir a Cristo por mi cuenta. Con el tiempo, decidí que quería darle a Jesús todo mi corazón. Fue la mejor decisión que he tomado».

Y tiene un consejo para nosotros: «Crean que son capaces de cosas increíbles y que Dios tiene un plan para cada individuo. Quiero que acepten el diseño de Dios para ustedes. [...] Ahora miro mis piernas y pienso en todas las personas que he podido alcanzar porque Dios me hizo así. ¡Acepten quiénes son! Brillen de manera intensa y nunca abandonen sus sueños».[8]

Jessica mira hacia atrás con gratitud, pero su enfoque está en el futuro: «Estoy tan entusiasmada por lo que sigue», le dijo a un reportero.[9]

Alguien dijo: «Si puede entusiasmarse con el futuro, el pasado no importará». Incluso cuando el mundo se desmorona; cuando el pánico global y las pandemias están a la orden del día; cuando nuestra economía es incierta y nuestra fe está bajo ataque; incluso entonces, especialmente entonces, debe mirar hacia adelante, hacia el siguiente paso que Dios tiene para usted.

Caleb no usó su cabello gris para excusarse del trabajo pesado. Pidió un desafío digno porque tenía la sabiduría de saber que con una misión poderosa viene una recompensa poderosa. Derribe a un gigante y usted se convertirá en un gigante. Él todavía tenía una visión para el futuro y, por eso, logró la mayor victoria de su vida a la edad de ochenta y cinco años.

Los arriesgados se mantienen entusiastas con respecto a su tarea

Como puede ver, Caleb estaba entusiasmado con su misión. Josué y los israelitas aún no habían logrado expulsar a los malvados ocupantes de grandes secciones de la tierra prometida. La tarea estaba inconclusa, pero Josué 15:14 indica: «Y Caleb echó de allí a los tres hijos de Anac, a Sesai, Ahimán y Talmai, hijos de Anac». Caleb hizo con exactitud lo que le dijeron, y lo hizo de inmediato. Es uno de esos casos de éxito cuyo secreto no es tan secreto. ¡Tan solo lo hizo con la fuerza del Señor! ¡Eso es entusiasmo!

Hoy, nuestros ministerios de Turning Point llegan a todo el mundo gracias a las capacidades de la transmisión mundial. Gran parte del crédito tecnológico es de Sir Edward Appleton, cuyos descubrimientos científicos le valieron el premio Nobel en 1947. Cuando se le preguntó sobre el secreto de sus logros duraderos, expresó: «Fue entusiasmo. Considero el entusiasmo incluso por encima de la habilidad profesional».[10]

Entusiasmo es una palabra que se compone de las palabras griegas para *en* y *Dios*: *en-thous-iasmos*. Fue acuñada para describir el celo de los primeros cristianos. Cuando tenemos al Dios de toda energía dentro de nosotros, hay una oleada de poder que es como una reacción atómica en nuestro corazón. El apóstol Pablo decía: «… para lo cual también trabajo, luchando según la potencia de él, la cual actúa poderosamente en mí» (Col 1:29).

Hace varios años, un periódico de Florida retrató a la diseñadora de setenta y un años, Lileth Hogarth, quien creció viendo cómo su madre cosía ropa para su familia en Jamaica. Desde entonces, Lileth ha mantenido a la gente entre puntadas, literalmente. «Nunca se está muerto hasta que se está muerto —dijo Lileth—. Uno debería mantener vivo su sueño mientras siga con vida».[11]

Los arriesgados se mantienen potenciados con respecto a su Dios

Y eso nos lleva al final de nuestra historia. Solo la potencia de nuestro Dios dentro de nosotros puede hacer que sigamos avanzando a toda velocidad hacia el resto de la voluntad de Dios para nuestra vida. Como dije, la historia de la vida de Caleb está narrada en treinta versículos de la Biblia. No obstante, seis veces en esos versículos (con mis énfasis añadidos) se nos da el secreto de su temeraria y arriesgada vida:

- «Sin embargo, mi servidor Caleb tiene una actitud diferente a los demás. Él se ha mantenido *fiel* a mí… (Nm 14:24, NTV).
- «… porque no me siguieron fielmente, sino Caleb, hijo de Jefone cenezeo, y Josué, hijo de Nun, pues ellos *sí* han seguido *fielmente* al SEÑOR» (Nm 32:11-12, LBLA).
- «Solo la verá Caleb hijo de Jefone. A él y a sus descendientes les daré la tierra que han tocado sus pies, porque fue *fiel* al SEÑOR» (Dt 1:36, NVI).
- «… Pero yo me mantuve *fiel* al SEÑOR mi Dios. Ese mismo día Moisés me hizo este juramento: "La tierra que toquen tus pies será herencia tuya y de tus descendientes para siempre, porque fuiste *fiel* al SEÑOR mi Dios"» (Jos 14:8-9, NVI).

- «A partir de ese día Hebrón ha pertenecido al quenizita Caleb hijo de Jefone, porque fue *fiel* al SEÑOR, Dios de Israel» (Jos 14:14, NVI).

¡Caleb fue fiel… fiel… fiel… fiel! Para cuando tenía ochenta y cinco años, la mayor parte de su generación había perdido la esperanza y había muerto. Sin embargo, Caleb todavía tenía un fuego ardiente. Todavía quería arriesgar su vida en la tarea más grande que Dios podía darle.

Mientras reflexiono sobre lo que significa incorporar el riesgo en nuestro caminar con Dios, quiero narrarle una historia sobre la congregación a la que sirvo: Shadow Mountain Community Church, en El Cajón (California). Para 1990, había sido pastor allí durante unos diez años. Después de casi ocho años de lucha, por fin estábamos listos para mudarnos a nuestro nuevo centro de adoración. Sabíamos que experimentaríamos un crecimiento exponencial y tratamos de prepararnos para ello. Las finanzas estaban en nuestra mente, por supuesto, pero nos preocupaba que nuestra ofrenda a la evangelización mundial no se viera afectada. De hecho, queríamos aumentarla. ¿Pero cómo?

En ese momento, muchas personas emitían dos cheques a nuestra iglesia en cada período de pago, uno para el presupuesto de nuestra iglesia y el otro para nuestro presupuesto misionero. Sin embargo, tenía la esperanza de que un día la gente pudiera dar a la iglesia sabiendo que una parte de cada ofrenda se destinaría de manera automática a la evangelización mundial.

Durante una reunión de trabajo, alguien sugirió que asignáramos el cinco por ciento de nuestro presupuesto general a las misiones. Alguien más sugirió que diéramos el diez por ciento. Después de todo, le pedíamos a la gente que diezmara (o diera el diez por ciento) de sus ingresos al Señor. ¿Por qué una iglesia no podía diezmar de sus ingresos a las misiones?

Eso parecía un gran riesgo. Con los pagos de nuestro nuevo edificio y nuestro creciente ministerio, se nos dificultaba cumplir con nuestras obligaciones financieras. ¿Cómo sobreviviríamos si tomábamos el diez por ciento de nuestro presupuesto que ya no era suficiente y lo donábamos?

Fue entonces cuando me levanté y me oí decir: «¿Qué creen qué haría Dios por nosotros si destináramos el veinte por ciento de nuestro presupuesto al avance de las misiones?». Esto fue hace mucho tiempo, pero todavía recuerdo el silencio que sobrevino en esa habitación y lo silenciosa que permaneció.

Entonces un hombre llamado Ralph Radford habló. Él era un Caleb. Nos animó a aceptar ese desafío. Profetizó que Dios nos bendeciría si lo hacíamos. Alguien más nos recordó que las misiones son lo más cercano al corazón de Dios en la Biblia. Dios había enviado a Su propio Hijo a este mundo como el primer misionero. Tomamos esa decisión, el tipo de riesgo del que he estado hablando, y la hemos llevado adelante sin interrupción durante treinta años.

Hoy Shadow Mountain sostiene a ciento noventa y ocho familias misioneras con ministerios en cuarenta y un países y en más de cincuenta idiomas diferentes. Ayudamos a sostener tres centros de atención del embarazo, la misión de rescate del centro de la ciudad, el centro de militares y nuestras congregaciones de habla hispana, árabe e iraní. Nuestro presupuesto de misiones este año superará los cuatro millones de dólares y, a lo largo de los años desde que asumimos ese riesgo, nuestra iglesia ha donado más de cincuenta y un millones de dólares para ayudar a evangelizar el mundo.

No digo nada de eso para jactarme. Lo digo en forma de agradecimiento, pero también como una lección para todos nosotros. Tomamos la decisión de arriesgarnos y ganar, en vez de tratar de evitar la derrota. Dios honró esa decisión de una manera magnífica.

¿Qué riesgo le está pidiendo Dios que tome a medida que avanza? Su voluntad para usted no es la comodidad terrenal, sino la valentía divina. Valentía frente a la oposición. Valentía frente al cambio cultural. Valentía frente a lo desconocido. Valentía en medio de una pandemia. Dios nunca elegirá la seguridad para nosotros si elimina nuestro significado. Dios nos creó para ejercer influencia y no ser un número más entre la multitud.

Este es su momento para avanzar, salga de la zona segura y entre en la zona de la fe.

Capítulo 6

Persiga

Vaya tras su sueño

Paddy Kelly creció rodeado de música. Era el décimo hijo de una familia estadounidense que vivía en Irlanda y, a una edad temprana, se unió a la banda de sus hermanos mayores, The Kelly Family. Cuando tenía quince años, escribió una canción que impulsó a la familia al estrellato, y el grupo se convirtió en una sensación mundial. Con el dinero y la fama llegaron las grandes oportunidades, como cantar en estadios ante 250 000 fanáticos enardecidos.

Con el tiempo, Paddy se mudó a un castillo del siglo XVII. Se trasladaba en avión privado y en helicóptero. Su familia estaba cerca de él en sus búsquedas y siempre estaba cerca de su amor. Sin embargo, algo extraño ocurría: Paddy se sentía vacío, perdido. Cuanto más alto llegaba, peor se sentía. Una pregunta lo perturbaba: «Si todo esto no me hace feliz, entonces, ¿cuál es el sentido de la vida? ¿Por qué existo?».

Más tarde, se retiró a un monasterio en Francia en búsqueda de respuestas.[1]

Joseph Schooling es uno de los mejores nadadores del mundo. Su rostro juvenil y su sonrisa amistosa lo convierten en uno de los favoritos del público, sobre todo después de ganar la primera medalla de oro olímpica de Singapur en 2016. Es parte de un grupo pequeño de personas que respiran el aire enrarecido de ser los mejores del mundo.

Pero ¿qué se siente ser medallista de oro? Según Schooling, hay una «sensación de vacío». Schooling admite que no supo responder a la fama y la presión. «Debería haberme alejado más tiempo de la piscina —expresó—. Tuve que cambiar de mentalidad porque ya no perseguía nada, me estaban persiguiendo. […] Necesitaba encontrar mi "porqué" de lo que estaba haciendo».[2]

Como Paddy Kelly y Joseph Schooling, millones de personas buscan el *porqué* de su existencia. Quizás eso lo incluya a usted.

En el capítulo uno, escribí sobre sus sueños y sobre cómo construir una visión para su futuro. Su visión responde a estas preguntas: *¿Cómo podría ser mi vida en el futuro? ¿Qué me veo haciendo?*

Ahora lo animo a que persiga su propósito. Su propósito tiene que ver con el *significado* y la *motivación*. Es la razón detrás de sus acciones y decisiones. Responde a esa pregunta molesta de «¿por qué?». *¿Por qué persigo este sueño?* Paddy Kelly conocía el *qué* de su vida: cantar. Joseph conocía el *qué* de su vida: nadar. Sin embargo, no podían averiguar el *porqué.* ¿Era por los aplausos? ¿Por el dinero? ¿Por los logros? ¿Por la realización personal? ¿Por el orgullo nacional?

Su visión mantiene vivas sus esperanzas; es su sueño de un mañana mejor. Su propósito le da fuerza para seguir adelante incluso cuando los tiempos son difíciles. El propósito estabiliza su vida. Con un propósito claro, usted persevera porque sabe que hay una razón, una causa.

¿Alguna vez terminó el día o el año preguntándose: «¿Para qué ocurrió todo eso? ¿Qué he conseguido en realidad? ¿Qué diferencia hice de verdad?». Cuando encuentra su propósito, deja de perseguir cosas que nunca lo satisfarán. En cambio, encuentra el gozo de ir tras los pasos siguientes que Dios tiene para usted.

¿Qué pasaría si pudiera finalizar el día, el mes y el año sabiendo que está cumpliendo con su verdadero propósito y llamado en la vida?

Imagine tener la certeza, sin duda alguna, de que sus esfuerzos no fueron en vano porque honran a Dios, y fueron concebidos y dirigidos por Él.

Lo que Paddy Kelly y Joseph Schooling anhelaban, Jesús lo poseía. Él sabía que había sido puesto en la tierra por una razón y persiguió Su propósito ordenado por Dios en cada paso. En Marcos 1:38, les dijo a Sus discípulos: «... Vamos a los lugares vecinos, para que predique también allí; porque para esto he venido».

En Juan 12:27, oró: «Ahora está turbada mi alma; ¿y qué diré? ¿Padre, sálvame de esta hora? Mas para esto he llegado a esta hora».

El apóstol Juan afirmó: «... Para esto apareció el Hijo de Dios, para deshacer las obras del diablo» (1 Jn 3:8).

Jesús conocía Su propósito en la vida y no podía incumplirlo. Usted también puede tener este sentido de certeza para moverse hacia su meta. Puede hacer lo que hizo Jesús y vivir el resto de su vida sin remordimientos.

¿Cómo descubre su «porqué»? Su viaje comienza comprometiendo su vida a Dios.

Preséntese por completo ante Dios

Manny Pacquiao es uno de los mejores boxeadores profesionales de todos los tiempos. Es el único campeón mundial de ocho divisiones en la historia del boxeo. Sin embargo, junto con su fama llegó el juego, el sexo, el dinero y las fiestas, pero su corazón estaba tan vacío como un estadio de boxeo después de que toda la gente se fuera y se apagaran las luces. «Me sentía vacío —comentó—. Tenía dinero. Podía hacer lo que quería, pero tenía el corazón vacío».

Una noche, mientras caminaba por un bosque, el boxeador filipino sintió convicción de pecado por su estilo de vida. Se arrodilló y clamó a Dios, pidiendo perdón y ayuda. Luego sintió como si una luz lo iluminaba tanto como el sol, pero no podía levantar la cabeza. Estaba en el suelo clamando al Señor. Sentía que se derretía.

Esa noche, Cristo entró en la vida de Manny Pacquiao. «El Señor cambió mi corazón», explica.[3]

La vida de Pacquiao adquirió un nuevo significado. Se involucró en el servicio público y hoy sirve en el senado nacional filipino. Durante la pandemia de coronavirus, donó cientos de miles de mascarillas a los necesitados, junto con cinco autobuses para transportar a los trabajadores sanitarios por Manila. Sentía una carga tan inmensa por los pobres que estaba decidido a atenderlos, aunque muriera en el intento. Les dijo a sus votantes: «Debemos [...] seguir orando y creyendo en el Señor. Obtengamos fuerza y esperanza de Él».[4]

No puede encontrar su propósito en la vida si se enfoca en usted mismo y deja a Dios fuera de escena. La vida no consiste en usar a Dios para sus propósitos. Se trata de que Dios lo use para los propósitos de Él. Se trata de que el Señor Jesús le muestre cómo usted encaja en el plan divino. ¡Y usted sí que encaja! Él tiene toda una vida de propósitos reservados para usted.

Tal vez esté pensando: «No estoy seguro de querer estar en el plan de Dios. ¿Qué pasa si no me agrada?».

¡Oh, sí que le agradará! Es para lo que fue creado. Si no acepta el plan de Dios, se perderá el propósito para el que Él lo creó. La Biblia es clara al respecto. Jesús dijo: «... Yo soy la luz del mundo; el que me sigue, no andará en tinieblas, sino que tendrá la luz de la vida» (Jn 8:12). Cuando usted siga el plan de Dios para su vida, estará caminando en la potencia divina de la luz de Dios. No existe otra fuente de propósito mayor. Todas las demás búsquedas conducen a la oscuridad y a la inutilidad.

¿Todavía tiene miedo de presentarse por completo ante Dios? ¿Sigue pensando que Él va a estropear su vida diciéndole que haga algo que no quiere hacer o que vaya a un lugar al que no quiere ir?

Puedo decirle por mi propio testimonio que todo lo que he soñado hacer en mi vida lo he encontrado en el propósito de Dios para mí. No puedo imaginarme haciendo otra cosa que lo que he hecho según Él me ha guiado. Muchos de mis sueños se hicieron realidad, además de unos cuantos sueños que ni siquiera sabía que tenía.

El primer paso para ir tras el propósito que Dios le ha dado es presentarse por completo ante Dios. Él lo ama y quiere lo mejor para usted. ¡Puede confiar en Él!

Comprenda su singularidad

El segundo paso para descubrir el «porqué» de su vida es llegar a comprender su *singularidad*.

Rick Allen era el mundialmente reconocido baterista de Def Leppard, uno de los grupos de *rock* más exitosos de la última generación. Se unió al grupo con solo quince años, y la banda vendió más de cien millones de álbumes. No obstante, en 1984, en la cima de su joven carrera, Allen intentaba adelantarse a un conductor agresivo en una carretera angosta de Inglaterra y tuvo un accidente horrible en el que perdió el brazo. Los médicos intentaron reimplantarlo, pero se infectó y tuvieron que amputarlo.

Ahora Allen era un baterista manco, pero no se rindió. Ideó formas de compensar su pérdida y llegó a ser aún mejor y más apreciado por sus admiradores. Luego, Allen se dedicó a la pintura, y su arte pasó a ser valorado por los coleccionistas. Allen comenta que crea arte de la misma manera que toca la batería: con un brazo y el corazón abierto. «No quiero compararme con los demás —expresa—. Quiero celebrar mi singularidad».[5]

Cada persona de este planeta puede celebrar su singularidad porque Dios no creó a dos personas que sean exactamente iguales, ni siquiera a los que son gemelos idénticos. Todos tenemos cuerpos diferentes, rostros diferentes, huellas dactilares diferentes, orígenes diferentes, dones y talentos diferentes.

¡No hay nadie como usted!

Solo usted tiene el plan único que Dios ha diseñado para *usted*. Efesios 2:10 indica: «Porque somos hechura suya, creados en Cristo Jesús para buenas obras, las cuales Dios preparó de antemano para que anduviésemos en ellas». La Nueva Traducción Viviente indica: «Pues somos la obra maestra de Dios. Él nos creó de nuevo en Cristo Jesús, a fin de que hagamos las cosas buenas que preparó para nosotros tiempo atrás».

Deténgase y lea eso de nuevo. Usted es la obra maestra de Dios. Antes de que usted naciera, Él diseñó un conjunto de tareas para usted. Él lo creó para el propósito de su vida y, al mismo tiempo, estaba creando su trabajo para usted.

Para nadie más. Solo para usted.

Por eso, tenga cuidado con compararse con los demás. Casi siempre hay alguien que parece más talentoso o exitoso que usted y, si no es cuidadoso, puede caer en la imitación de esa persona sin siquiera darse cuenta. Usted no es una imitación. Es el original, el único que Dios hizo.

Cuando era un joven predicador, estudié a mi profesor de homilética, Haddon Robinson, que era un maestro en el púlpito. También tomé clases con Howard Hendricks, que era el mejor comunicador que había escuchado. En efecto, sin darme cuenta, cuando preparaba y predicaba mis primeros sermones me parecía mucho a Haddon o a Howard. No me daba cuenta de que los estaba imitando, pero mi esposa, Donna, lo notó. Tuvimos una pequeña conversación y me di cuenta de que solo podía ser David Jeremiah. Tenía que aprender a ser yo mismo, a ser la persona que Dios creó.

E. E. Cummings dijo: «Ser nadie más que tú mismo, en un mundo que se esfuerza día y noche por convertirte en los demás, implica librar la batalla más dura que pueda pelear cualquier ser humano, y nunca dejar de luchar».[6]

Si mira a otra persona como patrón de que lo usted debe ser, se está perdiendo algo. Dios lo hizo especial y luego se deshizo de los planos. Agradézcale por sus fortalezas y debilidades, sus bendiciones y cargas, sus dones y talentos, su experiencia y aventuras. Y ofrézcaselos todos a Él para Su uso y para Su gloria.

Una vez que comprenda su singularidad, estará bien encaminado para perseguir el propósito que Dios creó solo para usted.

Comprenda su responsabilidad

El paso siguiente es darse cuenta de que su singularidad implica acción. La Biblia menciona: «Cada uno según el don que ha recibido, minístrelo a los otros, como buenos administradores de la multiforme gracia de Dios» (1 P 4:10). En otras palabras, Dios le ha dado un don y con ese don viene la responsabilidad de usarlo para bendecir a otros.

A mucha gente le molesta que le impongan responsabilidades, pero no deje que el diablo lo engañe. Sus responsabilidades, las que vienen de Dios, son bendiciones porque le afirman su utilidad. Como alguien dijo, la *responsabilidad* es su respuesta a la capacidad de Dios.

Michael Lee, un graduado de la Universidad Azusa Pacific, sirvió al Señor en todo lo que pudo durante sus años universitarios y luego consiguió un trabajo en la empresa de juguetes Duncan. ¿Cómo podía cumplir con la responsabilidad que Dios le había dado para el servicio divino en una empresa de juguetes? Bueno, Michael se convirtió en un profesional del yoyo y, con el tiempo, compartió el evangelio a más de 1,7 millones de niños en los cincuenta estados e incluso actuó tres veces en la Casa Blanca. Luego, tras un accidente de esquí casi mortal, Michael se inscribió en las agotadoras carreras Spartan Race, donde encuentra oportunidades nuevas para narrar su historia e inspirar a otros a mirar a Cristo y perseverar.[7]

Nadie más tiene una historia o un conjunto de responsabilidades exactamente iguales a las de él.

Chris Baker también tiene un conjunto único de responsabilidades. Es un artista del tatuaje del área de Chicago que llegó a Jesucristo durante su adultez. Comenzó a dirigir un grupo de Young Life en su iglesia y a menudo les decía a sus adolescentes que oraran para saber qué era lo siguiente que Dios quería que hicieran. Les decía que el Señor había hecho a cada uno de ellos con un propósito.[8]

Un día, Chris se dio cuenta de que tenía que seguir su propio consejo, así que empezó a orar para que Dios le mostrara el paso siguiente, lo que solo *él* podía hacer. Se dio cuenta de que muchos exmiembros de pandillas se sentían avergonzados y perjudicados por sus tatuajes, así que comenzó un ministerio para cubrir esas marcas malignas con obras de arte. Su ministerio se llama INK 180 y, a través de él, está ayudando a muchos hombres jóvenes a escapar de su pasado, a desconectarse de las pandillas y a empezar una vida nueva. Algunos también han empezado una vida nueva en Cristo.

A la división de pandillas del Departamento de Seguridad Nacional le llamó la atención el trabajo de Chris. Un día, mientras visitaba su sede, Chris descubrió otra necesidad. En la unidad que investiga los delitos de trata de personas, Chris se quedó estupefacto al enterarse de que cientos de mujeres jóvenes, entre ellas, muchas víctimas de violencia doméstica y muchas que huyen de sus hogares, son prisioneras de miembros del crimen organizado y de las pandillas. A menudo sus captores las tatúan para poder identificarlas y devolverlas si intentan escapar. A veces, los tatuajes son literalmente códigos de barras y, otras veces, a las víctimas se las marca o se les hace una cicatriz como a los animales. A Chris se le rompió el corazón durante la sesión informativa. No sabía que existía tal brutalidad y anhelaba ayudar a estas mujeres jóvenes.

Chris y su ministerio INK 180 empezaron a reunirse con las víctimas de abusos, cubriendo sus marcas viles con hermosas obras de arte de flores y otras imágenes y dándoles una oportunidad de escapar de su pasado y de encontrar la libertad en Cristo.[9]

Nadie más que Chris tiene una historia o un conjunto de responsabilidades así. Créame, ¡no querrá que David Jeremiah se le acerque con una aguja para tatuar!

Verá, la iglesia es un gran círculo formado por todos los hijos de Dios, y cada uno de nosotros tiene una responsabilidad. La Biblia sostiene: «Pero a cada uno le es dada la manifestación del Espíritu para provecho» (1 Co 12:7).

Jesús dijo: «Me es necesario hacer las obras del que me envió, entre tanto que el día dura; la noche viene, cuando nadie puede trabajar» (Jn 9:4). Permítase desarrollar un sentido de responsabilidad para alcanzar a otros y servir al mundo, y tome esa decisión antes de que la «noche» caiga sobre su vida, antes de que sea demasiado tarde.

Persiga el plan de Dios para su vida

Si usted se ha presentado por completo ante Dios, ha comprendido el hecho maravilloso de su singularidad y se ha dado cuenta de que tiene la responsabilidad de servir al Señor y a los demás, entonces está listo para seguir el plan de Dios para su vida. Ahora su tarea es ir tras ese plan. Tiene que correr en la dirección que lo lleva su propósito.

Cuando sentí en mi corazón que Dios me llamaba a predicar el evangelio, de inmediato, concerté una cita con el doctor Robert Gromacki, un profesor del departamento de Biblia de la universidad a la que asistía. Era un gran profesor, joven y enérgico. Se había graduado en el Seminario Teológico de Dallas y allí me ayudó a hacer conexiones que busqué para tener la formación necesaria para obedecer el llamado de Dios.

Cuando empiece a sentir que Dios lo guía hacia una dirección determinada, no sea apático o pasivo al respecto. Sea activo, haga preguntas, haga visitas, obtenga consejos, lea, estudie. Busque los pasos siguientes y dé esos pasos. No espere a que Dios interrumpa su programa de televisión con un boletín especial diciéndole lo que tiene que hacer.

David Groves era el jefe de policía en Hartford (Wisconsin), y su carrera en los cuerpos policiales estaba llegando a su fin. A medida que su retiro se acercaba, pensó: *¿Y ahora qué?* Había dedicado toda su vida a la seguridad pública. Debido a la naturaleza peligrosa y rigurosa del trabajo, muchos policías se jubilan antes que otros profesionales, y David pensaba que todavía tenía muchos años productivos por delante. ¿Qué debía hacer?

Él y su esposa oraron sabiendo que Dios los había bendecido a ambos a lo largo de sus carreras. Reflexionaron sobre Proverbios 16:9 y buscaron oportunidades mientras confiaban en que Dios los guiaría. David comenzó a preguntarse si sus experiencias podrían ser útiles para el personal de una iglesia. Como jefe de policía, había aprendido los principios de la buena gestión, la planificación estratégica, el liderazgo participativo, la sabiduría, la empatía y la visión para cumplir una misión. Había aprendido a gestionar un presupuesto y a llevarse bien con las facciones rivales.

David empezó a investigar la posibilidad de convertirse en pastor ejecutivo de una iglesia. Estudió las descripciones del trabajo para saber más. Cuanto más buscaba el plan de Dios para él, más oportunidades veía. En la actualidad, el exjefe de policía es el pastor ejecutivo de una iglesia en Wisconsin, ¡y más vale que no pase a toda velocidad por su santuario!

«Si no está muerto, no ha terminado de servir al Señor —dijo David—. En cuanto al empujón de Dios, sería difícil compartir todas las veces que hemos visto su mano en este proceso, una y otra vez. Basta con decir que cada puerta se ha abierto en el momento justo, cada desafío ha sido superado de forma rápida y tanto mi esposa como yo hemos tenido una paz verdadera sobre esta decisión desde el principio».

»En mi… anterior línea de trabajo, llamaríamos a estas cosas "pistas"», añadió.[10]

Es una buena manera de verlo. En cierto sentido, Dios nos da pistas sobre Su propósito y Sus planes para nuestra vida. Mientras considera sus próximos pasos hacia adelante, recuerde: si no está muerto, no ha terminado. Siga buscando el plan bueno, aceptable y perfecto de Dios para su vida. Busque indicaciones, observe las circunstancias, siga las pistas, tome la iniciativa.

Mire a su alrededor ahora mismo: ¿ve alguna pista que seguir?

Obedezca las órdenes de la Palabra de Dios

Eso nos lleva al siguiente elemento crucial para perseguir el propósito de Dios para su vida. Tiene que obedecer las órdenes de Su Palabra. Su voluntad para su vida nunca se desvía de la Palabra que le ha dado en la Escritura. Necesitará instrucciones para el viaje, y el manual de instrucciones de Dios es la Biblia.

Josué 1:8 afirma: «Nunca se apartará de tu boca este libro de la ley, sino que de día y de noche meditarás en él, para que guardes y hagas conforme a todo lo que en él está escrito; porque entonces harás prosperar tu camino, y todo te saldrá bien».

Observe la frase *para que guardes y hagas*. Es fácil pasar por alto estas palabras como insignificantes, pero poseen uno de los grandes conceptos del Antiguo Testamento. No debemos leer la Biblia solo por curiosidad o por razones intelectuales. Debemos estudiarla para descubrir la voluntad de Dios para nuestra vida. La leemos para acatarla.

David describió este principio en su primer salmo: «Sino que en la ley de Jehová está su delicia, y en su ley medita de día y de noche. Será como árbol plantado junto a corrientes de aguas, que da su fruto en su tiempo, y su hoja no cae; y todo lo que hace, prosperará» (Sal 1:2-3).

El escritor popular Eddie Jones tiene en su casa una banca bajo un sauce donde, según sus palabras, va a buscar sus órdenes todos los días. Incluso en invierno, cuando el jardín parece «más una paleta de helado que un paraíso», abre su Biblia y le pide a Dios un rayo de luz en su día y un rayo de guía divina para sus pasos. Él ora: «Que venga tu reino, que se haga tu voluntad, en la tierra y en mi vida, como se hace tu voluntad en el cielo. Guíame hacia donde quieres que te sirva hoy».

Luego, Eddie abre su Biblia. «Estudio cada versículo de la Escritura, buscando promesas, mandatos, advertencias, alabanzas, oraciones y palabras de consuelo. Cuando siento Su voz susurrando: "Presta atención, esto es importante", subrayo el versículo y lo escribo en mi diario. Después, medito sobre el significado que tiene para mí ese día».[11]

Ahora bien, usted no tiene que sentarse en una banca fría, pero sí necesita encontrar su propio proceso. Mientras busca el propósito de Dios para su vida, habrá momentos en los que se sienta perdido, cuando no sepa qué hacer a continuación. Estará confundido, tal vez incluso desorientado. En esos momentos en particular aprenderá a amar la Palabra de Dios. Por eso, es importante tener un hábito diario de lectura y meditación de la Biblia.

No se trata de que encuentre un versículo bíblico que diga: «Hoy debe ser voluntario en un refugio para indigentes». Más bien, se trata de caminar en comunión con Dios. Al leer, estudiar, meditar y aplicar Su Palabra cada día, encontrará la sabiduría necesaria para cada oportunidad.

La evangelista Anne Graham Lotz describe su estrategia para el éxito de esta manera: «Tan solo trato de seguir con fidelidad al Señor paso a paso y día a día. Dentro de diez años, solo quiero mirar atrás [...] y saber que, en la medida de mis posibilidades, he sido obediente al llamado de Dios en mi vida».[12]

Sirva a los demás de forma desinteresada

Esta es otra pista para perseguir el propósito de Dios para su vida. Puede estar seguro de que, de alguna manera, siempre implicará servir a los demás.

Antes hablé de su singularidad en la iglesia, que es el cuerpo de Cristo, pero su trabajo para el Señor se extiende más allá de las paredes del edificio de su iglesia. El propósito de la iglesia es preparar a los seguidores de Cristo para llevar la realidad del evangelio a todo el mundo. Todos estamos llamados a servir y a compartir con nuestro mundo perdido y necesitado. A mí, este concepto me cambió la vida. Crecí en un hogar de pastores, pero solo más tarde, como adulto joven, desarrollé de verdad una conciencia bíblica de mi responsabilidad hacia aquellos que no conocen a Jesucristo. Esa realidad cambió mi vida.

Nunca podremos encontrar nuestro verdadero propósito en la vida hasta que nos demos cuenta de que estamos bajo órdenes de obedecer la Gran Comisión: «… Id por todo el mundo y predicad el evangelio a toda criatura» (Mr 16:15). Y la clave de la Gran Comisión es el gran mandamiento: «… Amarás a tu prójimo como a ti mismo» (Mt 22:39).

Hace un par de años, Sam Sorenson le vendió un caballo a Jennifer, una mujer que vivía en Montana. Los dos se mantuvieron en contacto para que Jennifer pudiera mantener a Sam al tanto del estado del caballo. Sam se dio cuenta de que Jennifer tenía lo que tanta gente desea: dinero, tierra y libertad para vivir sus sueños, pero parecía solitaria. Él sentía que ella estaba usando el caballo para tratar de llenar un vacío en su vida.

Poco después, Sam se mudó a Fort Worth para inscribirse en estudios bíblicos en un seminario y los dos conversaron por teléfono sobre su mudanza. «Ella tenía algunas preguntas, pero sobre todo buscaba esperanza —contó Sam—. Pude preguntarle sobre algunos de sus temores y esperanzas, y luego compartir mi testimonio. [...] Le conté cómo llegué a la fe en Jesús y le dije lo que Él había hecho por mí».

Jennifer admitió que se sentía vacía y que su sueño de tener un caballo no había llenado ese vacío como ella esperaba. Sam le preguntó si podía orar por ella y, durante la oración, Jennifer le pidió a Jesús que entrara en su corazón como su Señor y Salvador.

«Es la primera persona con la que he compartido el evangelio que ha aceptado a Jesucristo como Señor y Salvador —dijo Sam—. Gracias a Dios».[13]

Sí, ¡gracias al Señor! Al servir a otros, encontraremos oportunidades para compartir el evangelio según la providencia de Dios. Esto es parte de su propósito para usted. El mayor gozo continuo de ser cristiano es el gozo de compartir a Cristo con otros y luego servir a otros en el cuerpo de Cristo.

Experimente la vida eterna

Así que resumamos. Necesita un motivo convincente si va a desarrollar un plan para avanzar en su vida. Necesita el *porqué*. Descubre su porqué presentándose por completo ante Dios y comprendiendo que Él lo ha hecho de manera única para una obra única. Tiene una responsabilidad dada por Dios y necesita buscar de manera activa lo que viene a continuación en la agenda de Dios para usted. Tendrá que permanecer en la Escritura a diario y servir a otros de manera desinteresada, buscando oportunidades para compartir el evangelio.

Eso nos lleva al último paso para ir tras su propósito: experimentar la vida eterna que Dios le ha dado.

Jesús dijo: «... yo he venido para que tengan vida, y para que la tengan en abundancia. [...] y yo les doy vida eterna; y no perecerán jamás, ni nadie las arrebatará de mi mano» (Jn 10:10, 28).

Eso es lo que todo el mundo busca: el tipo de vida que es abundante y eterna.

El estadista israelí Abba Eban escribió sobre una conversación que tuvo con Edmund Hillary, el primer hombre que escaló el monte Everest. Eban le preguntó al explorador qué sintió al llegar a la cima. Hillary dijo que el primer sentimiento fue de euforia por el logro, pero luego tuvo una sensación de desolación. ¿Qué le quedaba por hacer ahora?[14]

Jon Krakauer llegó a la misma cumbre años después, pero el viaje fue trágico. Doce de sus compañeros murieron en la expedición. Más tarde, en su libro *Mal de altura*, Krakauer describió lo que sintió en la cima del Everest. «Había fantaseado mucho sobre ese momento y la oleada de emociones que lo acompañaría. Sin embargo, ahora que por fin estaba allí, literalmente de pie en la cima del Everest, no tenía fuerzas para pensar en ello. […] Saqué cuatro instantáneas […] di media vuelta y empecé a bajar. Mi reloj marcaba las 13:17. En total, había estado menos de cinco minutos en la cima del mundo».[15]

Oh, si tan solo supieran la verdad de 1 Juan 5:12: «El que tiene al Hijo, tiene la vida; el que no tiene al Hijo de Dios no tiene la vida».

El propósito principal de Dios para nosotros es que experimentemos, disfrutemos y encarnemos la vida eterna por la que Jesús murió y nos concedió. Él llena nuestro vacío con Él mismo y con Su gloriosa voluntad para cada uno de nosotros. Nos llena con la esperanza cierta de la vida eterna.

Déjeme hacerle una pregunta: ¿cuándo comienza la vida eterna? ¿Comienza cuando usted muere?

No, la vida eterna comienza en el instante en el que cree. Jesús afirmó: «Y esta es la vida eterna: que te conozcan a ti, el único Dios verdadero, y a Jesucristo, a quien has enviado» (Jn 17:3). Su vida eterna comienza en el momento en que usted pone su confianza en Jesucristo. ¿Lo sabía? A partir de ese momento, nunca morirá. Cuando acepta a Cristo, obtiene vida, tanto abundante como eterna.

Cuando encuentra su propósito como creyente, ese propósito no se realiza por completo en esta vida en la tierra. Su vida tiene el sello de la eternidad y no termina si muere antes del regreso de Jesucristo.

El apóstol Pablo declaró: «Por tanto procuramos también, o ausentes o presentes, serle agradables» (2 Co 5:9).

Lo que hace hoy tiene un significado eterno. A medida que persiga su propósito divino, verá cada vez más cómo este mundo terrenal está conectado con el mundo celestial, que será su hogar para siempre.

La única manera de que el significado llegue a su vida es si alguien fuera de su mundo se lo acerca. El Dios Todopoderoso, al darse cuenta de que estábamos perdidos en nuestro mundo de sistema cerrado de vacío y caos, puso Su mano en el hombro de Su Hijo perfecto, Jesucristo, y lo envió del cielo a este mundo, y le dijo: «Ve y dales vida eterna».

No había otra manera. El Dios Todopoderoso es santo, absoluta y perfectamente santo. Él quiere que pasemos la eternidad con Él en el cielo, pero no podía llevarnos a Su presencia como criaturas pecadoras. La única manera en que podía llevarnos al cielo y satisfacer Su santidad y justicia era enviando a Jesucristo al mundo. Jesucristo se responsabilizó por nuestro pecado, sangró y murió, y fue enterrado y resucitó. Compró para nosotros un lugar en el cielo.

Él condensó el sufrimiento del mundo entero, de toda la humanidad, en las pocas horas que sufrió en la cruz. Fue un sufrimiento de una magnitud que nunca conoceremos.

Para salir del vacío y entrar en el propósito, es necesario pasar por Jesús. Él es el camino, la verdad y la vida. En el instante en que usted lo recibe como Salvador, comienza la vida eterna para usted y, con ella, viene una vida con propósito.

¡Sin arrepentimientos!

Me resultaba imposible escribir este capítulo sin pensar en mi héroe: William Borden. Él murió antes de que yo naciera, pero su biografía me conmovió como pocos libros y quiero vivir según las seis famosas palabras que se le atribuyen.

Borden creció en la Costa Dorada de Chicago, donde su familia era propietaria de la granja y el negocio de productos lácteos Borden. Ya en la escuela secundaria era millonario, y eso fue a principios del siglo XX, cuando los millonarios eran pocos. Era inteligente, bien parecido y atlético; además, era un joven que amaba al Señor Jesús y había crecido en Cristo bajo la influencia de su pastor, el doctor R. A. Torrey.

El regalo de graduación de Borden fue un viaje por el mundo y ahí fue donde desarrolló una pasión por extender el evangelio a las regiones más lejanas, en particular a China. Más tarde, en una conferencia sobre misiones, se sintió movido de forma profunda a dedicar toda su vida a la difusión del evangelio, incluida su fortuna, valuada en cincuenta millones de dólares. La familia de Borden lo apoyó en todo y llegó el día en que dejó su casa y navegó hacia Egipto para estudiar idiomas. Todos los que lo conocían quedaban encantados con su humildad, alegría y amor, y su pasión por Cristo. Sin embargo, al cabo de un mes, Borden contrajo meningitis espinal. Sobrevivió dos semanas, pero falleció a la edad de veinticinco años.

El sacrificio no fue en vano. La historia de Borden se anunció en periódicos de todo el mundo, en libros y biografías, y desde miles de púlpitos y atriles. Incluso hoy, más de cien años después, su historia fascina a todos los que la leen. Nadie sabe cuántos jóvenes, exacerbados por el sacrificio de Borden, entregaron su vida a las misiones.

En su biografía mejor conocida como *Borden of Yale '09* [Borden de Yale '09], la señora Howard Taylor escribió: «No hubo reservas ni retorno ni arrepentimientos en la consagración de Borden a Dios».[16]

¡Sin reservas! ¡Sin retorno! ¡Sin arrepentimientos! Mucha gente cree que esas seis palabras estaban escritas en la Biblia de Borden, que se ha perdido en la historia. Una cosa sabemos con certeza: ciertamente estaban escritas en su corazón. Esa es la forma en que vivió, y esa es la única forma de vivir.

Solo se tiene una vida en la tierra. Como el tiempo no retrocede, le queda un determinado número de horas, días o años. Cada uno de ellos, a partir de esta fracción de segundo, está en el futuro. No hay tiempo que perder. Usted querrá vivir cada día sin reservas, sin apartarse de la causa y sin arrepentimientos cuando haya terminado.

Capítulo 7

Crea

Ponga su mente en orden

¡Hay reuniones que usted nunca olvidará! Hace un tiempo, cuando estuve en Nueva York, el gerente del hotel me llevó a un costado. Sabía que me encantaban los deportes y se ofreció a presentarme a otro invitado, el entrenador principal de fútbol americano en la Universidad Clemson, Dabo Swinney, cuya carrera sigo desde hace mucho tiempo.

Mi familia y yo nos sentamos con Dabo durante una hora mientras él hablaba sobre su fe, su amor por el fútbol, su entusiasmo por sus jugadores y su entusiasmo por la vida. El amor que le tenía a su equipo era evidente. Estaba animado, hablaba con los ojos y gesticulaba con las manos. ¡Rara vez he estado cerca de alguien tan positivo! Recuerdo que pensé: *Con razón gana campeonatos. Él es un campeón. ¡Es un hombre que cree!*

El verdadero nombre de Dabo es William Christopher. Cuando nació, su madre luchaba contra una poliomielitis degenerativa. De bebé, su hermano mayor, Tripp, trató de llamarlo «that boy» [«ese niño»], y desde entonces a Swinney se lo conoce como «Dabo». Cuando Tripp tenía dieciséis años, un horrible accidente lo dejó lesionado de por vida. Aproximadamente al mismo tiempo, su padre tuvo problemas comerciales, se endeudó y comenzó a beber en exceso. Los padres de Dabo se separaron, y Dabo pasó a vivir de un lado a otro.

A los dieciséis años, Dabo tuvo una experiencia con Cristo que le cambió la vida, y su nueva fe reafirmó su creencia en el futuro y en sí mismo. Hizo una prueba para el equipo de fútbol americano de la Universidad de Alabama y obtuvo una beca. Durante su último partido allí, el día de Año Nuevo de 1993, el Crimson Tide ganó el campeonato nacional. Al final de su carrera universitaria, Dabo se reconcilió con su padre y, con el tiempo, ayudó a llevarlo a Cristo.[1]

En 2003, Dabo se unió al cuerpo técnico de Clemson. En 2008, se convirtió en entrenador principal. En ese momento, Clemson era conocido por perder partidos que deberían haber ganado. Sucedía tan a menudo que la gente lo llamaba «clemsonear». El entrenador Swinney sabía que la fe estaba en su punto más bajo tanto dentro como fuera del programa, por lo que colocó un gran cartel en la sala de entrenamiento con una palabra: *¡CREE!*

La creencia del entrenador era sincera y contagiosa. Sin importar los desafíos o contratiempos, él creía en sus jugadores más de lo que ellos creían en sí mismos. Creía tanto en ellos que aumentó su confianza y, bajo su liderazgo, «los Tigres» ganaron campeonatos nacionales en 2016 y 2018.[2]

Parte de mi admiración por el entrenador Swinney proviene de mi propia experiencia. Crecí sabiendo mucho más de dudar que de creer. Me crie en una buena iglesia, pero era más conocida por lo que estaba *en contra* que por lo que estaba *a favor*. En ese momento, no me di cuenta de cómo eso puede afectar la perspectiva de uno. Sin duda, *debemos* estar en contra de muchas cosas, pero ese no debe ser nuestro enfoque principal. Me tomó un tiempo aprender eso; pero gracias a Dios, lo hice, o no estaría haciendo lo que ahora estoy tratando de hacer en el reino de Dios.

Se necesita una actitud positiva para seguir adelante. Al leer eso, puede que piense: *El doctor Jeremiah está cayendo en la trampa del pensamiento positivo.* No, no es así. Conozco esa trampa. «¡Concíbalo, créalo, lógrelo!», «¡Salud y dinero!», «¡Declárelo y reclámelo!». Muchos oradores motivacionales y predicadores de autoayuda hacen muchas promesas y no predican todo el evangelio, o nada de él. La industria de la superación personal se ha convertido en una especie de religión que afirma: «Si va a ser así, depende de mí». Deberíamos cuidarnos, como Gedeón, de cualquier ideología de autoayuda que deja a Dios a un costado, magnifica la capacidad humana y no menciona toda la verdad.

No obstante, hay un optimismo positivo, lleno de esperanza y alegría que es totalmente bíblico en su esencia y proviene solo de Cristo. Usted puede ser cristiano y optimista al mismo tiempo, y debería serlo. La fe añade un poder positivo a su vida. Solo escuche Filipenses 4:13: «Todo lo puedo en Cristo que me fortalece».

Eso suena bastante positivo, ¿verdad? El hombre que escribió esas palabras era un Optimista con O mayúscula. Lea su historia en el Libro de los Hechos y estudie sus trece cartas; están llenas de optimismo. El doctor John Henry Jowett dijo de Pablo: «Sus ojos siempre están iluminados. El tono alegre nunca falta en su discurso. El movimiento boyante y ligero de su vida nunca cambia. La luz nunca se apaga en su cielo. [...] El apóstol es un optimista».[3]

Hemos visto que apoderarse de los sueños que Dios planta en su corazón requiere no solo riesgo, sino también la voluntad de perseguir esos sueños con abandono. Ahora quiero mostrarle la importancia de creer en la realidad de esos sueños, y sí, creer en usted mismo, para seguir adelante.

Así que, durante los próximos minutos, siéntese a los pies del gran apóstol y aprenda sus poderosos secretos para la resiliencia, el optimismo y la creencia positiva. Al entrar en la historia de Pablo en momentos cruciales, usted podrá entender cómo vivió una vida de logros positivos a pesar de las dificultades, lo cual es la única forma de sumergirse en el futuro que Dios tiene para usted.

Sea positivo en sus convicciones

El optimismo de Pablo comenzó con sus convicciones positivas. Travis Bradberry, autor del exitoso libro *Inteligencia emocional 2.0*, escribió:

«Cuando los líderes tienen convicción, los cerebros de las personas pueden relajarse, por así decirlo, lo que les permite concentrarse en lo que se debe hacer. Cuando las personas se sienten más seguras sobre el futuro, son más felices y hacen un trabajo de mayor calidad».[4]

Una convicción es una creencia fija, un conjunto de certezas arraigadas de manera profunda que se aloja en el centro de su mente y corazón. Es importante que sus convicciones sean sólidas y verdaderas. ¡Las de Pablo por supuesto lo eran! Él las anotó a todas, y usted puede estudiarlas. Sus cartas son un diario de su vida, y su sistema de creencias se exhibe en todas partes.

Las convicciones fundamentales de Pablo fueron la base de su increíble vida y ministerio. Y he aquí la mejor parte: usted puede adoptarlas, y ellas le brindarán una poderosa motivación y dirección para su vida.

Aquí hay dos ejemplos de cómo hacer con exactitud eso a medida que avanza hacia todo lo que Dios tiene reservado para la siguiente fase de su vida.

Sea positivo en cuanto al amor de Dios por usted

La convicción más básica en la vida está enraizada en la comprensión de la naturaleza de Dios. Sin un Dios bueno, poderoso, amoroso, creativo y eterno, no hay base para el optimismo.

Considere las palabras de Pablo en Romanos 8:38-39: «Por lo cual estoy seguro de que ni la muerte, ni la vida, ni ángeles, ni principados, ni potestades, ni lo presente, ni lo por venir, ni lo alto, ni lo profundo, ni ninguna otra cosa creada nos podrá separar del amor de Dios, que es en Cristo Jesús Señor nuestro». Considere las razones para el optimismo encontradas en este pasaje. Dios no solo es real, sino que también nos ama. Y Dios no solo nos ama, sino que además nada de lo que experimentemos puede separarnos de su amor.

La cantante de música *country* Carrie Underwood comentó sobre este pasaje: «Me encantan todas las comas en estos versículos, ni la muerte, ni la vida, ni los ángeles, ni los demonios. Es tan poderoso».[5]

Cada una de las diez cosas que Pablo enumera en estos versículos podría ser una potencial barrera entre usted y Dios, pero Pablo indica, con absoluta seguridad, que ninguna de ellas puede separarlo del amor de Dios.

El difunto John Stott, un pastor brillante, escribió: «Ya nada parece estable en nuestro mundo. La inseguridad está escrita en toda la experiencia humana. Los cristianos no tenemos garantizada la inmunidad a la tentación, la tribulación o la tragedia, pero se nos promete la victoria sobre ellas. La promesa de Dios no es que el sufrimiento nunca nos afligirá, sino que nunca nos separará de Su amor».[6]

La pérdida de esperanza que nos rodea hoy es rampante y letal. Afecta a las familias de todo el mundo de maneras difíciles de comprender y proviene de una creciente ignorancia o rechazo del amor de Dios.

Las poderosas palabras en Romanos 8 sobre el amor de Dios son reforzadas por una bendición que Pablo ofreció hacia el final de ese mismo libro. Se ha convertido en un versículo favorito para muchas personas que conozco, de manera especial para aquellos que están pasando por momentos difíciles en su vida: «Y el Dios de esperanza os llene de todo gozo y paz en el creer, para que abundéis en esperanza por el poder del Espíritu Santo» (Ro 15:13).

Tómese un momento ahora mismo para decir ese versículo en voz alta tres veces, pero haga un pequeño cambio. Conviértalo en una oración que sea personal para usted: *Que el Dios de esperanza me llene de todo gozo y paz en el creer, para que abunde en esperanza por el poder del Espíritu Santo.*

¿Puedo sugerirle que ore esas palabras en voz alta todas las mañanas, todos los mediodías y todas las noches hasta que las aprenda de memoria? Esa oración puede ajustar su forma de pensar en cualquier etapa de la vida, profundizar sus convicciones fundamentales y fortalecer su creencia, que es lo que Wendi Lou Lee descubrió.

Wendi fue la encantadora niña actriz que interpretó a Grace Ingalls en la serie de televisión *La familia Ingalls*. Ahora ha crecido y su vida ha dado algunos giros difíciles, incluida una terrible crisis de salud. Sin embargo, ella tiene una profunda fe en Dios y una relación personal con Jesucristo. Cuando Fox News la entrevistó y le preguntó cómo la había afectado su crisis de salud, respondió: «Volvía una y otra vez a ese versículo en Romanos 15:13. [...] Y después de la cirugía, estaba tan alegre y tan en paz, más de lo que realmente tenía sentido. Y creo que es porque puse mi confianza en Dios».[7]

Lo animo a hacer de esta una oración regular, tal vez para el próximo mes o quizás para los años venideros: *Que el Dios de esperanza me llene de todo gozo y paz en el creer, para que abunde en esperanza por el poder del Espíritu Santo.*

¡Dios lo ama y quiere que rebose de esperanza y optimismo! Nunca olvide eso. Que esa convicción habite en el centro mismo de su ser.

En su libro *The Wisdom of Tenderness* [La sabiduría de la ternura], Brennan Manning cuenta la historia de Edward Farrell, un hombre que decidió viajar desde su Detroit natal para visitar Irlanda, donde celebraría el octogésimo cumpleaños de su tío. Temprano por la mañana del cumpleaños de su tío, fueron a dar un paseo por las orillas del lago Killarney. Cuando salió el sol, su tío se dio la vuelta y miró fijamente a la luz del amanecer. Durante veinte minutos permanecieron allí en silencio, y luego su anciano tío comenzó a saltar por la orilla, con una sonrisa radiante en su rostro.

Después de alcanzarlo, Edward preguntó: «Tío Seamus, te ves tan feliz. ¿Quieres decirme por qué?».

«Sí, joven —dijo el anciano, con lágrimas en el rostro—. Verás, el Padre me tiene mucho cariño. Ah, mi Padre me quiere mucho».

Cuando el tío Seamus experimentó cuánto lo amaba su Padre en el cielo, una abrumadora sensación de alegría inundó su corazón, y comenzó a bailar a lo largo de la orilla.[8]

¿Alguna vez ha tenido un momento así? ¿Alguna vez se ha despertado y dicho: «Él realmente me ama»? ¿Sabe lo que significa rebosar de esperanza y optimismo? Pablo lo sabía, y usted también puede saberlo. La esperanza y el optimismo pueden convertirse en su actitud habitual.

Sea positivo en cuanto al plan de Dios para usted

Eso nos lleva a la segunda convicción fundamental de las personas bíblicamente positivas: son optimistas sobre su emocionante futuro.

¡Avanzar significa abrazar el mañana con entusiasmo! Eso solo es posible si tiene la garantía de que su futuro será emocionante, eterno, significativo y útil. Solo una persona puede asegurarle eso: el Señor mismo; y solo un libro puede brindar los detalles seguros y certeros: la Biblia.

El apóstol Pablo se refirió de manera constante al futuro. Dejó atrás el pasado y avanzó hacia lo que tenía delante. Incluso cuando estaba cerca de la muerte, Pablo estaba entusiasmado por el mañana. ¡Piense en ello! Mientras esperaba su martirio en el corredor de la muerte, Pablo estaba ansioso por el mañana.

La última carta conocida que escribió Pablo fue a su amigo Timoteo, y fue escrita desde una prisión romana mientras esperaba una muerte segura. Escuche lo que dijo en el capítulo final de su último libro: «Porque yo ya estoy para ser sacrificado, y el tiempo de mi partida está cercano. He peleado la buena batalla, he acabado la carrera, he guardado la fe. Por lo demás, me está guardada la corona de justicia, la cual me dará el Señor, juez justo, en aquel día; y no solo a mí, sino también a todos los que aman su venida» (2 Ti 4:6-8).

Pablo tenía una perspectiva increíble sobre la muerte. Años antes, les había dicho a los filipenses: «Porque para mí el vivir es Cristo, y el morir es ganancia. Mas si el vivir en la carne resulta para mí en beneficio de la obra, no sé entonces qué escoger. Porque de ambas cosas estoy puesto en estrecho, teniendo deseo de partir y estar con Cristo, lo cual es muchísimo mejor; pero quedar en la carne es más necesario por causa de vosotros» (Fil 1:21-24).

Quizás la extraordinaria perspectiva de Pablo provenía del momento en que fue arrebatado al cielo y vislumbró las glorias que nos esperan allí (2 Co 12:4). Sin embargo, tenemos una bendición que Pablo no tuvo: tenemos el Libro de Apocalipsis, que fue escrito después de la muerte de Pablo, y los últimos dos capítulos nos describen nuestro hogar celestial con gran detalle (Ap 21–22). Cuanto más estudiamos esos capítulos, más nos entusiasma el mañana.

¿Hace cuánto tiempo que no se siente tan entusiasmado por el futuro? Cuando se acostó anoche, ¿estaba entusiasmado por ver lo que le deparaba hoy? ¿Recuerda cuando era niño y contaba los días que faltaban para su cumpleaños? ¿O cuando se graduó y anhelaba su próximo paso en la vida? ¿O cuando se comprometió para casarse y estaba ansioso por el día de su boda? ¿O cuando esperaba la llegada de su bebé? ¿O cuando se sentía entusiasmado por el crucero que había planeado ya siendo adulto?

En su libro *Proyéctate para prosperar*, la doctora Jennice Vilhauer escribió: «Aunque a menudo pensamos que el pasado dicta nuestro comportamiento, el futuro es lo que realmente motiva la mayoría de nuestras acciones».[9]

Los optimistas son atemporales y mantienen vivo el mañana. Un hombre que parece no tener edad es Dick Van Dyke. Tiene noventa y cuatro años, pero él no lo sabe. En su libro *Keep Moving* [Siga moviéndose], recuerda el rodaje de una película de Disney. Estaba realizando una escena de baile cuando, de repente, sintió que la parte posterior de su pierna se rompía como una banda elástica. Su lesión empeoró y fue a ver a un médico que le tomó un montón de radiografías.

Después de estudiarlas de forma intensa, el doctor miró a Van Dyke y dijo:

—Está cubierto de artritis de pies a cabeza. Me sorprende que pueda bailar. Nunca había visto tanta artritis en una sola persona.

—¿Qué hay de una persona casada? —preguntó Dick, siempre cómico.

—Casado o soltero, está literalmente lleno de artritis —dijo el médico.

—¿Qué hay del dolor en mi pierna?

—Es la artritis —respondió el médico, reprendiéndolo y diciéndole que no era una broma. El doctor predijo que Van Dyke usaría un andador, si no una silla de ruedas, dentro de cinco años.

Dick se asustó tanto que hizo algo precipitado. Se puso de pie en la sala de examen y comenzó a dar golpecitos con los dedos de los pies, luego a moverse, luego a bailar, «como si me estuviera probando a mí mismo que todavía podía ordenarle a mi cuerpo que hiciera algunos pasos de claqué cuando yo quisiera».

El doctor lo miró sorprendido.

«Eso fue en 1967 —contó Dick—. Tenía cuarenta años. Y no he dejado de moverme desde entonces. Tampoco planeo detenerme pronto. […] Como un optimista que enarbola la bandera del vaso medio lleno, voy a […] declarar que la vejez no tiene por qué ser un triste informe meteorológico. En el 99,9 % de las historias que he escuchado, es mejor que la alternativa, aunque solo sea porque puede ver lo que sucede después. ¿Cómo no tener curiosidad?».[10]

Como seguidor de Cristo, estoy listo para morir y dispuesto a vivir, pero, en cualquier caso, no puedo esperar a ver lo que hará Dios a continuación. ¿Cómo no tener curiosidad? La Biblia indica: «Por quien también tenemos entrada por la fe a esta gracia en la cual estamos firmes, y nos gloriamos en la esperanza de la gloria de Dios» (Ro 5:2).

A modo de fomentar la actividad física, una estación de metro en Suecia transformó sus escaleras en un teclado de piano que hace sonar notas musicales mientras la gente sube las escaleras. ¿El resultado? Más de un sesenta por ciento más de personas usaron las escaleras en un día cualquiera. ¡Qué forma más alegre de empezar el día!

La vida es un viaje cuesta arriba, y Dios no lo va a llevar al cielo en un ascensor, pero imagine la música del cielo sonando con cada paso hacia adelante a medida que asciende hacia el futuro que Él tiene para usted. Su espíritu siempre debe seguir avanzando y bailando al son de la música.

Sea positivo en sus conversaciones

Ahora hablemos de hablar. Si es positivo en sus convicciones fundamentales, será más positivo en sus conversaciones diarias. En los últimos años, he estado entrenando con Todd Durkin en su gimnasio, Fitness Quest 10. Está cerca de mi casa en San Diego y es uno de los mejores gimnasios de Estados Unidos. Todd es más que un entrenador. Es un cristiano comprometido que motiva a un gran número de personas.

Su próximo libro se titula *Get Your Mind Right* [Pon tu mente en orden]. No me sorprende ese título, porque cada vez que alguien entra al gimnasio de Todd, lo reciben con un grito: «¡Pon tu mente en orden!».

¡Yo necesito eso! Levantarse de la cama e ir al gimnasio todos los días no es tarea fácil. Sin embargo, un saludo motivante y un grito positivo ayudan a mejorar nuestro ánimo. En el Libro de Rut, cuando el terrateniente Booz salía cada mañana para ver cómo estaban los segadores, los saludaba gritando: «Jehová sea con vosotros». Y ellos respondían: «Jehová te bendiga» (Rt 2:4).

¡Qué forma más positiva de empezar el día!

Háblese a usted mismo de forma positiva

A veces no tenemos a nadie que nos anime cuando comienza el día, así que tenemos que hablarnos a nosotros mismos, diciendo algo así como: «Este es el día que hizo Jehová; nos gozaremos y alegraremos en él» (Sal 118:24). Trate de decir eso en voz alta con entusiasmo al levantarse cada día. Esto hará una diferencia.

Aparte de orar, sus palabras más importantes son las que se comenta a usted mismo. Estas palabras son silenciosas pero significativas. Los psicólogos populares lo llaman «diálogo interno positivo», pero voy a saltarme las tendencias e iré de forma directa a la Escritura. Mi tesis, recuerde, tiene que ver con el ejemplo de Pablo para nosotros. Entonces, ¿Pablo alguna vez se habló a sí mismo?

Él dijo que se esforzó por llevar «cautivo todo pensamiento a la obediencia a Cristo» (2 Co 10:5). Afirmó: «Porque según el hombre interior, me deleito en la ley de Dios» (Ro 7:22). Comentó: «… pero no me avergüenzo, porque yo sé a quién he creído, y estoy seguro que es poderoso para guardar mi depósito para aquel día» (2 Ti 1:12). Y como hemos aprendido, también dijo: «Todo lo puedo en Cristo que me fortalece» (Fil 4:13).

Recuerdo haber predicado un sermón sobre cómo manejar los pensamientos negativos, y todavía recuerdo mi resumen: *No los maldiga; no los fomente; no los ensaye; dispérselos.* ¡Sigue siendo una buena fórmula!

Elimine sus pensamientos negativos (preocupación, ansiedad, miedo, pesimismo) llenando su mente con la Escritura de Dios, de manera especial con Sus promesas. Y luego predíquese esas promesas a usted mismo.

Hace varios años, noté que mis párpados comenzaban a caerse. Es una condición llamada «ptosis», y la cirugía que la corrige se llama «blefaroplastia». Lo único bueno de esto es impresionar a otros con los nuevos términos médicos que uno puede pronunciar. Un amigo me recomendó al doctor James Gills de San Petersburgo (Florida). Donna y yo volamos para la cirugía y nos complació conocer al doctor Gills y saber que era un creyente que escuchaba mis sermones en la radio.

También me sorprendió saber que el doctor Gills era el presidente de la Asociación IronMan y un atleta de clase mundial. Había completado un triatlón doble (dos triatlones seguidos con solo un descanso de veinticuatro horas) seis veces, la última vez a los cincuenta y nueve años. Cuando le preguntamos cómo lo hizo, dijo: «He aprendido a hablarme en lugar de escucharme. Si me escucho a mí mismo, escucho todas las razones por las que debo rendirme. Escucho que estoy demasiado cansado, demasiado viejo, demasiado débil para lograrlo. Sin embargo, si me hablo a mí mismo, puedo darme el aliento y las palabras que necesito escuchar para seguir corriendo y terminar la carrera».

En Salmos 42, el salmista se dijo a sí mismo: «¿Por qué te abates, oh alma mía, y por qué te turbas dentro de mí? Espera en Dios; porque aún he de alabarle, Salvación mía y Dios mío» (v. 11).

No conocemos al autor del salmo 42, pero podría haber sido el rey David, porque sabía cómo predicarse a sí mismo cuando era necesario. Cuando era más joven, una serie de problemas desastrosos le habían sucedido a David en un pueblo llamado Siclag. Su familia y las familias de sus hombres habían sido secuestradas, e incluso sus propios hombres se estaban volviendo contra él y hablaban de apedrearlo hasta la muerte.

¿Qué hizo David? Se predicó a sí mismo. Él «se fortaleció en Jehová su Dios» (1 S 30:6). Y con esa fuerza se levantó para enfrentar sus problemas con un espíritu positivo que provenía de su creencia en el cuidado atento que Dios tenía por su vida.

Jeremías hizo lo mismo. Después de ver su ciudad arder en llamas y su nación caer derrotada, dijo en Lamentaciones 3:21-23: «Esto recapacitaré en mi corazón, por lo tanto esperaré. Por la misericordia de Jehová no hemos sido consumidos, porque nunca decayeron sus misericordias. Nuevas son cada mañana; grande es tu fidelidad».

Esto es lo que debemos hacer. Si escuchamos las cintas negativas que dan vueltas en nuestros pensamientos, nos hundiremos en el pesimismo del diablo.

¿Cómo he podido ser tan tonto? ¿Qué pasa conmigo? Todo se está derrumbando. Esto es un desastre. ¿Por qué me está pasando esto?

¡Detenga la cinta! Aquí hay una mejor: *Yo sé en quién creo, y estoy seguro de que Él es poderoso para guardar lo que le he confiado. ¿Por qué estás abatido? Espera en Dios, porque aún he de alabarle, porque Él es mi salvación. Voy a recordar algo y lo tendré en cuenta: el Señor es misericordioso y Sus misericordias no me fallarán. Nuevas son cada mañana. Grande es Su fidelidad. Todo lo puedo en Cristo que me fortalece.*

«De manera constante estamos procesando pensamientos —escribió el doctor H. Norman Wright—. Dependiendo de cuán activa sea su mente, usted puede producir más de 45 000 pensamientos al día. ¡Uf! Podría compararse con una bandada de pájaros que entran y salen volando de su mente».

Para complicar más nuestra mente, señaló el doctor Wright, no todos estos son pensamientos conscientes y, a veces, pasan de manera tan fugaz que apenas los notamos. No obstante, escuche lo que expresa el doctor Wright a continuación: «Cada vez que tiene un pensamiento, desencadena una reacción electroquímica en su cuerpo. [...] Cada pensamiento inicia un proceso biológico: alrededor de cuatrocientos mil millones a la vez. Debido a ese pensamiento, las sustancias químicas recorren el cuerpo y producen ondas electromagnéticas. Esos desencadenan emociones, que afectan nuestro comportamiento. [...] La ciencia tan solo confirma lo que la Escritura ha estado diciendo todo el tiempo: somos moldeados, en gran parte, por nuestros pensamientos».[11]

Hábleles a los demás de forma positiva

Aprenda a hablarse a usted mismo en lugar de escucharse a usted mismo. Aprenda a predicarse. Aprenda a animarse en el Señor. Eso cambiará la forma en que les habla a los demás. Su estado de ánimo y su mensaje serán diferentes, incluso en medio de las dificultades.

Este era otro de los secretos de Pablo. Una vez se vio envuelto en una tormenta feroz con una tripulación aterrorizada en un barco que se hundía. El tifón amenazaba con convertir el barco en cerillas, e incluso el capitán había perdido la esperanza de sobrevivir. Sin embargo, Pablo animó sus espíritus, diciendo: «Por tanto, oh varones, tened buen ánimo; porque yo confío en Dios...» (Hch 27:25).

Aun así, la tormenta empeoró. Fue la tormenta más mortífera que los marineros habían visto, y había 276 almas a bordo. Dos semanas de tensión insoportable agotaron las últimas gotas de esperanza de la tripulación, y ninguno de ellos podía comer o descansar durante las horas salvajes de la peor noche.

«Cuando comenzó a amanecer, Pablo exhortaba a todos que comiesen, diciendo: Este es el decimocuarto día que veláis y permanecéis en ayunas, sin comer nada. Por tanto, os ruego que comáis por vuestra salud; pues ni aun un cabello de la cabeza de ninguno de vosotros perecerá. Y habiendo dicho esto, tomó el pan y dio gracias a Dios en presencia de todos, y partiéndolo, comenzó a comer. Entonces todos, teniendo ya mejor ánimo, comieron también» (Hch 27:33-36).

¿Conoce a alguien que lucha por mantener la cabeza fuera del agua? Piense en el poder de decirle a esa persona, de la manera correcta y en el momento oportuno: «¡Mantén tu valentía! Tengo fe en Dios. Cuídate. Superarás esta tormenta. Cree en Dios y en Su Palabra».

Oh, el poder de una actitud que es positivamente bíblica, y bíblicamente positiva.

El rabino Joseph Telushkin ha dado conferencias en todo el país sobre el poder de nuestras palabras para herir o sanar. A menudo le pregunta a su audiencia si pueden pasar veinticuatro horas sin decir nada desagradable hacia otra persona o sobre ella. La mayoría de las veces, algunas personas dirán que sí, pero otras admitirán que no pueden.

Telushkin responde: «Todos ustedes que no pueden responder que sí deben reconocer lo grave que es su problema. Porque si les pidiera que pasaran veinticuatro horas sin beber alcohol, y me dijeran: "No podemos hacerlo", les diría: "Entonces deben reconocer que son alcohólicos". [...] Del mismo modo, si no pueden pasar veinticuatro horas sin decir palabras desagradables sobre otras personas, entonces han perdido el control sobre su lengua».[12]

Mientras Londres se recuperaba de la Segunda Guerra Mundial, un destacado ministro, Leslie Weatherhead, escribió un libro para ayudar a su congregación británica a recuperarse del trauma emocional del conflicto. Aconsejó a su gente que evitara hablar todo el tiempo sobre lo que les pasaba. Dijo que todos necesitamos unos pocos amigos cercanos, por supuesto, con quienes podamos desahogar nuestro corazón y compartir nuestros problemas, pero decirles nuestros problemas a todos los que conocemos les da a nuestras aflicciones un «poder persistente». Es tentador compartir nuestras dificultades, porque anhelamos empatía. «Pero debemos darnos cuenta de que cada relato de nuestros males y cada hora taciturna graba en nuestra mente la imagen del yo más débil, no del más fuerte».[13]

Cuanto más hablamos de nuestros problemas, más los ensayamos y reforzamos, y más contagiamos el pesimismo que es endémico en nuestra cultura. En su lugar, concéntrese en los demás. Propague el optimismo. Ayude a los que lo rodean a tener valentía. Ayúdelos a creer. Efesios 4:29 aconseja: «Ninguna palabra corrompida salga de vuestra boca, sino la que sea buena para la necesaria edificación, a fin de dar gracia a los oyentes».

En un frío día de enero de 1990, un Boeing 707 con 159 pasajeros se estrelló en una remota ladera boscosa de Long Island. El avión se partió en dos partes y el morro de la aeronave quedó apoyado en la cubierta de la casa de una pareja de ancianos aterrorizados. La escena era casi indescriptible, con escombros por todas partes, máscaras de oxígeno colgando de los árboles, gente gritando, bebés llorando y el temor de que el avión pudiera estallar en llamas en cualquier momento. Socorristas, vecinos cercanos y voluntarios locales se apresuraron a llegar al lugar y comenzaron a tratar de rescatar a los sobrevivientes. Ciudadanos comunes trabajaron junto con policías y médicos para sacar a las personas del avión, separar a los vivos de los muertos y salvar las vidas de los heridos. Uno de los rescatadores fue Joan Imhof, quien luego describió la tensión de la escena que se desarrolló hora tras hora.

Joan recordó una camaradería extraña y fortalecedora que unió al instante a los trabajadores: «Las personas se cruzaban, se acercaban y se tomaban de la mano por un momento. O se miraban, hacían un breve comentario y luego seguían adelante. A veces se abrazaban o asentían con la cabeza, luego continuaban aplicando vendajes o trasladando cuerpos a una morgue improvisada. La gente necesitaba ese contacto breve pero significativo para seguir trabajando con determinación. Nos daba fuerzas».[14]

Nuestro mundo está destrozado, y mientras trabajamos juntos para lograr lo que Dios quiere que hagamos, lo último que necesitamos son críticas interminables. En cambio, necesitamos la camaradería de personas centradas en Cristo que digan lo que es bueno y útil para que nuestras palabras sean de aliento para muchos. Necesitamos personas que crean y que inspiren a creer.

Sea positivo en sus crisis

Solo después de que haya aprendido a ser positivo en sus convicciones y en su conversación, podrá aprender a perseverar con una actitud optimista a través de los desafíos que de manera inevitable vendrán.

Esos desafíos le sobrevinieron hace varios años a la escritora de novelas de misterio Linda C. DeFew, a quien le diagnosticaron síndrome de la articulación temporomandibular y artritis reumatoidea, lo que la obligó a someterse a cirugías y a dejar su trabajo como secretaria en la facultad de derecho. Empezó a llevar un diario y, mientras lo hojeaba, vio todos sus pensamientos negativos escritos en tinta y pluma. «Permanecer en mis problemas solo me empeoraría», se dijo a sí misma. Entonces, aunque parecía difícil, comenzó a encontrar cosas por las que estar agradecida, y había muchas.

Ella escribió: «En mis estudios bíblicos me sentí influenciada por la sabiduría del rey Salomón. Él dijo que teníamos dos opciones: vivir una vida alegre y disfrutar de buena salud o permitir que un espíritu quebrantado secara nuestros huesos. Decidí tomar su primera sugerencia. Ese día comencé a aceptar mi discapacidad y prometí continuar con mi vida. Para que funcionara, tenía que acabar con el pensamiento negativo. Mi decisión de pensar en positivo me llevó a acciones positivas».

Linda volvió a la universidad a los cuarenta años y, con la goma de borrar de un lápiz gigante, tipeaba las letras en su teclado. Leyó todas las historias que pudo encontrar sobre personas que superaron desafíos infranqueables. Leyó su Biblia y otros libros de autoayuda elegidos de manera sabia, y decidió comenzar a escribir sus propias columnas e historias.

«Noté que sonreía más, incluso cuando no tenía ganas. Hice amistades con personas que tenían sus propios desafíos que superar. [...] En lugar de pensar en lo que no podía hacer, me despertaba cada mañana con una acogedora ola de optimismo. A pesar de mi discapacidad, veía cada día como una oportunidad para seguir adelante».[15]

En tiempos de conflicto y crisis, el optimismo brilla como el sol que atraviesa las nubes de tormenta. Eso le sucedió a nuestro héroe, el resiliente Pablo, quien en Romanos 8:35-37 dijo: «¿Quién nos separará del amor de Cristo? ¿Tribulación, o angustia, o persecución, o hambre, o desnudez, o peligro, o espada? Como está escrito: Por causa de ti somos muertos todo el tiempo; somos contados como ovejas de matadero. Antes, en todas estas cosas somos más que vencedores por medio de aquel que nos amó».

El apóstol enumera siete persecuciones que había soportado de forma constante. Se sentía morir todo el tiempo. Sin embargo, declaró que era más que vencedor.

La frase *más que vencedores* es la traducción de una palabra griega: *hypernikomen*. Observe que las letras «nik» están en el medio de la palabra *hypernikomen. Nike* es la palabra griega para victoria, razón por la cual una gran empresa la eligió para su nombre. Significa «vencedor». Y observe en la primera parte del término: hiper*nikomen.* Usted ya conoce el término «hiper». Quiere decir «extra, obsesivo, en exceso». Así que la frase *más que vencedores* es un supertérmino. Significa supervencedor. Pablo no solo superó sus dificultades, sino que además siguió venciéndolas una y otra vez por el poder de Aquel que lo amaba, el Señor Jesucristo.

No podemos controlar todo lo que nos sucede, y tenemos poco que decir en los asuntos de este mundo. Sin embargo, podemos elegir nuestra respuesta a lo que sucede: podemos deprimirnos, salir adelante o tener esperanza. Estoy aquí para decirle que la esperanza bíblica es la mayor fuente de optimismo en el mundo. Es implacable, gratificante y la esencia del avivamiento personal.

A principios de los noventa, alguien me regaló un libro de Martin Seligman titulado *Aprenda optimismo.* A lo largo de los años, he leído ese libro en numerosas ocasiones, y sus hojas están tan marcadas y dobladas como cualquier otro libro que tengo. El doctor Seligman dijo:

> Los optimistas y los pesimistas: los he estado estudiando durante veinticinco años. La característica que define a los pesimistas es que tienden a creer que los malos acontecimientos durarán mucho tiempo, socavarán todo lo que hacen y son culpa suya.
>
> Los optimistas, que se enfrentan a los mismos golpes duros de este mundo, piensan en la desgracia de forma diferente. Tienden a creer que la derrota es solo un revés temporal y que sus causas se limitan a este caso en particular. [...] Esas personas no se inmutan por la derrota. Ante una mala situación, la perciben como un desafío y se esfuerzan más.[16]

En otras palabras, si quiere saber si es optimista o pesimista, los problemas y las dificultades le ayudarán a resolverlo. Averigüémoslo como lo hizo Linda C. DeFew. Averigüémoslo como lo hizo el apóstol Pablo.

Quiero gritar a través de las páginas de este libro: con la autoridad de la Escritura y por el amor de Jesucristo, ¡sea más que vencedor! ¡Crea! ¡Confíe en Él! Y sea positivo en sus convicciones, sus conversaciones, sus crisis y, por último, en su semblante.

Sea positivo en su semblante

¿Recuerda que Linda DeFew dijo: «Noté que sonreía más, incluso cuando no tenía ganas»? Su estado de ánimo siempre se refleja en su semblante. Cuando el optimismo está en su corazón, un semblante alegre está en su rostro. Alguien dijo: «Lo que está en el pozo sube en el cubo». Permítame citar el salmo 42 una vez más, esta vez de la Biblia del Jubileo: «... Espera a Dios; porque aún tengo de alabar a quien es la salud de mi rostro, y el Dios mío» (v. 11, JBS).

Desafortunadamente, no tengo una fotografía del apóstol Pablo, por lo que no puedo demostrar que su rostro estaba radiante, pero ¿quién puede dudarlo? Su sonrisa y su actitud positiva se infiltraron en sus escritos. Por ejemplo, les dijo a los corintios: «Por tanto, nosotros todos, mirando a cara descubierta como en un espejo la gloria del Señor, somos transformados de gloria en gloria en la misma imagen, como por el Espíritu del Señor» (2 Co 3:18).

Según la Asociación de Ciencias Psicológicas, un estudio de la Universidad de Kansas encontró un vínculo increíble entre la sonrisa y la capacidad de recuperarse de los episodios difíciles de la vida. ¿Sabía que hay dos tipos de sonrisas? Hay sonrisas estándar, que usan los músculos alrededor de la boca. Y hay sonrisas genuinas (o de Duchenne), que involucran los músculos alrededor de la boca y los ojos. La verdadera clave son sus ojos.

¿Por qué no lo intenta ahora mismo? Primero, practique sonreír con la boca y luego pruébelo con la boca y los ojos. ¿Puede sentir la diferencia?

En el estudio, los participantes fueron sometidos a tareas estresantes, como sumergir las manos en agua helada. A algunos se les dijo que sonrieran y a otros se les dijo que sujetaran palillos con los dientes para que no pudieran sonreír. Los resultados mostraron que aquellos a quienes se les dijo que sonrieran —y en especial aquellos que sonrieron con los ojos— tuvieron una menor respuesta física al estrés, un mayor grado de felicidad y una tasa de recuperación más rápida.[17]

Este podría ser el consejo más sencillo que haya escuchado: ¡conviértase en un experto en sonrisas de Duchenne! A lo largo de los años, he leído muchos libros sobre compartir la fe de uno, pero nunca he leído sobre el poder evangelístico de una sonrisa genuina.

Mucho antes de que los psicólogos estudiaran las sonrisas de Duchenne, el salmista dijo: «Los que miraron a él fueron alumbrados, y sus rostros no fueron avergonzados» (Sal 34:5). Eclesiastés 8:1 menciona: «… La sabiduría del hombre ilumina su rostro, y la tosquedad de su semblante se mudará».

Esa sabiduría interior viene de creer. No es creer en el pensamiento positivo o en el poder de una actitud positiva. Ni siquiera es creer en nosotros mismos. El verdadero optimismo proviene de profundas convicciones bíblicas sobre la naturaleza de Dios, sabiendo que Él lo ama y tiene un plan emocionante que es exclusivamente para usted. Viene de citarse la Escritura a uno mismo y recordarse a usted mismo y a los demás la bondad de Dios y el increíble futuro que tiene para aquellos que confían en Él. Una creencia firme en el Dios de la Escritura le ayudará a superar las crisis de la vida y pondrá una alegría en su rostro que no podrá compararse ni con el mejor maquillaje del mundo. Su fe lo vuelve radiante.

¡Manténgase positivo!

Un día, John Mason y su esposa decidieron tomar una taza de café en la Casa internacional del panqueque (IHOP, por sus siglas en inglés) en su ciudad. Su camarera ese día era una mujer alegre que sonreía de manera constante con un rostro radiante. Ellos notaron que llevaba un prendedor que decía: «Una sonrisa es un regalo que se puede dar todos los días». También notaron que solo tenía un diente. John la felicitó por el prendedor y de corazón le dijo que tenía una sonrisa brillante, y se preguntó si alguien le había dicho eso antes.

Cuando la mujer regresó a su mesa con el café, explicó que su padre había hecho la caligrafía en el prendedor. «Perdió los dedos en un accidente industrial —relató— y después de eso ¡decidió aprender caligrafía!».

Al recordar la historia, John dijo: «Tal vez solo una mujer criada por un padre sin dedos que hace caligrafía puede elegir sonreír incluso cuando solo tiene un diente».

Luego añadió un sabio consejo: «Una sonrisa es una ganancia; fruncir el ceño es una pérdida. Algunas personas sufren sin quejarse; otras sonríen y causan un cambio. Ser feliz y entusiasta siempre es una elección. […] Tanto el entusiasmo como el pesimismo son contagiosos. ¿Cuánto de cada uno esparce usted?».[18]

En noviembre de 2007, un viejo y duro pescador de Alaska llamado Alan Ryden comenzó un viaje de un mes en el mar en su bote de doce metros. El viaje se convirtió en una pesadilla cuando el bote volcó en una terrible tormenta. Ryden pudo subirse a una balsa vestido con su traje de supervivencia y su chaqueta polar, y envió una señal de auxilio a la guardia costera, pero el clima era malo y la pequeña balsa se balanceaba como un corcho.

Temblando en la balsa sacudida, Alan sintió que perdía las esperanzas. Su mente entró en pánico y de forma rápida se hundió en un profundo desánimo y desesperación. Comenzó a preguntarse si su seguro de vida cubriría los gastos para su familia. De repente, Alan se dio cuenta de que sus propios pensamientos lo estaban hundiendo más que las aguas y tomó una de las decisiones más difíciles de su vida. Decidió expulsar los pensamientos negativos y arrojarlos como si fueran peso fuera de la balsa.

Comenzó a citarse la Escritura, declarando la Palabra de Dios en voz alta. Empezó a agradecer a Dios por cualquier cosa buena que le viniera a la mente. Se decía a sí mismo: «Bueno, al menos llevo puesto un traje de supervivencia. Mi traje tiene una luz estroboscópica de primera línea. […] Al menos estoy en una especie de balsa y al menos tengo puesta esta chaqueta polar. […] Soy fuerte, buen nadador y no le temo al agua».

La lucha mental de Ryden se intensificó a medida que iba oscureciendo, pero él siguió empeñado en aferrarse con todas sus fuerzas al ancla de la esperanza. Más tarde dijo: «Definitivamente hubo una gracia de Dios […] por la que tuve que luchar en cada centímetro de mis pensamientos».

Diez horas después, Ryden fue rescatado. Tracie Miles, quien escribió sobre su historia en su libro *Unsinkable Faith* [Fe inquebrantable], dijo que el verdadero rescate fue hacia adentro. Se había logrado durante la tormenta cuando, por gracia, Ryden se «ancló en Dios y adoptó pensamientos positivos que lo ayudaron a mantenerse a flote».

Ella tiene razón. Creer y aprender a ser optimistas requiere que nos mantengamos positivos en nuestras convicciones, incluso en medio de nuestras crisis. Es una habilidad esencial que usted debe desarrollar si quiere avanzar en la vida. Por lo tanto, le imploro: ancle su vida en la esperanza de Jesucristo, aférrese a las promesas de la Biblia y determine, por la gracia de Dios, mantener su mente optimista y su alma inquebrantable, incluso en las tormentas.

Capítulo 8

Invierta

Trascienda su vida

Cerca de mi casa hay un pequeño negocio en blanco y negro llamado See's Candies, que cuenta con una extraordinaria exposición de bombones. Hay más de doscientas de estas tiendas en California y en algunos otros estados, así como cientos de quioscos en aeropuertos y centros comerciales.

La cadena comenzó en la década de 1920 cuando una pareja de canadienses llamados Charles y Florence See se mudó a California. La madre viuda de Charles, Mary, se mudó con ellos y trajo consigo un puñado de valiosas recetas de dulces. La familia See abrió su primera bombonería en Los Ángeles, en noviembre de 1921.

Hace unos años, la familia See vendió su negocio, y ¿adivine quién lo compró? No, el nuevo dueño no se llamaba Hershey ni Nestlé. Fue Warren Buffet y su conglomerado Berkshire Hathaway. Buffet pagó veinticinco millones de dólares por See's Candies y, desde entonces, la ganancia por su inversión ha superado los 1350 millones de dólares. Buffet calificó a See's como una de las mejores inversiones que ha realizado.

Bueno, con el debido respeto que merece Warren Buffet, las inversiones más dulces del mundo no vienen en cajas surtidas de frutos secos y caramelos masticables, ni en las carteras de acciones ni en las transacciones de Wall Street. El mejor gasto que puede realizar es el legado de una vida bien invertida.

Tenemos que cuidar los activos físicos y financieros que el Señor nos da, ya sean cien dólares o un millón de dólares. Si conoce a Jesús como Salvador, todo lo que tiene le pertenece a Él. Él se lo ha confiado a su gestión, y administrarlo bien es fundamental para garantizar un futuro financieramente seguro.

Proverbios 13:11 señala: «Las riquezas de vanidad disminuirán; pero el que recoge con mano laboriosa las aumenta». Y Proverbios 27:23 afirma: «Sé diligente en conocer el estado de tus ovejas, y mira con cuidado por tus rebaños».

Pocos de nosotros somos pastores o ganaderos, pero el objetivo de la Biblia es que estemos atentos y seamos astutos sobre los recursos que Dios nos ha confiado. En la medida de lo posible, debemos ser cautelosos con las deudas, restringir el gasto, ahorrar con prudencia, invertir con sabiduría y dar con generosidad.

La Biblia habla de invertir tanto en el tiempo *como* en la eternidad y así, proporcionar un legado que trascenderá nuestra vida en la tierra y ganancias eternas que nunca disminuirán en el cielo. No importa lo bien que invierta en la tierra, si no se involucra en las inversiones a largo plazo de la eternidad, está depositando todos sus recursos en empresas a corto plazo.

Alguien dijo alguna vez: «La verdadera medida de nuestra riqueza equivale a cuánto valdríamos si perdiéramos todo nuestro dinero».

Permítame darle un ejemplo increíble de ese principio con la historia de Austin Carlile.

Cuando Austin tenía quince años, sus padres se divorciaron, y se sintió destrozado. Se fue a vivir con su madre, pero a los dos años ella falleció debido a un aneurisma causado por el síndrome de Marfan, un raro trastorno genético. Austin, hundido en la desesperación, maldijo a Dios y se dedicó a la música. Dijo: «Tenía toda esta rabia; mucha hacia Dios. Podía gritar en el micrófono y sacar toda esa rabia y odio».

Austin formó una banda llamada Of Mice and Men que saltó a la fama de manera inmediata. Tuvieron un éxito tras otro, y Austin ganó muchísimo dinero. Lamentablemente, también heredó el trastorno genético de su madre y comenzó a padecer dolores increíbles. El alcohol y las drogas se apoderaron de su vida. Un día, después de un espectáculo, se subió al techo del autobús que utilizaban en las giras, llamó a su padre y le dijo: «¿Qué me estoy perdiendo? ¿Qué estoy haciendo mal? Estoy deprimido. Estoy sufriendo. Mi banda está construyendo este éxito, pero yo me siento tan vacío, herido y perdido».

Su padre le hizo una pregunta sencilla: «¿Dónde está Dios en tu vida?».

Esa pregunta llevó a Austin a tomar la Biblia y, por fin, oró: «Dios, quiero regresar». Aunque dio un giro espiritual, su salud siguió deteriorándose, lo que lo llevó a abandonar sus giras. Dejó todas sus pertenencias en un depósito y se mudó a Costa Rica para estar cerca de su padre.

El alquiler del depósito se pagaba mediante giros mensuales con su tarjeta de crédito, pero cuando la tarjeta caducó sin su conocimiento, en el depósito vaciaron su unidad y vendieron todas sus pertenencias.

«Estaba lleno de todo lo que tenía —dijo Austin—. Todo lo que tenía desde la infancia. Tenía mi colección de vinilos allí, mi equipo de grabación. Tenía hasta las cenizas de mi madre en esa unidad».

Se quedó con solo tres valijas de pertenencias.

Hace poco, Austin se reunió con el autor Doug Bender y le dijo: «Todavía no tengo nada. No tengo trabajo. No sé qué vendrá a continuación. No sé lo que Dios está planeando. Sin embargo, ahora tengo mucha más alegría, paz y felicidad que la que he tenido en toda mi vida. Dios me mostró que todo lo que necesito está en Él. No tengo nada más».[1]

Para avanzar hacia el plan que Dios tiene para la siguiente etapa de su vida, necesitará un sueño. Necesitará orar. Tendrá que establecer las prioridades correctas, enfocarse en las metas adecuadas y asumir los riesgos apropiados. Tendrá que perseguir sus sueños con entusiasmo y creer en ellos con optimismo.

Además, necesitará la clase de riqueza que sobrevivirá a las pérdidas y el tipo de inversiones que nunca se volverá insolvente. Ese es el poder de invertir en un legado eterno.

Para ello, tendrá que determinar qué activos son eternos en esencia: cosas que nunca dejarán de existir. Avanzar significa invertir en esas búsquedas.

¿Puedo sugerirle tres de ellas?

Invierta en la Palabra de Dios

En primer lugar, invierta en la Palabra de Dios. Salmos 119:89 declara: «Para siempre, oh Jehová, permanece tu palabra en los cielos».

Mucha gente anhela más educación, pero eso es algo caro. Hoy en día, una de las cuestiones más críticas para nuestra economía es la deuda estudiantil. El costo de la educación se ha disparado, y la cantidad de deuda estudiantil que tienen algunos jóvenes es abrumadora. Sin embargo, no se trata solo de los jóvenes. Ni siquiera son *principalmente* los jóvenes. ¿Sabe cuál es el grupo de deudores de préstamos universitarios de mayor crecimiento? ¡Son los estadounidenses mayores de sesenta años! Esto no significa que los jubilados tienen antiguas deudas estudiantiles propias, aunque algunos las tienen. Tampoco significa que muchos vuelven a la escuela, aunque algunos lo hacen. No, la razón es sencilla. Los adultos mayores piden dinero prestado para que sus hijos y nietos puedan pagarse una educación. En total, 2,8 millones de estadounidenses mayores de sesenta años están lidiando con la deuda estudiantil.[2]

No sé cómo aconsejarle sobre la deuda estudiantil porque el caso de cada uno es diferente, pero tengo algo para decir: la educación es importante, pero la escuela más importante es cien por ciento gratuita: es la escuela de la Biblia.

¡Piense que Dios ofrece becas gratuitas a todo aquel que quiere estudiar Su Palabra! Las personas más sabias de la tierra son las que estudian la Palabra de Dios. Solo necesita voluntad para abrir sus páginas cada día, orar por comprensión y aprender cómo estudiarla. El tiempo que le dedica a la Palabra de Dios es una inversión tanto en sabiduría eterna como interna.

Pedro proclamó: «… Toda carne es como hierba, y toda la gloria del hombre como flor de la hierba. La hierba se seca, y la flor se cae; mas la palabra del Señor permanece para siempre. Y esta es la palabra que por el evangelio os ha sido anunciada» (1 P 1:24-25).

Jesús afirmó: «El cielo y la tierra pasarán, pero mis palabras no pasarán» (Mt 24:35).

La Biblia es la sabiduría de Dios, y la verdad de Dios nunca cesará. Ya que tenemos un libro eterno en nuestras manos, mejor que invirtamos en él. ¿Cómo? Existe un método dual para invertir en la eterna Palabra de Dios.

Estudie Su Palabra

Pablo aconsejó: «Procura con diligencia presentarte a Dios aprobado, como obrero que no tiene de qué avergonzarse, que usa bien la palabra de verdad» (2 Ti 2:15).

Cuando Ross McCall se acercó a Cristo por primera vez, iba en colectivo al trabajo todos los días, sumergido en la lectura de su Biblia de bolsillo y subrayando los fragmentos que más le llamaban la atención. Memorizaba versículos, estudiaba distintas traducciones y compraba comentarios para construir su propia biblioteca de estudio de la Biblia. No obstante, en un determinado momento, se volvió tan ocupado que tuvo que dejar su hábito de estudio de la Biblia.

«La Biblia y yo nos distanciamos —comentó—. Podía abrir esa misma Biblia de bolsillo, pero la conexión con su contenido había desaparecido. Habíamos dejado de hablarnos».

Luego le pidieron que diera una clase sobre cómo estudiar la Biblia. Después de aceptar la propuesta, sintió pánico. Algunas noches se despertaba llorando. «¿Cómo podía transmitir el entusiasmo por la lectura de la Escritura cuando yo mismo había dejado de disfrutar la Biblia?».

Como consecuencia, encontró maneras de volver a conectarse con la Biblia y cómo enseñar a otros a hacer lo mismo.[3]

¿Qué pasaría si le pidieran que enseñara un curso sobre «Cómo estudiar la Biblia»? ¿Ha desarrollado sus hábitos lo suficiente bien como para mostrarle a alguien cómo hacerlo? ¿O usted y su Biblia se han distanciado?

Créame, usted puede hacer mucho con una Biblia, un lápiz o un bolígrafo y quince minutos. Comience por uno de los Evangelios o las epístolas, lea día a día de manera consecutiva y señale las partes que llamen su atención y que aprecie. Empiece con apenas cinco minutos al día, pero hágalo de forma constante. Lea, señale y ore. Tengo la sensación de que los cinco minutos se convertirán fácilmente en una hora enriquecedora.

La Biblia nos brinda información eterna del cielo para la vida en la tierra, y no hay mejor inversión en la tierra que el tiempo que usted dedica cada día a asimilar sus verdades. Hoy en día, pasamos mucho tiempo en nuestros dispositivos electrónicos, redes sociales y videojuegos. ¿Qué pasaría si dedicara una parte de ese tiempo al estudio serio de la Biblia? Lo convertiría en una persona con las habilidades indispensables para enfrentar estos días.

Me di cuenta de que si pulso el botón derecho en mi celular nuevo, obtengo un informe sobre la cantidad de tiempo que he pasado en el teléfono el día anterior. Me pregunto qué sucedería si pudiéramos saber cuánto tiempo le dedicamos cada día a la Palabra de Dios. Me temo que algunos desactivaríamos la aplicación.

Difunda Su Palabra

Existe otra manera de invertir en la Palabra de Dios: difundiéndola. Cada vez que usted regala una Biblia o un Nuevo Testamento, o cuando apoya a alguien que lo hace, está invirtiendo en la eternidad.

¿Ha oído hablar de Jack Murphy? Fue uno de los ladrones de joyas con más mala reputación en la historia estadounidense. Era talentoso en muchos niveles: músico, actor, artista y surfista. Nació en Oceanside (California), y luego su familia se trasladó a Pittsburgh, donde tocó el violín con la Orquesta Sinfónica de la ciudad y también ganó una beca de tenis en la Universidad de Pittsburgh.

Un hecho desconocido para todos era que también era ladrón. El 29 de octubre de 1964 llevó a cabo uno de los mayores atracos de la historia de Estados Unidos, al robar veinticuatro piedras preciosas de la preciada colección de J. P. Morgan en el Museo Americano de Historia Nacional de Nueva York. Entre las piedras robadas se encontraban la Estrella de la India, el diamante de Eagle y el rubí estrella de DeLong.

Tres días después, Murphy y sus cómplices fueron arrestados. La historia va de mal en peor, y Murphy fue condenado a 2244 años de prisión. Un día unos hombres vinieron a ministrar a los prisioneros. Bill Glass y Roger Staubach, estrellas del fútbol americano, compartieron el evangelio con Murph el Surf, como se lo conocía, y este quedó intrigado.

Luego, un trabajador cristiano que siempre visitaba la cárcel le dio un mensaje personal de la Escritura, y Murphy entregó su vida a Cristo. Con el tiempo, Murphy quedó en libertad y, desde entonces, ha visitado cientos de prisiones llevando el mensaje del evangelio. Su historia fue narrada como parte de un libro titulado *God's Prison Gang* [Pandilla de Dios en la prisión].[4]

La historia no termina ahí. En California, un hombre llamado Mike Larson creció en un hogar con mucha violencia, lo que lo llevó a tener una vida inestable. Se convirtió en un esclavo del abuso de drogas. Perdió todos los empleos y todas las relaciones importantes. Un día irrumpió en la casa de un médico en busca de drogas, lo arrestaron y encarcelaron.

Mientras Mike estaba en aislamiento, un guardia de la prisión le entregó un libro titulado *God's Prison Gang* [Pandilla de Dios en la prisión], en el que se narraban las historias de los prisioneros que se acercaron a Cristo mientras estaban tras las rejas. Cuando Mike leyó la historia de Jack Murphy, decidió abandonar su vida delictiva para siempre.

Tras su liberación, Mike decidió hacerse un tatuaje. El artista que dibujó el tatuaje lo invitó a ir a la iglesia con él y también lo instó a unirse a su banda de motociclistas, pero había un requisito inusual. Había que llevar un chaleco de motociclista con una libreta, un bolígrafo y una Biblia de bolsillo.

Cuando Mike perdió su Biblia, intentó ocultar que no tenía una, pero le molestaba tanto, que un día le gritó a Dios que le diera una.

Más tarde, ese mismo día, Mike condujo hasta una pizzería donde un hombre se bajó de su auto, se acercó y, de repente, le dio una Biblia y se marchó. El hombre era un Gedeón, y en ese momento y lugar Mike rompió en llanto. No podía creer que Dios había respondido su oración, y eso lo llevó a entregar su corazón por completo a Jesucristo. Hoy Mike es pastor en California y guía a su iglesia a que invierta para que otros se acerquen a Cristo.[5]

Piense en la reacción en cadena: desde atletas famosos hasta un ladrón de diamantes, un guardia de prisión, un tatuador, un Gedeón sin nombre; una cadena de oro que sigue forjando nuevos eslabones cada día.

Cuando compartimos la Escritura, somos como asesores que ayudan a la gente a hacer la mayor inversión de su vida. Mateo 13:44 expone: «Además, el reino de los cielos es semejante a un tesoro escondido en un campo, el cual un hombre halla, y lo esconde de nuevo; y gozoso por ello va y vende todo lo que tiene, y compra aquel campo».

El apóstol Pablo manifestó: «Y ciertamente, aun estimo todas las cosas como pérdida por la excelencia del conocimiento de Cristo Jesús, mi Señor, por amor del cual lo he perdido todo, y lo tengo por basura, para ganar a Cristo» (Fil 3:8).

¿Puede pensar en una mejor forma de invertir su vida que estudiando y difundiendo la sabiduría de Dios y Su Palabra? Pregúntele a Dios cómo puede ser parte de ello. Tengo un amigo que encargó cincuenta Nuevos Testamentos de bolsillo y, cada vez que está de viaje, guarda algunos en su equipaje de mano y los ofrece a sus compañeros de viaje, a los choferes de vehículos compartidos, a los empleados de hoteles, entre otras personas. Solo el cielo revelará los resultados de esta inversión eterna.

Invierta en la obra de Dios

Eso lleva a otro paso en la estrategia de Dios. Invirtamos nuestro tiempo y habilidades en Su obra en la tierra. La obra de Dios es eterna, lo seguiremos sirviendo en el cielo (Ap 22:3). Su empresa nunca se declarará en quiebra, y Sus servidores nunca serán despedidos. Debemos servirlo de la mejor manera que podamos hasta nuestro último suspiro y luego retomaremos donde lo dejamos y seguiremos sirviéndole en el cielo. La obra de Dios nunca se detendrá.

Así que comencemos ahora, justo donde estamos. Aquí hay dos maneras específicas en las que puede invertir en la obra de Dios.

Desarrolle un ministerio personal

Desde la perspectiva de Dios, la vida se define por el servicio. Jesús dijo: «Como el hijo del hombre no vino para ser servido, sino para servir, y para dar su vida en rescate por muchos» (Mt 20:28).

¿Sabe de cuántas maneras podemos servir? Al menos de 7700 millones, porque esa es la población estimada de la tierra, y cada persona tiene una necesidad.

Piense en su tiempo y en sus capacidades. ¿Qué puede hacer para el Señor?

Jesús afirmó: «Ninguno puede servir a dos señores; porque o aborrecerá al uno y amará al otro, o estimará al uno y menospreciará al otro. No podéis servir a Dios y a las riquezas» (Mt 6:24).

Jesús invirtió Su vida en el servicio y desea que nosotros hagamos lo mismo. Romanos 7:4 expresa: «Así también vosotros, hermanos míos, habéis muerto a la ley mediante el cuerpo de Cristo, para que seáis de otro, del que resucitó de los muertos, a fin de que llevemos fruto para Dios».

Patrick Morley escribió sobre su amigo Owen, que tiene un lucrativo negocio de alquiler de inmuebles comerciales. Durante décadas, Owen también ha dirigido un estudio bíblico los lunes al mediodía en el centro de Orlando. A su vez, Owen ha sido fundamental al ayudar a varias iglesias nuevas a comenzar. Un día, alguien le preguntó: «¿Por qué no te dedicas al ministerio?».

Owen respondió: «Estoy en el ministerio. Dios me ha llamado a los negocios».

Al narrar esa sencilla historia, Morley señaló con razón: «No necesitamos estar en el ministerio profesional para servir a Dios. Unos pocos pueden ser llamados al ministerio profesional, pero el 99 % de nosotros servirá a través de nuestros trabajos, familias, participaciones en la iglesia y actividades comunitarias. [...] El plan de Dios es que cada creyente tenga un ministerio personal».[6]

¿Sabe que la palabra *ministerio* significa «servicio»?

Dios no lo ha puesto en la tierra por unas décadas fugaces para servirse a usted mismo, sino para servirle a Él y a aquellos que ha puesto cerca de usted. Le ha dado dones y talentos exclusivos. Su tarea principal aquí es invertir en el ministerio personal que Dios tiene para usted.

Y piense en esto: todo lo que ha experimentado en la vida, bueno y malo, lo ha preparado para lo que viene. Dios tiene un área de servicio solo para usted, y ese servicio es parte de Su plan para usted mientras avanza.

Eso es lo que descubrió Bill Brantley, de Pensacola. Lleva montando bicicleta desde los cuatro años. Calcula que ha recorrido ciento sesenta mil kilómetros en su bicicleta de veintiséis pulgadas de la infancia, y aprendió a arreglarla cada vez que se rompía la cadena o se aflojaban los tornillos. Con el tiempo, aprendió a desarmar bicicletas, repararlas, sustituir partes y armarlas de nuevo.

Bill tiene ahora ochenta y siete años, y su ministerio personal son las bicicletas. Su iglesia local tiene un ministerio para la gente sin hogar, y un día Bill llevó un par de bicicletas restauradas a la iglesia, preguntándose si alguien podría necesitar una. Pronto todos le donaban sus bicicletas viejas. Ahora Bill pasa horas en su garaje cada día, reparando bicicletas viejas y poniéndolas en buen estado. Se destina cada una de ellas a alguien que la necesita, y su iglesia las distribuye. Bill y su esposa, Patsy, a menudo escuchan al beneficiario decir algo como lo siguiente: «Vaya, puedo ir y venir a mi trabajo todos los días. Agradezco mucho esa bicicleta».[7]

Aquí hay otro ministerio personal que funciona en un garaje. Un día, Chris Williams, de Texas, vio que una mujer y un niño caminaban por la autopista bajo la lluvia. Se detuvo para ofrecer llevarlos y se enteró de que eran miembros de la iglesia a la que asistía. «Me dijeron que su auto llevaba meses en el taller —expresó Chris—, y que no podían abonar el arreglo. En ese momento, decidí que tenía que encontrar la manera de cumplir mi sueño de abrir un taller mecánico gratuito».

Williams, antiguo pastor de niños, pidió dinero prestado, solicitó donaciones y reclutó voluntarios. Hoy El taller de Dios es un taller mecánico sin fines de lucro que ayuda a madres solteras, viudas, y esposas de militares en servicio. Reparan autos y aceptan vehículos donados, que luego reparan para quien los necesite. Eso no es todo. También dirigen seminarios destinados a mujeres que reciben sus autos, en los que les enseñan conocimientos básicos y valores.

Chris expresó: «Mi padre fue a la escuela técnica para llegar a ser mecánico antes de ser pastor, y yo lo seguí en la faceta de pastor, pero no sabía mucho de autos. Mi padre me enseñó los conocimientos básicos sobre el cuidado del auto, y crecí viéndolo ayudar a la gente que se quedaba atascada al costado de la ruta. A medida que crecía, me decía a mí mismo: «Cuando esté en una buena posición, voy a ayudar a la gente». Así que cuando vi esta necesidad en mi comunidad, decidí que la solución era rodearme de gente que supiera de reparación de autos más que yo. Juntos, lo estamos logrando en El taller de Dios».[8]

Bueno, si no sabe arreglar bicicletas ni autos, no se preocupe. Solo mire a su alrededor, a su vida. ¿Qué está haciendo? ¿Qué disfruta hacer? ¿En qué es bueno? ¿Quién está cerca de usted? ¿Ve gente con necesidades?

Haga un inventario de todo eso, luego diga: «Señor, me has hecho idóneo, así que ¡muéstrame cómo quieres usarme!».

Cuando encuentre un área de ministerio personal y comience a servir al Señor en el sencillo pero maravilloso camino que Él le brinda, nunca sentirá aburrimiento. Ya sea que Dios le dé un ministerio para orar, escribir cartas, visitar asilos de ancianos, criar nietos o evangelizar trabajadoras sexuales, usted estará invirtiendo en una empresa divina que nunca se declarará en quiebra.

Dedíquese a una iglesia local

Sin embargo, aunque cada uno de nosotros esté llamado a invertir en un ministerio personal, no somos entidades aisladas cuando se trata de la obra del Señor. Romanos 12:4-5 expresa: «Porque de la manera que en un cuerpo tenemos muchos miembros, pero no todos los miembros tienen la misma función, así nosotros, siendo muchos, somos un cuerpo en Cristo, y todos miembros los unos de los otros».

Cuando Cristo regresó al cielo, dejó un único y gran organismo para continuar Su obra: Su iglesia. Y Su iglesia es eterna. No está hecha de ladrillos y argamasa, sino de seres humanos que son piedras vivas. Somos Su familia, y Él nos ha hecho parte del negocio familiar.

Trudy Smith descubrió la verdad sobre esto. Creció en una familia que valoraba la asistencia habitual a la iglesia y, aun cuando se fue a la universidad, encontró una iglesia local y mantuvo el hábito de asistir todos los fines de semana. No obstante, con el paso del tiempo, se involucró tanto en los ministerios de la calle que dejó de asistir a la iglesia. De hecho, se volvió escéptica hacia esta.

«Seguí a Jesús fuera de la iglesia hasta las calles, comulgué con gente sin hogar mientras compartíamos porciones de pizza y oí sermones en boca de la gente que vivía en los albergues de los barrios marginales. [...] Se me ocurrió que quizás era más importante la frecuencia con la que me presentaba ante personas necesitadas que la frecuencia con la que me presentaba a un servicio dominical».

Trudy se frustró con las iglesias que no compartían su pasión por disminuir la pobreza.

«Pero luego sucedió otra cosa extraña —dijo Trudy—, continúe siguiendo a Jesús, y con el tiempo, Él me llevó de nuevo a la iglesia. Eso me sorprendió».

Trudy se dio cuenta de que la iglesia no era un club exclusivo para gente que se consideraba superior. «Era más bien como un refugio en el que toda clase de gente podía reunirse para recordarse mutuamente la historia en la que estábamos: la de cómo Dios nos ama y renueva nuestro mundo y nuestra alma a pesar de todo el daño que se ha hecho».

Trudy expresó: «La iglesia no era perfecta, a veces me sentía frustrada, aburrida o herida, pero era buena, y Dios estaba ahí. Sí, la gente de la iglesia podía ser apática, moralista y egoísta, pero yo también podía serlo. Y, así como las demás personas, necesitaba ser bienvenida y amada de todos modos».

Un día, una señora mayor le pidió a Trudy y a su esposo que se encargaran de buscar personas para servir la comunión cada semana. «Ahora que hemos asumido esta pequeña responsabilidad —dijo Trudy—, reconocemos cuántas personas tienen que presentarse de manera constante para crear el espacio de oración, de recibimiento y de adoración que experimentamos cada semana.

»Es una oportunidad [...] para encontrar, incluso cuando menos lo espero, a Dios entre la gente que está en mi iglesia».[9]

Avanzar hacia el plan de Dios para la siguiente etapa de su vida significa invertir en empresas eternas. Sin embargo, francamente, no creo que pueda avanzar si deja atrás la iglesia.

Jesús le dijo a la iglesia: «... Toda potestad me es dada en el cielo y en la tierra. Por tanto, id, y haced discípulos a todas las naciones, bautizándolos en el nombre del Padre, y del Hijo, y del Espíritu Santo; enseñándoles que guarden todas las cosas que os he mandado; y he aquí yo estoy con vosotros todos los días, hasta el fin del mundo. Amén» (Mt 28:18-20).

Nunca hubo más iglesias locales en la faz del planeta Tierra que ahora mismo. No hay mejor inversión del tiempo, dinero, atención y energía de una persona que en la iglesia local. Fue diseñada por el genio creativo de Jesucristo, y es Su vía de redención decretada en el mundo.

Cuando el Espíritu Santo esté viviendo y obrando en la iglesia, Dios la bendecirá y creará oportunidades eternas para alcanzar a otros con el amor de Cristo. Es difícil invertir su vida en la obra del Señor si usted ignora, descuida o desprecia la iglesia que Jesús estableció. No, ninguna es perfecta. Cada una está llena de personas con diferentes grados de madurez espiritual, y es fácil volverse escéptico por los fracasos de algunos de los que asisten.

No obstante, recuerde que las iglesias del Nuevo Testamento también tenían problemas. La iglesia de Corinto era una espina especialmente dolorosa para el apóstol Pablo. Sin embargo, él les dijo: «Gracias doy a mi Dios siempre por vosotros, por la gracia de Dios que os fue dada en Cristo Jesús; porque en todas las cosas fuisteis enriquecidos en él, en toda palabra y en toda ciencia; así como el testimonio acerca de Cristo ha sido confirmado en vosotros» (1 Co 1:4-6).

Pablo no le estaba hablando aquí a un individuo, sino a un grupo de personas: la iglesia local problemática e imperfecta de Corinto.

Si tiene una actitud negativa hacia la iglesia, intente agradecer a Dios por las buenas personas, las buenas cualidades y el buen trabajo de esa iglesia. Y no tenga miedo de invertir en ella. Es el instrumento elegido por Dios para llevar el evangelio al mundo.

Invierta en la riqueza de Dios

Después de haber invertido en la Palabra de Dios y en la obra de Dios, tenemos que asegurarnos de que estamos invirtiendo en la riqueza de Dios: en el futuro valioso, infinito y magnífico que Él nos ha preparado en el cielo.

He dicho antes que solo estamos en la tierra por algunas décadas fugaces, pero el cielo es nuestro destino eterno. Por eso, tenemos que asegurarnos de que estamos «pagando por adelantado» e invirtiendo nuestra vida en cosas eternas.

Todos los que estamos en Cristo tenemos una gran sorpresa por delante. No importa cuánto hayamos visualizado y anticipado el cielo, este superará nuestras expectativas en mil millones de kilómetros y mil millones de años. A veces leo los últimos dos capítulos de la Biblia y me esfuerzo por imaginar los nuevos cielos y la nueva tierra. Trato de visualizar la ciudad de la Nueva Jerusalén y su oro, su esplendor y su brillo.

Meditar sobre las cosas de arriba da un enorme consuelo; pero qué alegría verlas realmente nosotros mismos y ser herederos de su riqueza.

La Biblia afirma que podemos invertir en los bienes inmuebles del cielo, por así decirlo. Una forma de hacerlo es invirtiendo nuestro dinero en el progreso continuo del reino de Dios.

El principal pasaje bíblico sobre esto se encuentra en el Sermón del Monte cuando Jesús exclamó: «No os hagáis tesoros en la tierra, donde la polilla y el orín corrompen, y donde ladrones minan y hurtan; sino haceos tesoros en el cielo, donde ni la polilla ni el orín corrompen, y donde ladrones no minan ni hurtan» (Mt 6:19-20).

En palabras más sencillas, Jesús manifestó que las dos maneras de invertir son en tesoros terrenales y en tesoros celestiales. Los tesoros terrenales están sujetos a la ruina cuando las polillas los alcanzan, sujetos a la oxidación cuando se corroen y sujetos a los ladrones que entran y los roban; pero cuando usted invierte en cosas eternas, se las sigue apreciando hasta la eternidad; nunca puede darle a Él y no recibir una ganancia multiplicada por cien: eso es una promesa.

De hecho, Lucas 6:38 explica que cuando damos, Dios nos devuelve, pero que Él tiene una forma mucho mejor de dar. Preste atención a lo siguiente: «Dad, y se os dará; medida buena, apretada, remecida y rebosando darán en vuestro regazo; porque con la misma medida con que medís, os volverán a medir».

Jesús hablaba de cuando se regalan granos. Él dijo que cuando usted da a Dios, a Dios le encanta maximizar su inversión. Randy Alcorn explica lo siguiente:

> Cristo nos ofrece la increíble oportunidad de intercambiar bienes y divisas temporales por recompensas eternas. Al dejar nuestro dinero y posesiones en su tesoro mientras aún estamos en la tierra, nos aseguramos recompensas eternas más allá de la comprensión.
>
> Considere las consecuencias de este ofrecimiento. Podemos intercambiar posesiones temporales que no podemos conservar para obtener posesiones eternas que no podemos perder. Esto es como si un

niño intercambiara un chicle por una bicicleta nueva, o si a un hombre le ofrecieran la propiedad de la empresa Coca-Cola a cambio de una bolsa con tapas de botella. Solo un tonto dejaría pasar la oportunidad.

Si damos en vez de guardar, si invertimos en lo eterno en vez de en lo temporal, estaremos almacenando en los tesoros del cielo que nunca dejarán de pagar dividendos.

El tesoro que almacenemos en el cielo nos estará esperando cuando lleguemos.[10]

Clint Morgan, de Nashville, recuerda que observaba a sus padres en su infancia. Su madre tenía la costumbre de poner el dinero del diezmo en un pequeño monedero cada vez que cobraba. Y el padre de Clint ponía, con discreción, su diezmo en el plato de la ofrenda todos los domingos.

«Esto me marcó de una manera positiva —escribió Clint—. Nuestra familia estaba lejos de ser rica. Si no éramos pobres, lo éramos desde nuestro punto de vista. Mis padres eran parte de un proyecto de plantación de iglesias, y el sueldo era bastante bajo. Papá tomaba algún que otro trabajo de carpintería para mantenernos. Mamá aceptaba trabajos de niñera».

En una ocasión, la familia no tenía dinero suficiente para comprar comida, aun así su madre se negó a sacar, del pequeño monedero, el dinero del diezmo. Más tarde, ese mismo día, apareció un cheque en el buzón: ¡el dinero suficiente para comprar las provisiones necesarias!

Al recordar esa experiencia, Clint expresó: «De esa experiencia me llevé una enseñanza sólida: todo lo que ha sido apartado para Dios es suyo; no lo utilice con ninguna otra finalidad».[11]

Hoy en día es difícil imaginar un lugar seguro donde depositar nuestro dinero, pero cuando damos el diezmo o entregamos nuestros recursos con lealtad al reino, este impulsa el evangelio al mundo. Se salvan las almas y se puebla el cielo. Cuando respalda a su iglesia local, sus fondos transmutan en literatura, vidas, ministerios y misiones. Podría no volver a ver sus ganancias hasta que llegue al cielo, pero qué alegría será toparse con personas en las calles doradas y enterarse de que fue su regalo el que los ayudó a acercarse a la fe en Cristo.

El legado de una vida bien invertida

He dejado para el final lo más importante que tengo para decir. A medida que avanzamos en esta vida, también tenemos que invertir en nuestras huellas. Es decir, necesitamos dejar un sendero, un legado de fe, detrás de nosotros, que dirija a otros hacia Dios.

Salmos 71:18 indica: «Aun en la vejez y las canas, oh Dios, no me desampares, hasta que anuncie tu poder a la posteridad, y tu potencia a todos los que han de venir».

William James expresó: «El mayor uso de una vida es dedicarla a algo que la trascienda».[12] La Biblia lo llama ser rico para con Dios (Lc 12:21).

Siento una gran admiración por mi amigo Tony Evans y su poderoso ministerio. Sin embargo, el ministerio no sería posible sin sus padres. Él comentó: «Mi padre se acercó a Cristo cuando tenía treinta años y yo diez. Enseguida se convirtió en un apasionado discípulo de Cristo. Mi madre no lo quería como pecador y le molestaba como santo. Muchas veces encontrábamos a mi papá orando y estudiando la Palabra de Dios por la noche».

Casi un año después de la conversión del señor Evans, una noche estaba estudiando y oyó el crujido de los escalones mientras su esposa bajaba de la habitación de arriba. Ella lo vio estudiando la Biblia, pero en lugar de retarlo, tenía lágrimas en los ojos.

Tony recordó: «Le dijo a mi padre que había estado observando la transformación de su vida durante el último año y que, fuera cual fuera el motivo de ello, ella también lo quería. Esa noche mi padre llevó a mi madre hacia Cristo. Nuestro hogar se transformó. Después de eso, mi madre y mi padre me llevaron a mí, a mis dos hermanos y a mi hermana a Cristo».[13]

Esa noche, mientras oía el crujido de los escalones, el señor Evans no tenía idea de que su simple amor por Jesús transformaría su hogar, pondría a su hijo en el camino del ministerio y llegaría a miles de personas.

Nuestros días están contados, y nos movemos de forma rápida del hoy al mañana. Todos nuestros placeres y posesiones son temporales, pero el legado que dejamos para Cristo perdurará para siempre. Se ha dicho muchas veces y de muchas maneras, pero nunca mejor que con estas sencillas palabras:

ESTA VIDA PRONTO TERMINARÁ,
SOLO LO HECHO PARA CRISTO SOBREVIVIRÁ.

Nuestro amor y trabajo por el Señor nunca es en vano. No perdamos ni un solo día. ¡Vivamos con la eternidad en mente! ¡Invirtamos en el mañana y que nuestra vida trascienda!

Capítulo 9

Termine

No ha finalizado hasta que haya terminado

Si alguna vez se ve envuelto en un aprieto desafortunado, podría contratar a Frank P. Lucianna para que lo represente. Es un abogado astuto de Hackensack (Nueva Jersey), justo al otro lado del Hudson de la ciudad de Nueva York. Todos los días, usted puede ver a Lucianna en la sala del tribunal, vestido con un elegante traje con un pañuelo en el bolsillo, agitando las manos en el aire y defendiendo a las personas en problemas. Lo hace con energía y eficacia.

Lucianna ha estado defendiendo clientes durante bastante tiempo. Hace cuarenta y cinco años, un periódico local afirmó que él era el «abogado penalista más ocupado» de la ciudad. Hace veintidós años, el mismo periódico lo llamó «un *showman* consumado» y el «abogado activo más viejo» de Nueva Jersey. En la actualidad, Lucianna sigue hablando con elocuencia ante jueces y jurados a la edad de noventa y siete años.

Lucianna no se duerme en los laureles. «Esta es una profesión que consume mucho y me ha quitado mucho de la vida —relata—. Estoy involucrado de manera constante en la preparación de casos, y es una tensión tremenda, tanto mental como física. Física porque cuando uno va a juicio en un caso, todo su ser está obsesionado con tratar de ayudar a la persona que representa, y eso genera tensión en el cuerpo y la mente».

Cuando se le preguntó sobre su futuro, Lucianna comentó: «Espero que Dios me permita seguir haciendo esto. No quiero jubilarme. No quiero ir a Florida. Solo quiero hacer lo que estoy haciendo».[1]

Personalmente, me gusta ir a Florida, pero, por lo demás, siento lo mismo. Espero que Dios me permita seguir haciendo lo que Él me ha llamado a hacer. Mi nombre no es Arquipo, pero tomo el único versículo dirigido a él en la Biblia como si estuviera escrito para mí: «Decid a Arquipo: Mira que cumplas el ministerio que recibiste en el Señor» (Col 4:17).

Sí, su función puede cambiar. Sus tareas pueden evolucionar y su situación puede sufrir cambios. Puede que tenga que hacer ajustes. Aun así, un hecho no cambiará: si Dios lo deja en la tierra es porque tiene un trabajo continuo para usted. No hay fecha de caducidad para los principios que le estoy enseñando en este libro. Uno nunca se retira de la vida cristiana y nunca abandona la voluntad de Dios.

Insisto: nunca deje de comenzar y haga todo lo posible para terminar lo que comienza en la voluntad del Señor.

En su libro *¡Termina! Descubre la clave para lograr tus objetivos*, Jon Acuff explica que, para algunas personas, esto parece difícil:

Solo he acabado el 10 % de los libros que tengo. Me tardé tres años en completar seis días del programa de ejercicio en casa P90X. A los 23 años me hice cinta azul en karate. [...] Tengo 32 cuadernos Moleskine a medio empezar en mi oficina, y 19 protectores para labios ChapStick casi terminados en el baño.

Acuff agrega que él no es el único que no termina las cosas. «Según los estudios, el 92 % de los propósitos de Año Nuevo... fracasa. Cada enero la gente empieza con esperanza, lo anuncia con bombo y platillos, y cree que ese será el año en que sí logrará convertirse en una nueva persona. Y aunque el 100 % inicia, solo el 8 % termina».[2]

Durante la pandemia de 2020, lancé un libro llamado *Shelter in God* [Refugio en Dios] para animar a los que tenían dificultades con la terrible crisis. Una noche, cuando el libro estaba listo para imprimirse, me desperté pensando en todos los personajes bíblicos que tuvieron experiencias similares a las del refugio. Al día siguiente, reuní mi lista para agregarla al epílogo al final del libro, pero luego leí un estudio de Jefferson Smith que decía que el sesenta y tres por ciento de los lectores nunca terminan el libro que están leyendo.[3] Llamé a mi editor a último momento y cambiamos el epílogo por un prólogo. No quería que nadie se perdiera el énfasis bíblico de esta verdad.

Es un poco frustrante pensar que algunas personas leerán las primeras páginas de algunos de mis libros y nunca llegarán a las páginas finales. Trabajo igual de arduo en la última página como en la primera. No obstante, ¡felicidades! Es evidente que ha llegado a este punto en *Adelante*, así que no se detenga ahora. Propóngase terminar este libro. Y más aún, propóngase terminar lo que Dios ponga en sus manos.

Termine lo que comienza

Seamos realistas. Usted puede tener una gran visión, orar de manera piadosa, elegir los objetivos correctos y enfocarse en las cosas correctas. Hasta aquí todo bien. También puede perseguir sus sueños y hacer grandes inversiones en la Palabra, la obra y la riqueza de Dios. Puede hacer todo lo que hemos hablado hasta aquí en este libro, pero si no termina lo que comienza, es como un edificio que nunca tiene techo.

El doctor J. Robert Clinton enseña en la Escuela de Estudios Interculturales del Seminario Teológico Fuller y ha dedicado una gran cantidad de tiempo a investigar el tema del desarrollo del liderazgo para toda la vida. Como parte de su estudio, identificó alrededor de mil hombres y mujeres en la Biblia que eran considerados líderes: líderes nacionales, líderes judíos, líderes de la iglesia, patriarcas, sacerdotes, reyes y demás.

Muchos de estos líderes fueron tan solo mencionados en el texto sin más detalles, y es posible que se sorprenda tanto como yo al saber que solo hay cuarenta y nueve líderes prominentes en la Escritura cuyas vidas fueron estudiadas como un todo. Sabemos cómo empezaron y cómo terminaron.

De estos cuarenta y nueve, solo el treinta por ciento terminó bien. El otro setenta por ciento no cumplió con el plan de Dios para sus vidas, un hecho que debería sacudirnos. Algunos líderes como Sansón y Elí tropezaron en la mitad de su vida. Otros como Noé, David, Josafat y Ezequías tropezaron cerca del final.[4]

Sin embargo, gracias a Dios por el treinta por ciento, por personas como Josué, Daniel, Pedro y Pablo, que disfrutaron de caminar con Dios en una intimidad cada vez mayor a lo largo de sus días. Tan solo siguieron creciendo en la gracia y el conocimiento del Señor. Permanecieron rendidos a Él en todas las cosas. Como árboles plantados en la casa del Señor, florecieron y se mantuvieron vigorosos y verdes, y dieron fruto a pesar de su edad (Sal 92:12-14).

Sin duda, el mayor consumador en la Biblia es Jesús. Toda Su vida y ministerio estuvieron motivados por el compromiso de terminar la obra que Su Padre le había encomendado:

- «Jesús les dijo: Mi comida es que haga la voluntad del que me envió, y que acabe su obra» (Jn 4:34).
- «Mas yo tengo mayor testimonio que el de Juan; porque las obras que el Padre me dio para que cumpliese, las mismas obras que yo hago, dan testimonio de mí, que el Padre me ha enviado» (Jn 5:36).

Y cuando llegamos a su crucifixión, quién puede olvidar quizás las palabras más profundas de toda la Biblia: «Cuando Jesús hubo tomado el vinagre, dijo: Consumado es…» (Jn 19:30).

Hemos explorado ocho pasos fundamentales que nos hacen avanzar hacia el plan de Dios para nuestra vida. En las páginas siguientes, quiero tener un diálogo honesto sobre cómo terminar bien. En algunos aspectos, me estoy predicando a mí mismo. Terminar bien ha sido —y es— una de las metas más importantes de mi vida. He estudiado este tema a través de la Biblia y he leído todo lo que he podido encontrar.

Existen innumerables barreras para terminar bien, pero he descubierto cinco que parecen dominar lo que he leído sobre este tema. Más que presentarlas como barreras, quiero presentarlos como desafíos. Abordemos el tema con una actitud positiva, porque eso concuerda con el tono de este libro. Considere el resto de este capítulo como un discurso motivacional en el vestuario para todos nosotros antes de salir del túnel para la segunda mitad del partido.

Manténgase enfocado hasta que haya terminado

Al dar el discurso motivacional del medio tiempo, comenzaría recordándole que se mantenga enfocado. Manténgase enfocado hasta que haya terminado, hasta el último segundo del partido.

Uno de los grandes consumadores de la Biblia fue Salomón, hijo del rey David. De hecho, la palabra *terminar* está conectada con Salomón una docena de veces, de forma especial con su construcción del templo. Hice una lista de todas las referencias asociadas con Salomón al completar su tarea de construir la casa de Dios, y me di cuenta de algo que se me había escapado en todas las veces que leí la historia.

Salomón no solo terminó la obra, sino que además lo hizo de forma total, completa y absoluta. Preste atención a la inclusión de las palabras *todo*, *toda* y *todos* en las frases usadas para describir a Salomón (énfasis añadido):

- «Así, pues, Salomón labró la casa y la *terminó*. [...] Cubrió, pues, de oro *toda* la casa de arriba abajo...» (1 R 6:14, 22).

- «… fue acabada la casa con *todas* sus dependencias, y con *todo* lo necesario…» (1 R 6:38).
- «Así se terminó *toda* la obra que dispuso hacer el rey Salomón para la casa de Jehová…» (1 R 7:51).
- «Acabada *toda* la obra que hizo Salomón para la casa de Jehová…» (2 Cr 5:1).
- «Terminó, pues, Salomón la casa de Jehová, y la casa del rey; y *todo* lo que Salomón se propuso hacer en la casa de Jehová…» (2 Cr 7:11).

Cuando se trató de construir el templo de Dios en Jerusalén, Salomón lo terminó todo. No dejó nada sin hacer. Tal vez haya sido porque su padre, el rey David, lo desafió en 1 Crónicas 28:20: «… Anímate y esfuérzate, y manos a la obra; no temas, ni desmayes, porque Jehová Dios, mi Dios, estará contigo; él no te dejará ni te desamparará, hasta que acabes *toda la obra* para el servicio de la casa de Jehová» (énfasis añadido).

La mayoría de nosotros subestimamos el difícil desafío de terminar. Cada año, como parte de mi llamado y tarea de parte de Dios, escribo un libro. Hay una fecha de inicio y una fecha de finalización prevista. Me tomo estas fechas en serio y trato de no perderme nunca una fecha límite, pero hay más en la historia. Casi todos mis libros tienen diez capítulos; e investigo, escribo y me enfoco en esos capítulos hasta que los termino. No obstante, cuando termino de escribir los diez capítulos, todavía no he terminado. Hay una página de dedicatorias, agradecimientos, un prólogo y, a menudo, un epílogo. El manuscrito total debe leerse dos veces de forma completa: una, antes de que pase por el maquetador y otra, después de haberlo hecho.

Con los años, he aprendido que puedo terminar los capítulos sin demasiada ansiedad, pero los elementos restantes son un desafío emocional. Los dejo para después. No quiero ni pensar en ello. Elaborar las últimas palabras y completar los últimos detalles me cuesta muchísimo.

¿Por qué?

Por fin lo entendí. Cuando termino los diez capítulos, me permito cruzar la línea de meta de manera mental. Alabo al Señor e invito a mi esposa a cenar. Ya no siento el peso emocional del libro. Sin embargo, en realidad, el libro no está terminado, y tratar de retomar la tarea es un desafío.

¿La lección? No ha finalizado hasta que haya finalizado. No ha terminado hasta que haya terminado. Por lo tanto, manténgase enfocado hasta el final, porque no está terminado hasta que esté terminado.

Cuando estaba en la escuela secundaria, el entrenador de atletismo me convenció de correr la carrera de 800 metros, que, en ese entonces, se llamaba la carrera de las 880 yardas. La estrategia que desarrollé en ese momento me ha servido bien para toda la vida.

Primero, traté de salir rápido y conseguir una ventaja. Luego, al comienzo de la segunda vuelta, alargué el paso y traté de mantener la delantera. Cuando llegué a la última curva, traté de encontrar algo dentro de mí y correr con todo mi corazón mientras me enfocaba en la línea de meta. Sin ese impulso final, no tenía ninguna posibilidad de ganar, y todavía recuerdo hasta el día de hoy la sensación de ardor en los pulmones y la inflamación en los músculos de las piernas.

¡Pero eso es lo que se necesita! Manténgase enfocado. Mantenga sus ojos en la meta. Atraviese la cinta de meta y luego celebre. El apóstol Pablo dijo en su última carta: «He peleado la buena batalla, he acabado la carrera, he guardado la fe» (2 Ti 4:7).

Manténgase resiliente con respecto a la jubilación

La segunda clave para terminar bien es abordar el tema de la jubilación con resiliencia y con cierta resistencia santificada. Alguien le preguntó al difunto orador motivacional Zig Ziglar si estaba pensando en retirarse. Él se rio y dijo: «¿Retirarme? ¡No! Estoy recargándome».

Mi amigo Harry Bollback todavía está activo en sus noventa y tantos años. Durante los últimos veinte años más o menos, la gente le ha preguntado si estaba retirado. Su respuesta: «Sí, me retiro todas las noches para ir a la cama y poder levantarme a la mañana siguiente para averiguar lo que Dios quiere que yo haga».

Harry comentó que se despierta todas las mañanas, se sienta en el borde de su cama y dice: «Dios, aquí hay otro día. Me alegro de estar todavía aquí. Debes tener algo para que yo haga. Lo que quiero hacer es magnificar tu nombre. Quiero complacerte en todo lo que hago».[5]

Cuando el psicólogo Michael Longhurst dejó su puesto directivo de alto nivel en el mundo empresarial, emprendió un importante proyecto de investigación sobre el tema de la jubilación. Entrevistó a más de doscientos jubilados y descubrió que muchos no están preparados para la jubilación, en especial de forma mental y emocional.

Un hombre resumió el problema cuando escribió: «Me siento tan solo y deprimido. Extraño mi trabajo, la oficina, mis compañeros de almuerzo y mis amigos del trabajo. Solía estar tan ocupado en el trabajo y ahora de repente no hay nada que hacer, no hay fechas de entrega, etc. Entonces, así es la jubilación: aburrida y solitaria. Desearía volver a ser feliz como en los viejos tiempos».[6]

Una esposa le dijo a su esposo jubilado: «¿Qué planeas hacer hoy?». Él respondió: «Nada». A lo que ella contestó: «Pero hiciste eso ayer». «Lo sé —replicó él—, pero aún no he terminado».

¡Alguien dijo que la jubilación de un esposo puede convertirse en el trabajo de tiempo completo de una esposa!

Mucha gente ha seguido la expectativa general en Estados Unidos y el mundo occidental de que cuando alcanzamos una cierta edad, nos jubilamos. Es lo que hacemos. La jubilación se ha convertido en el giro final en el ciclo de la vida. Así como les preguntamos a los niños: «¿Qué quieren ser cuando sean grandes?», les preguntamos a los adultos: «¿Qué planean hacer cuando se jubilen?». Rara vez escuchamos que se cuestione el valor de los típicos planes de jubilación y, con certeza, nunca se cuestiona el valor de la jubilación en sí.

Sin embargo, la jubilación tal como la conocemos hoy casi no existía en la historia. La jubilación tenía poco sentido cuando la expectativa de vida promedio era de solo treinta o cuarenta años. Tiene sus raíces a principios del siglo XX, cuando muchas grandes industrias estadounidenses, incluidos los ferrocarriles, los bancos y las compañías petroleras, comenzaron a ofrecer pensiones.

En 1935, el presidente Franklin D. Roosevelt introdujo la Ley de Seguridad Social. Los ingresos de un empleado se gravaban a lo largo de su vida laboral para financiar un ingreso de jubilación a partir de los sesenta y cinco años. Hoy en Estados Unidos, la mayoría de los trabajadores esperan jubilarse y la cultura está orientada a adaptarse a ello.

Es curioso que la Biblia registre solo un ejemplo de jubilación: «Los levitas de veinticinco años arriba entrarán a ejercer su ministerio en el servicio del tabernáculo de reunión. Pero desde los cincuenta años cesarán de ejercer su ministerio, y nunca más lo ejercerán. Servirán con sus hermanos en el tabernáculo de reunión, para hacer la guardia, pero no servirán en el ministerio. Así harás con los levitas en cuanto a su ministerio» (Nm 8:24-26).

Si bien a los trabajadores levitas del tabernáculo se les instruyó que se jubilaran a la edad de cincuenta años, no se los puso a pastar para pasar el resto de sus vidas jugando con los pulgares y mirando el reloj de sol. Se les encomendó ministrar a los jóvenes levitas que se hacían cargo de sus puestos de trabajo. Se convertían en mentores y consejeros. Hoy probablemente repartirían tarjetas llamándose a sí mismos consultores.

No estoy diciendo que no debe aprovechar sus ingresos de la Seguridad Social o sus beneficios de pensión, pero quizás quiera evitar la palabra *jubilación*. No tiene que continuar en su profesión hasta que tenga noventa años, como nuestro amigo abogado Frank Lucianna, pero si deja su trabajo, recuerde: la jubilación es tan solo la forma en que Dios lo libera para seguir sirviendo.

Manténgase conectado con su llamado

Después de mantenerse enfocado y continuar haciendo la obra de Dios, le imploro que se mantenga conectado con su llamado de parte de Dios.

Si bien algunos expertos ensalzan las virtudes del cambio total después de la jubilación, he observado que aquellos que mejor terminan nunca se consideran retirados de su llamado básico de parte de Dios. No hay un «mejor si se usa antes» estampado en su alma. La Biblia menciona: «Porque irrevocables son los dones y el llamamiento de Dios» (Ro 11:29).

Os Guinness dijo algo al respecto:

> Creo que es importante reconocer que podemos retirarnos de nuestros trabajos, pero nunca podemos retirarnos de nuestro llamamiento. El llamado nos da nuestro sentido de tarea o responsabilidad, hasta el último día que pasemos en la tierra, cuando vayamos a conocer al que nos llama. Creo que eso le da un valor increíble a la vida y, por lo tanto, la prosperidad de terminar bien es que sigamos teniendo un sentido de responsabilidad y compromiso que hace que cada día que vivimos sea importante en gran medida. Este es también un tema en el que la visión cristiana contrasta de manera convincente con la visión secular, la cual indica que a uno ya se le pasó el tren cuando llega a cierta edad.[7]

Para terminar bien, considere mantener una conexión entre lo que hacía antes de jubilarse y lo que hace después. Alguien dijo: «Su carrera es aquello por lo que le pagan. Su llamado es aquello para lo que fue creado».

Una de las personas más influyentes en mi vida fue Howard Hendricks, uno de mis profesores en el Seminario Teológico de Dallas. Mi esposa, Donna, fue su secretaria cuando yo era estudiante. Fue un maestro increíble y un gran motivador. Cuando Bob Buford lo entrevistó para su libro *Finishing Well* [Cómo terminar bien], el doctor Hendricks dijo: «La persona promedio muere entre dos y siete años después de jubilarse, y es tan solo porque ha perdido su propósito en la vida. Para la mayoría de ellos, su propósito tenía que ver con su trabajo y, una vez que dejan de trabajar, sienten que sus vidas no tienen sentido. Se retiran *de* algo en lugar de retirarse *para* algo».

Hendricks continuó hablando para aplicar este principio a sí mismo: «He hecho muchas cosas en mi vida, pero solo una me da la satisfacción máxima, y esa es enseñar. Si dejo de enseñar pierdo la razón por la cual fui puesto en el planeta. […] Esto es para lo que nací. […] Si el Seminario decide que es hora de que me vaya, iré a enseñar a otro lugar. […] Pasaré el resto de mi vida enseñando».[8]

Muchos de mis amigos que pastorearon toda su vida y luego se jubilaron han seguido haciendo lo que siempre han hecho. Ocupan los púlpitos los fines de semana. Se convierten en pastores interinos en iglesias que esperan pastores de tiempo completo. Encuentran nuevas formas y medios de enseñar y predicar. Y muchos de ellos disfrutan el cambio. Pueden seguir haciendo lo que aman sin todas las molestias administrativas presentes en la mayoría de las iglesias de hoy.

Tengo un buen amigo al que le encanta predicar, pero odia la administración. Cuando me enteré de que había renunciado a su iglesia, llamé para preguntar al respecto. Atendió mi llamada, pero en lugar de decir «Hola», exclamó: «¡Libre por fin! ¡Libre por fin! ¡Gracias, Dios Todopoderoso, por fin soy libre!».

Lo que él quería decir era que ahora era libre de hacer lo que en verdad amaba sin las distracciones de lo que no disfrutaba.

Puede que usted no tenga una carrera transferible a su vida después de la jubilación, pero si es un seguidor de Cristo, tiene un llamado. Usted tiene un don. Dios le ha dado una capacidad para el servicio. Así que siga usándola para el Señor.

Mi padre, el doctor James T. Jeremiah, dedicó la mayor parte de su vida adulta a la Universidad de Cedarville, una pequeña universidad bautista cerca de Dayton (Ohio). Fue presidente de esa institución durante veinticinco años y rector durante otros veinticinco años. Mi padre se jubiló a los sesenta y dos años, pero no había terminado de servir. Todas las semanas seguía predicando en iglesias y hablando en banquetes, en representación de la universidad. Su itinerario lo llevó a lugares donde los graduados de Cedarville ocupaban puestos de liderazgo como pastorear, liderar y administrar.

Un día le preguntaron a mi padre: «Doctor Jeremiah, ¿qué ha estado haciendo desde que se retiró de la presidencia?». Mi papá contestó: «He estado recortando cupones de toda una vida de inversión». Nunca olvidé esas palabras. ¡Le aseguro que no hay mejor manera de cumplir con su llamado que esa!

Cuando Jesús había terminado Su obra en la tierra y estaba a punto de ser crucificado, resucitado y regresado al cielo, oró esta declaración resumida sobre Su vida: «Yo te he glorificado en la tierra; he acabado la obra que me diste que hiciese» (Jn 17:4).

Lea de nuevo ese versículo de manera cuidadosa y notará que Jesús no terminó todo el trabajo que había que hacer. Terminó toda la obra que *le dieron que hiciese*. Así debe ser nuestra oración: «Señor, ayúdame a terminar la obra que me has dado para hacer». Si hace eso, tendrá una vida plena y emocionante.

Manténgase alerta después de sus victorias

Terminar bien también exige estar alerta. No podemos bajar la guardia, en especial después de nuevas aventuras o victorias.

En 2012, Donna y yo visitamos Suiza por primera vez. Terminamos nuestro recorrido en Zermatt, el hermoso pueblo que se encuentra en la base del Matterhorn. La cara norte de esta montaña, llamada Hornli Ridge, es una subida casi recta; era difícil imaginar que alguien pudiera llegar a la cumbre, pero muchos escaladores han logrado hacerse camino hasta la cima de Hornli Ridge.

Al pie del Matterhorn hay un cementerio llamado cementerio de los alpinistas. La mayoría de las personas enterradas allí son víctimas del Matterhorn, pero he aquí mi extraño hallazgo: muchos de los que murieron en esta montaña lo hicieron mientras descendían después de haber llegado a la cima.

Esto es lo que estaba escrito en una lápida:

EN MEMORIA DE DAVID ROBINSON
DE WAKEFIELD Y BANGOR (GALES DEL NORTE),
CUYA MUERTE PREMATURA A LA EDAD DE 24 AÑOS

OCURRIÓ MIENTRAS DESCENDÍA DEL HORNLI RIDGE, HABIENDO ESCALADO LA CARA NORTE DEL MATTERHORN EL 28 DE DICIEMBRE DE 1976.

Qué lección fue esta para mí y debería ser para todos nosotros: somos los más vulnerables al fracaso después de lograr nuestro mayor éxito.

Durante la Segunda Guerra Mundial, los psicólogos de la Real Fuerza Aérea británica descubrieron que los pilotos cometían la mayoría de los errores cuando aterrizaban sus aviones de regreso o cuando volvían a sus bases después de haber tenido misiones exitosas. «La causa era una tendencia casi irresistible a relajarse».[9]

Al igual que los pilotos y los alpinistas, podemos enamorarnos de nuestros logros y dejar de enfocarnos en terminar lo que comenzamos.

Creo que eso fue lo que metió al rey David en problemas con Betsabé. Él había logrado un gran éxito, había ganado todas las batallas contra sus enemigos y había creado una gran paz en Israel, pero David se descuidó: «Aconteció al año siguiente, en el tiempo que salen los reyes a la guerra, que David envió a Joab, y con él a sus siervos y a todo Israel [...]; pero David se quedó en Jerusalén» (2 S 11:1).

El rey David debería haber estado guiando a su pueblo y sirviendo a la cabeza de su ejército, pero en cambio se quedó en casa. Sintió que estaba en el punto de la vida en el que podía relajarse y dejar que otros llevaran la carga de la guerra. ¡No estaba donde debería haber estado y no estaba haciendo lo que debería haber estado haciendo!

David estaba celebrando sus victorias sin estar alerta, y el resto es historia. Su pecado con Betsabé y el asesinato de su esposo, Urías, es una mancha negra en la vida de David. Y aunque Dios perdonó a David y lo restauró, ese único momento de descuido, esa falta de estado de alerta, se convirtió en parte de la biografía de David.

La Biblia indica: «Por cuanto David había hecho lo recto ante los ojos de Jehová, y de ninguna cosa que le mandase se había apartado en todos los días de su vida, *salvo en lo tocante a Urías heteo*» (1 R 15:5, énfasis añadido).

Elías tuvo una experiencia similar. Se paró solo en el monte Carmelo e invocó fuego de Dios sobre los profetas de Baal. Personalmente fue testigo de la terrible fuerza y el poder del Señor, pero luego, la reina Jezabel amenazó con matarlo, y él corrió por su vida y le rogó a Dios que lo matara: «… se levantó y se fue para salvar su vida, […] y deseando morirse, dijo: Basta ya, oh Jehová, quítame la vida…» (1 R 19:3-4).

Creo que hay dos versículos en la Biblia que todos debemos memorizar y recordar. Nos indican lo que hay que hacer para no caer y capturan la advertencia de permanecer alertas después de la victoria:

- «Antes del quebrantamiento es la soberbia, y antes de la caída la altivez de espíritu» (Pr 16:18).
- «Así que, el que piensa estar firme, mire que no caiga» (1 Co 10:12).

Prepárese para la reutilización

Y ahora, la quinta y última clave para terminar bien: ¡no termine en lo absoluto! Siempre espere con ansias lo que el Señor tiene para usted a continuación.

No se necesita indagar mucho en la historia secular o en la Biblia para descubrir que muchas cosas grandiosas las logran las personas después de la edad de jubilación.

El pianista y comediante Victor Borge, «el Príncipe Payaso de Dinamarca», continuó deleitando a grandes audiencias hasta su muerte a la edad de noventa y un años.

Mientras escribo esto, el cantante Tony Bennett tiene noventa y tres años y deja su corazón no solo en San Francisco, sino también en muchas otras ciudades donde continúa presentándose.

A los noventa años le preguntaron al maestro violonchelista Pablo

Casals por qué seguía practicando ocho horas al día. Él respondió: «Creo que estoy mejorando».

El apóstol Pablo tenía más de sesenta años cuando hizo su agotador viaje a Roma, donde predicó, escribió y enseñó hasta su ejecución cuatro años después. No tenía intención de bajar el ritmo y mucho menos retirarse para dormir en los laureles. Treinta años antes, en su conversión milagrosa, Pablo había encontrado la pasión de su vida. Estaba haciendo con exactitud lo que estaba llamado a hacer, lo que amaba hacer y lo que lo absorbió por completo.

En este momento, tengo catorce años más que la edad jubilatoria normal (¡y, por favor, no haga cuentas!). El otro día, me puse a pensar en algunas de las cosas increíbles que Dios me ha permitido hacer desde que no me jubilé.

- Prediqué en una de las iglesias más grandes del mundo. Calvary Temple en Hyderabad (India) tiene cinco servicios cada domingo a partir de las 5:30 de la mañana. Prediqué en los cinco servicios a más de cien mil personas. El lunes después de este maravilloso domingo, prediqué el servicio de ordenación del hijo del fundador y pastor de la iglesia, el pastor Satish Kumar. Todavía no puedo creer que tuve el privilegio de hacerlo. Siempre estaré tan agradecido por esta oportunidad.
- Publiqué *The Jeremiah Study Bible*, que ahora está disponible en las versiones Nueva Biblia del rey Jacobo, Nueva Versión Internacional y la versión en inglés estándar.
- En la iglesia donde soy pastor, construimos un edificio Generations de treinta millones de dólares que ha revolucionado la forma en que llevamos adelante nuestros ministerios.
- Vi crecer nuestra red de radio Turning Point a tres mil estaciones de radio en Estados Unidos.
- Escribí y publiqué catorce libros nuevos.
- Cumplí un sueño que tenía hace mucho y llevé a mil personas en

una gira por Israel, donde enseñé la Biblia en los mismos sitios donde ocurrieron los hechos.

- Visité dos veces el hermoso país de Suiza.
- Participé en la producción de tres especiales de Navidad en la ciudad de Nueva York que fueron vistos durante la temporada navideña por millones de personas.

Lo que acabo de escribir podría confundirse con una lista de fanfarronadas, pero desde luego no lo es. Es una lista de gratitud, porque estas son las cosas que Dios me ha permitido hacer después de que la mayoría de las personas comentan que debería haberme jubilado. Y además de eso, agregaría todas las verdades que he descubierto y redescubierto en la Escritura.

Pearl Buck, la famosa escritora e hija de misioneros en China, dijo: «He alcanzado una posición honorable en la vida porque soy vieja y ya no soy joven. Soy una persona mucho más útil de lo que era hace cincuenta o cuarenta años, o hace treinta, veinte o incluso diez. He aprendido mucho desde mis setenta años».[10]

Así que no se rinda demasiado pronto. No se prive de las muchas bendiciones que Dios quiere otorgarle en sus años posteriores a la jubilación. Cambie lo que hace si es necesario, pero no deje de servir al Señor.

Nueve veces en la Biblia encontramos expresiones como «viejo y avanzado en años», «viejo y de gran edad». Siempre pensé que esta frase era una ilustración de redundancia innecesaria. Si menciona que alguien es viejo, no debería tener que agregar las palabras «avanzado en años». Parece una exageración.

Sin embargo, cada palabra de la Biblia es importante, y un día noté algo fascinante. Muchas de las veces que esa frase redundante aparece en la Biblia, es una descripción de una persona que está a punto de experimentar algo asombroso. Por ejemplo:

- Abraham (de cien años) y Sara (de noventa años) «eran viejos, de edad avanzada» y estaban a punto de convertirse en padres de Isaac (Gn 18:11).

- Zacarías y Elisabet eran viejos y de edad avanzada antes de dar a luz a Juan el Bautista (Lc 1:18).
- A Josué también se lo describe de esta manera antes de que recibiera sus órdenes de marcha para entrar en la tierra de la promesa de Dios: «Siendo Josué ya viejo, entrado en años, Jehová le dijo: Tú eres ya viejo, de edad avanzada, y queda aún mucha tierra por poseer» (Jos 13:1).

Aquí hay algunos versículos para animarlo a seguir adelante. Nuestro Dios misericordioso nos los dio para mantenernos fieles a lo largo de nuestra vida. No olvide lo que aprendimos antes: «¡Si no está muerto, no ha terminado!».

- «El justo florecerá como la palmera; crecerá como cedro en el Líbano. Plantados en la casa de Jehová, en los atrios de nuestro Dios florecerán. Aun en la vejez fructificarán; estarán vigorosos y verdes» (Sal 92:12-14).
- «Y hasta la vejez yo mismo, y hasta las canas os soportaré yo; yo hice, yo llevaré, yo soportaré y guardaré» (Is 46:4).

Y esta es la oración especial que he declarado para mi vida: «Aun en la vejez y las canas, oh Dios, no me desampares, hasta que anuncie tu poder a la posteridad, y tu potencia a todos los que han de venir» (Sal 71:18).

Termine bien

Al cerrar este capítulo que habla sobre terminar, quiero relatar sobre uno de los laicos de nuestra congregación. Él ha captado el concepto de terminar bien más que cualquier otra persona que conozco.

Tom Heyer enseñó matemáticas en la escuela Helix High School durante cuarenta años. Había recibido a Cristo como Salvador en su tercer año en la Universidad Estatal de San Diego y de manera inmediata comenzó a enseñar. ¡Le encantaba su trabajo! Recuerdo haberlo conocido en su escuela hace muchos años y me di cuenta de que él no solo estaba dedicando tiempo… él amaba a sus alumnos. También ayudó a iniciar un club cristiano en las instalaciones de la escuela que impactó muchas vidas.

En el verano de 2002, Tom Heyer estaba ansioso por comenzar su cuadragésimo año de enseñanza. Una mañana, mientras él y su esposa, Pam, tomaban juntos su caminata regular de oración, Dios le habló a Tom y puso su vida patas arriba. Así es como Tom lo expresó: «Esa mañana Dios me habló de forma directa. Me dijo que era hora de dejar de enseñar porque tenía algo más para mí».

Dado que la enseñanza había sido todo en su vida, Tom no tenía idea de lo que Dios estaba tramando, pero estaba a punto de descubrirlo. Después de una consejería con uno de nuestros pastores, Tom aceptó el desafío de comenzar un estudio bíblico semanal para hombres. El grupo de estudio de la Biblia se nombró a sí mismo «Compañeros» y se han estado reuniendo por dieciocho años.

Debido a su liderazgo en ese estudio bíblico, se le preguntó a Tom si estaría dispuesto a hacerse cargo del ministerio carcelario de nuestra congregación, Shadow Mountain Community Church. En ese momento, unas doce personas se encargaban de ministrar a los prisioneros del condado de San Diego.

Tom aceptó el desafío, y lo que ha sucedido desde entonces es de verdad extraordinario. Hoy, cuando se acerca el decimoséptimo año en este ministerio, Dios ha abierto las puertas para ministrar a todos los afectados por el encarcelamiento: reclusos, personas en libertad condicional, exdelincuentes, cónyuges, hijos y otros miembros de la familia, hasta oficiales correccionales y personal penitenciario.

Según Tom, la *p* en prisión no significa «prisión», sino «personas», personas a quienes Dios ama con un amor eterno e incondicional.

Cada semana, cuarenta miembros diferentes del equipo de Shadow Mountain van a ocho prisiones diferentes, celebran un aproximado de treinta reuniones al mes, con un promedio de asistencia de más de seiscientos reclusos (hombres, mujeres y jóvenes).

En Navidad, se organiza una gran fiesta para los hijos de padres encarcelados. Cientos de niños, en su mayoría con sus madres, asisten a esta fiesta en las instalaciones de nuestra iglesia. El sábado antes de Navidad, nuestro centro de eventos se llena de familias que serían olvidadas si no fuera por este increíble ministerio.

Hace varios años, un joven de nuestra iglesia que había estado encarcelado fue liberado. Se acercó a Tom y le comentó que la Navidad era la época más triste del año para los presos. Se preguntaba si había algo que se pudiera hacer para marcar una diferencia en sus vidas durante esta temporada.

El resultado de esa conversación fue «El gran envío de tarjetas de Navidad». La Navidad pasada, cientos de voluntarios en San Diego, bajo la dirección del Ministerio Carcelario de Shadow Mountain de Tom Heyer, enviaron más de quince mil tarjetas de Navidad a los confinados.

Cuando Dios le habló a Tom Heyer en esa caminata matutina en 2002, despertó un movimiento que vivirá mucho después de que Tom y yo nos hayamos ido. Hoy, el Ministerio Carcelario de Shadow Mountain es uno de los ministerios carcelarios patrocinados por iglesias más grandes de Estados Unidos. Y todo comenzó en la vida de un hombre que acababa de jubilarse. Tom Heyer estaba listo para ser reutilizado.

¿Y usted?

Capítulo 10

Celebre

Convierta su avance en eternidad

Podríamos decir que Luke Pittard disfrutaba de su trabajo en un McDonald's de Cardiff (Gales), pero renunció después de ganar la Lotería Nacional del Reino Unido. Después de todo, se hizo millonario de la noche a la mañana.

Luke celebró su buena fortuna casándose con su novia, Emma, también empleada de McDonald's. Compraron una casa y se fueron de vacaciones a las Islas Canarias, pero cuando regresaron a Gales, Luke estaba aburrido. «Para ser sincero —expresó—, no hay mucho que se pueda hacer para relajarse. Soy [...] joven, y un poco de trabajo duro nunca hizo mal a nadie».

Luke pidió que le devolvieran su antiguo trabajo, y ahora uno puede encontrarlo volteando hamburguesas de vuelta en McDonald's. Gana más dinero con los intereses de sus ganancias que en el restaurante, pero siente una necesidad natural de trabajar y estar con sus amigos y compañeros de trabajo. «Todos piensan que estoy un poco loco, pero les digo que la vida es algo más que el dinero», comenta.

Emma agregó: «Lo entiendo de manera perfecta. Ambos disfrutábamos mucho de trabajar en McDonald's y todavía tenemos buenos amigos allí. Así que era algo que le era familiar y que esperaba con ansias».[1]

Todos necesitamos un descanso de vez en cuando, pero no necesitamos unas vacaciones eternas. En cambio, lo que necesitamos es un trabajo significativo, amigos cercanos y algo que anhelar. Esa realidad nunca cambiará, ¡ni en esta vida ni en el cielo!

Cuando usted tiene una relación con Dios a través de Jesucristo, es más rico que el ganador del premio más millonario de la lotería. Recuerde: gran parte de nuestro tesoro está delante de nosotros en el cielo. Sin embargo, muchas personas tienen miedo de aburrirse allí. Es increíble cuántas personas, incluso cristianos, albergan sentimientos encontrados en este sentido. Se preguntan: «¿Y si llego al cielo y me aburro? Después de todo, no hay mucho que se pueda hacer para relajarse. ¿Y si extraño a mis amigos? ¿Y si anhelo el tipo de actividad que enriquecía mi vida en la tierra?».

¡No se preocupe, Dios no es aburrido!

El cielo no lo aburrirá; ¡traerá plenitud y celebración! Todos sus sueños, oraciones, enfoques, toma de riesgos e inversiones, todo su impulso hacia adelante en la tierra es el preludio de un servicio mayor, un trabajo más feliz y una plenitud más profunda en su hogar celestial. Los hijos de Dios siempre están avanzando, incluso cuando parten de la tierra.

Espere el cielo con ansias

Los héroes de la Escritura pensaban de manera constante en el cielo: se confesaban extranjeros y peregrinos en la tierra, buscaban una tierra propia, deseaban un lugar mejor —el celestial— y anhelaban la ciudad con fundamentos «… cuyo arquitecto y constructor es Dios» (He 11:10). Jesús también anhelaba el cielo a medida que se acercaba al final de Su vida terrenal y les decía a Sus discípulos: «… Si me amarais, os habríais regocijado, porque he dicho que voy al Padre…» (Jn 14:28).

El apóstol Pedro dijo algo importante sobre esto. Preste atención a las palabras en cursiva, ya que revelan la actitud que debemos tener sobre el cielo:

Puesto que todas estas cosas han de ser deshechas, ¡cómo no debéis vosotros andar en santa y piadosa manera de vivir, *esperando* y apresurándoos para la venida del día de Dios, en el cual los cielos, encendiéndose, serán deshechos, y los elementos, siendo quemados, se fundirán! Pero nosotros *esperamos*, según sus promesas, cielos nuevos y tierra nueva, en los cuales mora la justicia. Por lo cual, oh amados, *estando en espera* de estas cosas, procurad con diligencia ser hallados por él sin mancha e irreprensibles, en paz (2 P 3:11-14).

Tres veces Pedro nos dijo que esperáramos, que anticipáramos lo que Dios tiene para nosotros en el futuro: el regreso de Cristo, la creación del nuevo cielo y la tierra nueva, y nuestro hogar eterno en el cielo. Nuestra anticipación nos empodera para vivir vidas santas, piadosas y con propósito en esta era presente.

Ange Shepard creció en un pequeño pueblo en la pintoresca Nueva Escocia. A los diez años, quedó cautivada con el sur de California, en especial con Los Ángeles. Vio programas de televisión filmados allí y quedó fascinada con la gran ciudad, el estilo de vida de las celebridades, el brillo, las palmeras, el clima increíble.

Ange aprendió que 323 era uno de los códigos de área para Los Ángeles, tomaba el teléfono y marcaba 1-323 y luego siete números aleatorios. A veces, alguien respondía la llamada, y Ange decía: «Hola, ¿hablo con Los Ángeles?». Cuando la persona decía «sí», Ange colgaba, emocionada de haber hablado con alguien en Los Ángeles.

Sus llamadas terminaron cuando su padre vio la factura del teléfono, pero sus sueños no. Ange siempre imaginaba que algún día viviría en Los Ángeles. «No sabía cuándo ni cómo llegaría allí —recuerda—. Tan solo sabía con certeza que iba a dejar mi pequeño pueblo y cumplir mis sueños en Los Ángeles».

Tenía veinticuatro años cuando visitó California por primera vez con un boleto de ida. Hoy Ange sigue llamando a Los Ángeles su hogar. Ella está viviendo su sueño.[2]

Yo vivo en el sur de California y también me encanta, aunque créame, tiene sus problemas, pero la historia de Ange me interesa porque ella anhelaba una ciudad. Esa ciudad ocupaba su mente día y noche, y su gran atractivo impulsaba sus sueños y guiaba su vida. Incluso llamaba para hablar con personas al azar tan solo porque vivían en el código de área de Los Ángeles.

Yo anhelo un lugar mejor que el sur de California y una ciudad más grande que Los Ángeles, ¿y usted? Esperar la ciudad celestial de Dios debe ser el motor de nuestra vida, sobre todo porque, a través de la oración, podemos estar en constante comunicación con Alguien que ya vive allí.

La Biblia indica: «... buscad las cosas de arriba, donde está Cristo sentado a la diestra de Dios» (Col 3:1).

¿Eso nos hará tener una mentalidad demasiado celestial? Preste atención a lo que dijo C. S. Lewis al respecto:

> Una continua expectativa de la vida eterna no es (como piensan algunas personas modernas) una forma de escapismo o de deseo proyectado, sino una de las cosas que un cristiano tiene que hacer. No significa que debemos dejar este mundo tal como está. Si leemos la historia veremos que los cristianos que más hicieron por este mundo fueron aquellos que pensaron más en el otro.

Y continuó:

> Los apóstoles mismos, que iniciaron a pie la conversión del Imperio romano, los grandes hombres que construyeron la Edad Media, los evangélicos ingleses que abolieron el mercado de esclavos, todos ellos dejaron su marca sobre la tierra, precisamente porque sus mentes estaban ocupadas en el cielo. Es desde que la mayor parte de los cristianos han dejado de pensar en el otro mundo cuando se han vuelto tan

ineficaces en éste. Si nuestro objetivo es el cielo, la tierra se nos dará por añadidura; si nuestro objetivo es la tierra, no tendremos ninguna de las dos cosas.[3]

Entonces, ¿qué podemos esperar usted y yo en el cielo? ¿Qué tipo de celebraciones descubriremos en el hogar eterno de Dios?

Espere una calurosa bienvenida

En primer lugar, espere una calurosa bienvenida. La mayoría de nosotros tenemos miedo de morir. Al igual que los antiguos israelitas que cruzaron el Jordán, no hemos pasado por este camino antes (Jos 3:4). No obstante, la Biblia está llena de información para aliviar nuestra preocupación. El apóstol Pedro dijo que si servimos de manera fiel al Señor Jesús, recibiremos una «... amplia y generosa entrada en el reino eterno de nuestro Señor y Salvador Jesucristo» (2 P 1:11).

¡Una generosa bienvenida!

Es fácil subestimar estas palabras. Hace poco, un niño pequeño de Ohio llamado Grady volvió a la escuela después de haber sido diagnosticado con leucemia. Se había perdido un año con sus compañeros de clase debido a sus tratamientos, pero al fin pudo regresar por unas horas al día. En su primer día de regreso, el director lo recibió y abrió la puerta. Frente a Grady estaban todos los estudiantes y profesores alineados en el pasillo sosteniendo pedacitos de papel crepé brillante. Gritaban y vitoreaban mientras Grady, de ocho años, corría entre ellos. Al final del pasillo, un cartel gigante decía: «¡Bienvenido de nuevo, Grady!». Los niños aplaudían y se reían, y los maestros se secaban las lágrimas de los ojos. Al llegar a casa más tarde ese día, Grady dijo: «¡Este fue el mejor día de mi vida, mamá! Me divertí mucho. [...] ¡No sabía que los días podían ser tan buenos!».[4]

Si los niños de una escuela pudieron llevar a cabo una celebración de bienvenida como esa, ¡piense en lo que el Dios Todopoderoso y Sus ángeles pueden hacer! Usted tiene la promesa de una «generosa entrada» al cielo. Será su mejor día. No se imagina que un día pueda ser tan bueno.

Su «generosa entrada» en realidad comienza antes de llegar al cielo. En la parábola del hombre rico y el mendigo, Lázaro, nuestro Señor nos menciona: «Aconteció que murió el mendigo, y fue llevado por los ángeles al seno de Abraham...» en el cielo (Lc 16:22). Creo que el Señor envía una escolta angelical para acompañar a Sus santos que parten al cielo. No será olvidado, abandonado ni estará solo ni por un solo segundo. ¡Y llegará allí para descubrir que, por fin, está en casa!

El cantante Michael Bublé amaba a su abuelo, Don Demetrio Santaga, quien construyó una casa en Vancouver hace cincuenta años y vivió en ella hasta el día de su muerte. Santaga amaba su casa y esperaba que continuara en la familia después de su muerte. Durante los últimos ocho años de su vida, Santaga no podía vivir solo, por lo que Bublé contrató a una trabajadora de la salud filipina llamada Minette para que lo cuidara.

Al principio, a Santaga le molestaba tener una enfermera, pero pronto se hicieron cercanos. Bublé y Santaga llegaron a ver a Minette como parte de la familia y, cerca del final de su vida, Santaga le contó a su nieto su último deseo.

Cuando el anciano murió, Minette aprovechó la oportunidad para regresar a Filipinas para visitar a su familia, a quienes había estado manteniendo con sus ingresos. Mientras ella no estaba, Jonathan y Drew Scott, los famosos «Hermanos a la obra», fueron a Vancouver e hicieron grandes renovaciones en la casa de Santaga. Fue una remodelación increíble.

Cuando Minette regresó, se encontró con las cámaras de televisión del equipo de «Remodelaciones con celebridades». Michael abrió la puerta y la hizo pasar, diciendo: «Bienvenida a casa». Minette se llevó las manos a la boca, y sus ojos se llenaron de lágrimas. «Es demasiado, realmente demasiado —dijo—. No tengo palabras en este momento. Todavía no lo he asimilado. Es hermoso».

«Uno solo puede imaginar lo que va a significar para ella», dijo Bublé.[5]

Si quiere imaginar cómo se sentirá cuando vea su increíble nuevo hogar, mire lo que dijo el mártir Esteban en el Nuevo Testamento. Mientras moría, miró hacia el cielo y vio la gloria de Dios y a Jesús de pie a la diestra de Dios, y exclamó: «... He aquí, veo los cielos abiertos, y al Hijo del Hombre que está a la diestra de Dios» (Hch 7:56).

Al ser la primera persona en dar su vida por Cristo, la experiencia de Esteban es única, pero en cierta medida, con seguridad anticipa la «generosa entrada» que recibirá en el momento en que sea transportado al cielo y Jesús le diga: «... entra en el gozo de tu señor» (Mt 25:21).

Espere una rica recompensa

Entre los gozos del cielo estarán las recompensas dadas por la fidelidad en la tierra. Si vive de acuerdo con los principios bíblicos (como los que he articulado en este libro), hay una serie de recompensas para usted descritas en la Biblia. Jesús a menudo decía cosas como estas:

- «Y cualquiera que dé a uno de estos pequeñitos un vaso de agua fría solamente, por cuanto es discípulo, de cierto os digo que no perderá su recompensa» (Mt 10:42).
- «Gozaos en aquel día, y alegraos, porque he aquí vuestro galardón es grande en los cielos...» (Lc 6:23).
- «Amad, pues, a vuestros enemigos, y haced bien, y prestad, no esperando de ello nada; y será vuestro galardón grande...» (Lc 6:35).

El apóstol Pablo retomó el tema diciendo: «Y todo lo que hagáis, hacedlo de corazón, como para el Señor y no para los hombres; sabiendo que del Señor recibiréis la recompensa de la herencia...» (Col 3:23-24).

Hebreos 11:6 afirma que Dios es «galardonador de los que le buscan». ¿Sabía que en las fabulosas entregas de premios como los Óscar, incluso aquellos que pierden reciben regalos? Según la revista *Forbes*, cada nominado al Óscar recibe un lote de premios valuado en 225 000 dólares (2020).

¿Qué podría haber en un lote de premios que vale casi un cuarto de millón de dólares? Los artículos van desde una caja de galletas hasta un vale para una cirugía plástica. Puede haber algunas bombas de baño de amatista de Hotsy Totsy Haus, valuadas en 75 dólares cada una. Puede encontrar un cupón para un crucero de doce días en un yate con servicio de mayordomo, un helicóptero y un spa. Algunos lotes contienen un viaje en submarino, y otros una tarjeta regalo canjeable por una escapada romántica a un faro español reconvertido en hotel de lujo. También encontrará en el lote 25 000 dólares en cosméticos y procedimientos de rejuvenecimiento junto con un paquete de dos chocolates negros de Milanos.

¡Mucho mayor es la «abundancia de la gracia y del don de la justicia» que el Señor nos ofrece (Ro 5:17)! Para el genuino seguidor de Cristo, una palabra de bienvenida o elogio de nuestro Señor es un millón de veces mejor que el lote de premios de los Óscar.

Joni Eareckson Tada escribió: «Si Dios no nos hubiera dicho lo contrario, creeríamos que este desfile de vida sigue para siempre. Sin embargo, sí se acabará. Esta vida no durará para siempre, y tampoco es la mejor vida que llegaremos a tener. Lo cierto es que los creyentes sí se están dirigiendo hacia el cielo. Esto es una realidad Y lo que hacemos aquí en la tierra tiene un efecto directo sobre cómo viviremos allí».[6]

A menudo estamos demasiado preocupados por los pequeños premios de la tierra y no lo suficiente preocupados por las ricas recompensas que nos esperan en el cielo.

La Biblia enseña que habrá un momento en el futuro en el que se evaluará nuestro trabajo para el Señor. A esto se lo llama «el tribunal de Cristo» (2 Co 5:10). Creo que ocurrirá justo después del rapto de la iglesia al cielo. Esto no tiene nada que ver con nuestro destino eterno, porque todos los que están en Cristo Jesús están destinados al cielo por gracia. Como escribí en *El libro de las señales*: «Este tribunal evaluará a cada creyente y lo recompensará de acuerdo con sus obras».[7]

La Biblia a menudo describe estas recompensas como «coronas».

Está la *corona del vencedor*, descrita en 1 Corintios 9:24-25: «... Corred de tal manera que lo obtengáis [esta corona]. Todo aquel que lucha, de todo se abstiene; ellos, a la verdad, para recibir una corona corruptible, pero nosotros, una incorruptible». Esta es la recompensa de Dios para aquellos cristianos que viven una vida piadosa y disciplinada en la tierra.

Está la *corona de regocijo*, que Pablo describió en 1 Tesalonicenses 2:19, cuando les dijo a los cristianos de la ciudad de Tesalónica: «Porque ¿cuál es nuestra esperanza, o gozo, o corona de que me gloríe? ¿No lo sois vosotros, delante de nuestro Señor Jesucristo, en su venida?». Este es el gozo de ver en el cielo a aquellos que fueron influenciados para Cristo por medio de nuestra vida, obras y palabras.

Está la *corona de justicia*. La clave de esta recompensa es desarrollar un deseo intenso por el regreso del Señor. El apóstol Pablo expresó: «Por lo demás, me está guardada la corona de justicia, la cual me dará el Señor, juez justo, en aquel día; y no solo a mí, sino también a todos los que aman su venida» (2 Ti 4:8).

La siguiente es la *corona de vida*, dada a los que soportan las tentaciones y las pruebas: «Bienaventurado el varón que soporta la tentación; porque cuando haya resistido la prueba, recibirá la corona de vida, que Dios ha prometido a los que le aman» (Stg 1:12).

Finalmente, está la *corona de gloria*, que Pedro describió así: «Y cuando aparezca el Príncipe de los pastores, vosotros recibiréis la corona incorruptible de gloria» (1 P 5:4).

Robert Webb, de Nueva Zelanda, se sorprendió hace poco cuando recibió los honores del cumpleaños de la reina. Estos son premios especiales que se otorgan en el cumpleaños de la reina Isabel a las personas que han sido voluntarios fieles en las comunidades locales de todo el Reino Unido. El premio de Webb fue por su cuidado de las aves.

Comenzó hace años durante los viajes regulares que Webb hacía a Auckland como camionero. A menudo veía pájaros heridos junto a la carretera. Comenzó por detenerse, recogerlos y cuidarlos hasta que estuvieran listos para volver a su hábitat natural. A veces, Webb cuidaba a treinta pájaros a la vez. Con el tiempo, se convirtió en la persona a la que había que acudir si se encontraba un pájaro herido.

Con el tiempo, los esfuerzos de Webb llevaron al establecimiento del Centro de Recuperación de Aves Autóctonas, que hoy incluye una unidad quirúrgica, una sala de incubación de huevos de kiwi, corrales de recuperación y un hospital para aves. También hay tres aviarios para pájaros demasiado heridos para ser liberados en la naturaleza. Webb lleva algunas de las aves más espectaculares a las aulas para enseñar a los niños sobre la conservación.

Cuando Webb recibió el premio, un reportero le preguntó si planeaba jubilarse. Él respondió: «Disfrutamos demasiado de las aves como para retirarnos. Cuando uno ve un pájaro que ingresa al centro, se lo pone a salvo y luego lo ve volar de nuevo, siente que ha logrado algo en la vida, y esa es la mayor recompensa».[8]

A Jesús también le preocupaban las aves del cielo. Y las palabras de Webb transmiten cómo usted se sentirá con respecto a las recompensas que Dios le da. La mayor recompensa será ver a aquellos en el cielo que han sido influenciados por su trabajo. Ahí es cuando comprenderá que, después de todo, ha logrado algo en la vida, mucho más de lo que pensaba, porque su trabajo en el Señor nunca es en vano (1 Co 15:58).

Espere un cuerpo resucitado

También es importante recordar que en el cielo no seremos fantasmas, ángeles o espíritus sin cuerpo. En el momento de nuestro rapto o resurrección, también vamos a celebrar nuestros cuerpos nuevos y glorificados. No vamos a ser como Lázaro, quien resucitó de entre los muertos en Juan 11 y salió cojeando con sus vendas mortuorias, y otros le sacaron el sudario. No, seremos como Jesús, cuyo cuerpo resucitado pasó a través de Su ropa fúnebre.

Lázaro resucitó para morir de nuevo; Jesús resucitó para jamás envejecer, padecer enfermedades, enfrentar debilidad o encontrarse con la muerte. Filipenses 3 afirma que el Señor Jesús «… transformará el cuerpo de la humillación nuestra, para que sea semejante al cuerpo de la gloria suya…» (v. 21).

¡Esas son muy buenas noticias! Algunos de los que están leyendo este libro están luchando contra enfermedades, discapacidades y los estragos del envejecimiento. La ciencia médica está lidiando con todos esos problemas, y algunos de nuestros avances son sorprendentes.

El sargento John Peck es un infante de marina estadounidense que perdió las cuatro extremidades en una explosión en Afganistán, en 2010. Al principio, pensó que pasaría el resto de su vida usando prótesis de brazos y piernas. No obstante, apenas puedo creerlo, en 2016 recibió un doble trasplante de brazos. Las extremidades procedían de un joven al que se le declaró muerte cerebral y cuyos brazos fueron llevados de forma rápida en bolsas de hielo a un quirófano de Boston para la cirugía de trasplante de catorce horas, realizada por un equipo de sesenta cirujanos, enfermeros y técnicos. Cuando Peck se despertó al día siguiente, tenía los brazos de otra persona.[9]

Hoy John Peck puede realizar muchas tareas diarias con sus nuevos brazos, entre ellas, firmar las copias de su libro, *Rebuilding Sergeant Peck* [La reconstrucción del sargento Peck].

Si la tecnología médica humana puede hacer tanto para ayudar a nuestros cuerpos a recuperarse de tragedias horribles, imagine lo que Dios puede hacer de manera instantánea en el momento de la resurrección: «… todos seremos transformados, en un momento, en un abrir y cerrar de ojos, a la final trompeta; porque se tocará la trompeta, y los muertos serán resucitados incorruptibles, y nosotros seremos transformados» (1 Co 15:51-52).

Considere lo que sabemos sobre el cuerpo resucitado de Cristo. Era Su propio cuerpo natural, reconocible, con Su ADN único, Su esencia y cualidades personales. Era el mismo cuerpo que adquirió, en forma embrionaria, en la concepción, pero en un destello de gloria pascual se transformó en un cuerpo incorruptible, con nuevas capacidades y nuevas incapacidades.

El cuerpo resucitado de Jesús era incapaz de envejecer, enfermar y morir, pero era capaz de atravesar puertas, ascender por el aire, comer alimentos y tocar a Sus amigos. Su cuerpo resucitado es el modelo para el nuestro.

Espere una tarea renovada

Necesitará un cuerpo resucitado porque tiene mucho trabajo por delante. ¡Uno de los aspectos más grandes del cielo implica la perspectiva de más servicio! Soy como el obrero en la casa de hamburguesas al comienzo de este capítulo: tengo poco interés en sentarme y relajarme durante millones de años. Uno necesita un descanso reparador, pero no una monotonía sin rumbo.

Dos veces en el Libro de Apocalipsis se nos menciona que participaremos en tareas significativas y actos de servicio en el cielo.

Apocalipsis 7:15 indica: «Por esto están delante del trono de Dios, y le sirven día y noche…». Y Apocalipsis 22:3 confirma: «Y no habrá más maldición; y el trono de Dios y del Cordero estará en ella, y sus siervos le servirán».

Randy Alcorn escribió de manera extensa sobre esto en su libro sobre el cielo: «El trabajo en el Cielo no será frustrante o sin fruto; en cambio, involucrará logros que perduren, sin estar perjudicados por la corrupción y la fatiga, realzados por recursos ilimitados. Enfocaremos nuestro trabajo con el mismo entusiasmo que ponemos en nuestro deporte o pasatiempo favorito».

Y continúa: «En el Cielo reinaremos con Cristo, ejercitaremos el liderazgo y la autoridad, y tomaremos decisiones importantes. Esto implica que nuestros líderes nos darán responsabilidades específicas y que nosotros delegaremos responsabilidades específicas a los que se encuentren bajo nuestro liderazgo (Lc 19:17-19). Estableceremos metas, trazaremos planes y compartiremos ideas. Nuestros mejores días de trabajo en la Tierra actual […] son solo un pequeño anticipo del gozo que nos traerá nuestro trabajo en la Nueva Tierra».[10]

Tal vez nuestras ocupaciones en el cielo sean una extensión de nuestro trabajo en la tierra o de aquellas tareas que nos brindaron mayor alegría. Por supuesto, algunas ocupaciones no existirán en el cielo. No habrá médicos porque no habrá enfermedad. No se necesitarán policías ni guardias penitenciarios. Ni siquiera habrá evangelistas, porque todos conocerán a Cristo.

¡Sin embargo, habrá músicos! También puede haber maestros, porque no seremos omniscientes. Seremos capaces de aprender y enseñar lo que aprendemos. Sabemos que habrá niveles de autoridad y responsabilidad en la administración de los nuevos cielos y la nueva tierra (Lc 19:17). Espero que algunos de nosotros seamos científicos porque los nuevos cielos y la nueva tierra de Dios estarán llenos de sorpresas para investigar.

Usted tendrá mucho tiempo para emprender nuevas vocaciones, pasatiempos y actividades. Con una eternidad para practicar, podrá dominar grandes sinfonías, crear maravillosas obras de arte, practicar deportes extremos, escribir libros, dar conferencias, explorar lugares exóticos y disfrutar de emociones sin riesgo. A lo largo del camino, habrá trabajo significativo y actividades satisfactorias.

Cuando Dios colocó a Adán y a Eva en el huerto de Edén, no esperaba que se sentaran a divertirse y festejar todo el tiempo. Les dijo que cuidaran del jardín (Gn 2:15). Cuando veamos a Adán y a Eva en la nueva tierra, no me sorprendería encontrarlos en sus tareas originales: cuidando los jardines que bordean al río de cristal y que rodean al árbol de la vida (Ap 22:1-2).

Cuando Jesús ascendió y regresó al cielo, no se retiró de Su trabajo. Retomó Su lugar en el trono: mantener el universo en orden (Col 1:17) y edificar y guiar la obra de Su iglesia terrenal. Él intercede por nosotros (Ro 8:34) y está preparando un lugar para nosotros (Jn 14:3). Él dijo: «… Mi Padre hasta ahora trabaja, y yo trabajo» (Jn 5:17).

Si Jesús está ocupado en el cielo, ¡qué maravilloso será compartir Su obra! Piense en lo más gratificante que haya hecho en la tierra, luego considere que, en el cielo, incluso la acción más pequeña superará la alegría de ese momento terrenal. Su trabajo en la tierra, lo que sea que Dios le esté asignando en este momento, es una preparación para el servicio eterno en el cielo. Eso es algo que vale la pena celebrar.

Espere un trono real

La mayor energía y entusiasmo en el cielo estará, sin lugar a dudas, alrededor del trono de Dios cuando arrojemos nuestras coronas a Sus pies y lo adoremos con pleno entendimiento y gozo. Tenemos un adelanto en Apocalipsis 4 y 5, cuando los santos y los ángeles del cielo cantan a gran voz: «… Al que está sentado en el trono, y al Cordero, sea la alabanza, la honra, la gloria y el poder, por los siglos de los siglos» (Ap 5:13).

El doctor Vernon Whaley ha estado entrenando líderes de adoración durante décadas. Su pasión por la adoración proviene de la pequeña iglesia de Alaska a la que asistía cuando era niño. Sus padres eran misioneros allí, y tenían un profundo interés por las personas con discapacidades. Cuando se reunían para los servicios, era una multitud notable: un alcohólico convertido en diácono; una prostituta transformada en maestra de escuela dominical; un ciego que tocaba el piano; un exfugitivo que cuidaba las instalaciones de la iglesia; una joven coja de nacimiento; un joven con síndrome de Down que ayudaba con la ofrenda. Sin embargo, todos cantaban alabanzas a Dios.

«A mi padre le encantaba tener momentos prolongados de canto durante los servicios del domingo por la noche —recuerda el doctor Whaley—. Mi padre ingresó al ministerio durante la década de 1940 cuando se llevaban a cabo masivas reuniones en todo el país de Juventud para Cristo. Nunca perdió el entusiasmo de esos encuentros y su impacto en su vida. Así que casi todos los domingos por la noche, nuestra congregación cantaba [himno tras himno]».

El doctor Whaley recuerda un domingo por la noche cuando hubo un revuelo desconcertante en medio de la congregación. Cuando se dio la vuelta, vio a una niña con una discapacidad significativa llevando lentamente su silla de ruedas hacia el frente de la iglesia. El alcohólico convertido se levantó y la ayudó hasta llegar al púlpito. El reverendo Whaley se acercó a ella. Usando su pizarra alfabética, ella le dijo que quería cantar un solo. Quería cantar «Sublime gracia».

El pianista ciego comenzó a tocar la melodía de «Sublime gracia», y la niña comenzó a emitir sonidos y gemidos al ritmo de la música. «No podía entender con claridad una palabra de lo que cantaba —recuerda el doctor Whaley—, pero, de alguna manera, la maestría musical y la articulación de las palabras no importaban. Todos comprendimos de forma intuitiva lo que estaba haciendo y, lo que es más importante, por qué lo estaba haciendo. No había duda. Todos sabíamos que ella estaba cantando de corazón al Dios vivo. No hubo ojos sin lágrimas en la audiencia. Incluso los niños fueron capturados y enmudecidos por el momento».[11]

¿Puede imaginar el momento en que decenas de millones de nosotros nos unimos a las decenas de millones de ángeles, sin ninguna de nuestras discapacidades, con todos nuestros problemas resueltos, sin ninguna de nuestras cargas, y elevamos nuestras voces en un coro de miles de millones y cantemos la sublime gracia de Dios?

El profeta Isaías dijo: «Tus ojos verán al Rey en su hermosura...» (Is 33:17). Piense en el escenario más emocionante en el que haya estado: un gran servicio eclesiástico, una campaña evangelística, un partido de pelota o un concierto musical. Luego magnifique el entusiasmo un millón de veces y podrá vislumbrar la celebración que sentirá al unir su voz, cantando: «... ¡Aleluya, porque el Señor nuestro Dios Todopoderoso reina! Gocémonos y alegrémonos y démosle gloria...» (Ap 19:6-7).

Espere una reunión eufórica

Aquí hay algo más. Mientras se reúne alrededor del trono, mirará y verá a sus seres queridos en Cristo. Se conocerán al instante y comenzarán a confraternizar en el cielo donde lo dejaron en la tierra. Todos los santos de todos los tiempos estarán allí, más todos los ángeles. ¡No más separación! ¡No más dolor! Volveré a ver a mi papá y a mi mamá, y a mis seres más queridos que me han precedido en la gloria.

La prensa australiana informó hace poco sobre el matrimonio de una pareja que se había comprometido sesenta años antes, pero se habían separado. Tom Susans y Judith Beston se conocieron en una escuela de formación docente de Brisbane en 1957 y se enamoraron. Tom compró un anillo y le propuso matrimonio, pero la madre de Judith se opuso de manera rotunda al matrimonio, y eso acabó con la relación. Judith se mudó a Nueva Zelanda, tomó un trabajo de maestra y, con el tiempo, se casó con otra persona.

Tom, desconsolado, trató de encontrarla. «Tan solo desapareció —dijo—. No sabía dónde estaba; no pude encontrarla en ninguna parte de Australia. Creí que estaba muerta». Puso el anillo de compromiso y las alianzas en un armario de madera, y él también se casó con alguien más.

Pasaron décadas después de que Tom y Judith se casaron y tuvieron familias cada uno por su lado. Sin embargo, Tom iba a todas las reuniones de la escuela que se hacían cada diez años, todavía intrigado sobre Judith. Por fin, ella asistió a la reunión que se realizó a los cincuenta años, pero había cuatrocientas personas allí, y Tom no la vio. Más tarde se enteró de que ella había estado allí. Con el tiempo, consiguió su dirección y, durante los siguientes diez años, intercambiaron tarjetas de Navidad. Después de que sus cónyuges fallecieron, comenzaron a escribirse por correspondencia. Por último, Judith planeó un viaje para ver a Tom como parte de la celebración de su octogésimo cumpleaños.

Tom, de ochenta y siete años, no perdió el tiempo. Sacó la caja con los anillos originales y volvió a proponerle matrimonio. Ella dijo que sí de inmediato, y los dos se casaron en un pequeño y emotivo servicio. Judith se maravilló de la posibilidad de que se encontraran y de las posibilidades de que retomaran donde lo habían dejado.[12]

Nuestra vida está ordenada por el Señor, y Él nos une en la tierra en amistades, matrimonios, unidades familiares, relaciones y confraternidades. El mismo Dios que nos reunió la primera vez nos reunirá y continuaremos donde lo dejamos, sin todos los desacuerdos y conflictos personales.

Poco antes de fallecer por complicaciones de la fibrosis pulmonar en 2003, el evangelista Bill Bright contempló la naturaleza de nuestra experiencia celestial y escribió:

Ningún reencuentro en la historia puede siquiera presagiar la alegría que experimentaremos cuando veamos a nuestros seres queridos y amigos que nos precedieron. Somos conocidos. Somos reconocidos (1 Jn 3:2). E identificamos a nuestros seres queridos, familiares y amigos. Reunidos en la presencia bellísima y envolvente del Señor, nuestros rostros brillan. Nuestros semblantes resplandecen, y gritamos con tal deleite que los ángeles se miran unos a otros con asombro: ¡Qué bienvenida a voz en cuello y con alegría de corazón se dan unos a otros estos pecadores lavados con sangre! ¡Cómo adoran al Señor Jesús! ¡Cómo lo aman! ¡Cómo se aman los unos a los otros![13]

Espere a un Salvador resucitado

Y eso nos lleva a la mayor expectativa sobre el cielo: nuestro Salvador resucitado. Usted verá a Jesús cara a cara. No hay versículo más glorioso en la Biblia que Apocalipsis 22:4: «y verán su rostro...».

Este es su objetivo final. Este será el momento más fenomenal de su vida. Para esto vive, esto es lo que está esperando y lo que anhela con todo su corazón. Esta es una Celebración con C mayúscula de Cristo. Usted lo contemplará. Como proclamó la poeta ciega Fanny Crosby: «Y lo veré cara a cara y narraré la historia salvada por la gracia».[14]

Cuanto más nos acercamos al cielo, mayor es nuestro anhelo por ver el rostro de Jesús.

Durante la pandemia del coronavirus, muchas familias enfrentaron separaciones difíciles. Un sudafricano, Matthew Kalil, estaba trabajando en Iowa y se encontró en cuarentena lejos de su esposa, Clea, por unos quince mil kilómetros. Por fin, Matthew regresó a Sudáfrica tomando una serie de vuelos nocturnos, pero cuando llegó a Johannesburgo, lo pusieron otra vez en cuarentena. Al final, recibió permiso para viajar de Johannesburgo a Ciudad del Cabo. Estaba asombrado por las emociones que sentía.

«Es curioso —escribió—, era más difícil estar lejos de mi esposa cuanto más me acercaba a ella. Cuando estaba en Estados Unidos, con la diferencia horaria, era más fácil. Cuanto más me acercaba, más la extrañaba».

La última hora de su viaje a casa fue prometedora. «Le compartía a Clea mi ubicación a través de WhatsApp, así que ella supo cuándo estaba a la vuelta de la esquina. Me encontró en el camino y los dos estábamos llorando. En verdad pone en perspectiva lo que es importante».[15]

El viaje de Kalil suena como un prototipo de nuestra propia experiencia. Cuanto más nos acercamos al cielo, más anhelamos ver a nuestro Señor y a nuestros seres queridos. Siempre debemos tomar impulso en la vida, acelerar de manera constante y con entusiasmo hacia adelante «de gloria en gloria» (2 Co 3:18).

¿Qué cree que estará haciendo una hora después de morir? Déjeme darle la respuesta con la Escritura. Estará haciendo lo mismo que estaba haciendo una hora antes de morir: buscando complacer a Jesús en todo lo que es y hace. La Biblia menciona: «Por tanto procuramos también, o ausentes o presentes, serle agradables» (2 Co 5:9).

Su ubicación puede cambiar, pero no su propósito principal en la vida. Las cosas que agradaron a Cristo en la tierra le agradarán en el cielo, y eso significa que los seguidores de Cristo tienen por delante una emocionante celebración que hará vibrar los cielos y cantar a los ángeles. Cuando usted llega al último minuto de su última hora de su último día en la tierra, está listo para algo más, algo «muchísimo mejor» (Fil 1:23). Usted está listo para seguir adelante.

Siga adelante con Jesús

Hace varios años, Donna y yo fuimos a Tuscaloosa (Alabama) para hablar en un desayuno de oración. He sido bendecido con muchas oportunidades para enseñar y predicar la Biblia y, cuando es posible, acepto la invitación. A veces, ni siquiera estoy seguro de adónde voy. En esta ocasión, condujimos hasta el hotel reservado para nosotros y noté que estaba cerca de un estadio enorme. Al mirar a mi alrededor, me di cuenta de que estábamos en el campus de la Universidad de Alabama en Paul W. Bryant Drive. Revisé mis notas y vi que mi conferencia era en el Centro de Convenciones Bryant.

Cuando llegamos para el desayuno de oración, alguien me dijo que había un hombre que quería verme con una historia para narrar. Su nombre era Red, y pude entender por qué. Tenía el pelo largo y rojo, atado en una cola de caballo que le llegaba hasta la nuca. Parecía alguien cuya vida había sido dura.

Me dijo: «Intenté todo para encontrar algún tipo de paz aquí. No pude encontrarla. Mi vida se desmoronaba, y seguía empeorando y empeorando. Un día, decidí, "¡Ya está! No voy a seguir haciendo esto. Voy a quitarme la vida".

»He conducido a mi trabajo tantas veces que recordé una curva en el camino. Empecé a pensar que si seguía derecho en lugar de tomar la curva a, digamos, ciento treinta kilómetros por hora, chocaría contra un árbol enorme y sería el fin para mí. Así que decidí que esa sería la mejor manera de quitarme la vida.

»Me subí a mi auto, encendí mi radio, sintonicé mi estación de *rock and roll* y subí el volumen al máximo para tener el mayor ruido posible en el auto».

Mientras hablaba conmigo, podía visualizar a este hombre, sentado al volante, con la intención de suicidarse y queriendo que un poco de *rock and roll* lo distraiga del proceso. Sin embargo, por alguna razón —me dijo—, la radio no andaba bien, lo que lo frustró tanto que por último golpeó la radio con su puño.

Y ¡esta es una historia real!, apareció nuestro programa de radio, *Momento decisivo*. De repente, Red escuchó mi voz que hablaba sobre el cielo y sobre cómo llegar allí.

«Hizo que me detenga por un minuto —me contó Red—. No sé qué me pasó, pastor, pero apagué mi auto y allí mismo oré y recibí a Cristo como mi Salvador. Y cuando escuché que iba a estar aquí en Tuscaloosa, quise venir y abrazarlo y decirle que me voy al cielo, y que estoy tan entusiasmado por eso».

Al igual que Red, usted también puede estar entusiasmado por el cielo. Puede convertir su avance en eternidad.

¡No se pierda la celebración y los gozos eternos del cielo! Jesús murió y resucitó para llevarlo allí, y se le ha adelantado para prepararlo todo. La única forma en que puede avanzar es con Él. Toda la raza humana está envenenada por el pecado, y la sangre de Jesús es la única cura. Él murió en la cruz por usted. La Biblia afirma «si confesares con tu boca que Jesús es el Señor, y creyeres en tu corazón que Dios le levantó de los muertos, serás salvo. Porque con el corazón se cree para justicia, pero con la boca se confiesa para salvación» (Ro 10:9-10).

¡No se puede avanzar sin Jesús!

Y con Él, no hay vuelta atrás.

Agradecimientos

Durante cincuenta y siete años, mi esposa, Donna, y yo hemos seguido adelante juntos. Hemos compartido cada sueño, cada desvío y cada destino. Este libro arroja luz sobre muchos de los principios espirituales que hemos adoptado. No debería sorprenderle saber que nos sentimos tan orgullosos de ver a nuestro hijo mayor, David, liderar nuestra organización con estos principios.

Caminando junto a todos nosotros en este viaje está nuestra líder administrativa, Diane Sutherland, quien durante dieciséis años nos ha ayudado a seguir adelante. Escribimos al menos dos libros por año, y eso sería imposible sin Beau Sager en la dirección del equipo de publicación. Él trabaja estrechamente con Rob Morgan y Jennifer Hansen para asegurarse de que cumplimos nuestras fechas de entrega a tiempo y comunicamos nuestro mensaje con claridad.

Y cuando se escribe la última palabra y se publica el libro, busque a Paul Joiner, quien ha estado trabajando horas extras durante muchas semanas para asegurarse de que promocionamos nuestro mensaje y alcanzamos el máximo número de personas. Simplemente no hay nadie como Paul Joiner, y tenemos la bendición de tenerlo en nuestro equipo.

Para concluir, quiero rendir homenaje a mi agente literario, Sealy Yates, y a nuestro nuevo editor de W Publishing, Damon Reiss. Durante una temporada editorial tan difícil, nunca ha vacilado en su confianza y creencia en este libro.

Quiero expresar mi profundo agradecimiento por todas las formas en que cada uno de ustedes ha ayudado a que este libro siga adelante.

En la portada de este libro hay una flecha que apunta hacia adelante. Sin embargo, todos nosotros en este equipo queremos juntos girar esa flecha hacia arriba. ¡Nuestra meta es glorificar a Dios y alabar Su nombre!

David Jeremiah
San Diego (California)
Julio 2020

Notas

Introducción

1. Tommy Walker, «Song of the Week 2019–#4–"Forward", *Tommy Walker Ministries*, 28 febrero 2019, https://www.tommywalkerministries.org/media/song-of-the-week-2019-4-forward?rq=song%20of%20the%20week.
2. Walker, «Song of the Week 2019».
3. F. B. Meyer, *Our Daily Walk* (Zeeland, MI: Reformed Church Publications, 2015), p. 181.

Capítulo 1: Sueñe

1. Timothy S. Susanin, *Walt Before Mickey: Disney's Early Years, 1919-1928* (Jackson, MS: University Press of Mississippi, 2011), p. 180.
2. Henry Kaestner, William Norvell, Rusty Rueff, «Episode 90: 3D Printing an Entire Village with Brett Hagler», Faith Driven Entrpreneur, consultado 22 julio 2020, https://www.faithdrivenentrepreneur.org/podcast-inventory/2020/2/18/brett-hagler.
3. Joe Palca, «Alabama Woman Stuck in NYC Traffic in 1902 Invented the Windshield Wiper», *NPR*, 25 julio 2017, https://www.npr.org/2017/07/25/536835744/alabama-woman-stuck-in-nyc-traffic-in-1902-invented-the-windshield-wiper.
4. «11 Inspiring Quotes From WhatsApp's Billionaire Co-Founders», *Business Insider India*, 21 febrero 2014, https://www.businessinsider.in/

careers/11-inspiring-quotes-from-whatsapps-billionaire-co-founders/
slidelist/30806575.cms.

5. Parmy Olson, «Exclusive: The Rags-to-Riches Tale of How Jan Koum Built WhatsApp Into Facebook's New $19 Billion Baby», *Forbes*, 19 febrero 2014, https://www.forbes.com/sites/parmyolson/2014/02/19/exclusive-inside-story-how-jan-koum-built-whatsapp-into-facebooks-new-19-billion-baby/#6f1955ea2fa1.

6. Dick Brogden, *Abiding Mission* (Eugene, OR: Wipf & Stock, 2016), p. 83.

7. Lindsay Elizabeth, «"They Got Joy, Heart, They Want to Work": Kentucky Pastor to Open Coffee Shop Staffed Entirely With Special Needs Employees», *Faithwire*, 26 septiembre 2019, https://www.faithwire.com/2019/09/26/they-got-joy-heart-they-want-to-work-kentucky-pastor-to-open-coffee-shop-staffed-entirely-with-special-needs-employees/.

8. Brent Schlender, *Becoming Steve Jobs: The Evolution of a Reckless Upstart into a Visionary Leader* (Nueva York, NY: Crown Publishing Group, 2016), p. 408.

9. Tim Hurson, *Think Better: An Innovator's Guide to Productive Thinking* (Nueva York: McGraw-Hill, 2008), p. 104.

10. La historia de Dorothea Dix la narra Edith Deen en *Great Women of the Christian Faith* (Chappaqua, NY: Christian Herald Books, 1959), pp. 367-70.

11. *Louis Braille Online Resource*, consultado 4 mayo 2020, https://www.louisbrailleonlineresource.org/.

Capítulo 2: Ore

1. Catherine Marshall, *Adventures in Prayer* (Old Tappan, NJ: Revell, 1975), pp. 29-35.

2. Amanda Coers, «Bangs BBQ Business Sprung from Prayer Under a Pecan Tree», *Brownwood News*, 15 mayo 2017, https://brownwoodnews.com/bangs-bbq-business-sprung-from-prayer-under-a-pecan-tree/.

3. Caleb Parke, «WWII Veteran and Pastor, 95, Gets More than 180K Praying for Revival», *Fox News*, 4 mayo 2020, https://www.foxnews.com/us/revival-prayer-event-north-carolina-veteran-pastor-coronavirus-update.

4. E. M. Bounds, *The Complete Works of E. M. Bounds on Prayer* (Grand Rapids, MI: Baker, 1990), pp. 153, 162.

5. Mark Cole, «God Answered My Prayer for a Wife… (and Much More)»,

Following God: The Grand Adventure, 15 mayo 2014, http://www.markcole.ca/god-answered-my-prayer-for-a-wifeand-much-more/.

6. Jim George, *Knowing God Through Prayer* (Eugene, OR: Harvest House, 2005), p. 98.

7. Brenda Poe, «9/11 Survivor: God Answered My Prayer», *Santa Maria Times*, 20 enero 2002, https://santamariatimes.com/news/local/survivor-god-answered-my-prayer/article_25fa2e5c-ff52–5552-b647-c227a8d35e7f.html.

8. Susie Larson, *Your Powerful Prayers* (Minneapolis, MN: Bethany House, 2016), pp. 153-59.

9. Karen Rhea, «The Mule: A Missionary Story», *Just Between Us*, consultado 14 mayo 2020, https://justbetweenus.org/faith/the-mule-a-missionary-rescue-story/.

10. Henry A. Buttz, «Is Prayer a Lost Art?» *The Homiletic Review 55* (enero a junio, 1908): p. 419.

11. George Muller, «Joy of Answered Prayer», *George Muller.org*, 23 agosto 2015, https://www.georgemuller.org/quotes/joy-of-answered-prayer.

12. Dionna Sanchez, «Celebrating the Joy of Answered Prayer», Beauty in the Storm, 3 noviembre 2014, https://www.beautyinthestorm.com/2014/11/celebrating-joy-of-answered-prayer.html.

13. Catherine Marshall, *Adventures in Prayer* (Old Tappan, NJ: Revell, 1975), p. 39.

Capítulo 3: Elija

1. Virginia Kelly, «His Parachute Got Stuck on the Plane's Wheel and He Was Suspended in Midair with Little Chance of Survival—then Another Plane Came to Rescue», *Reader's Digest*, 20 febrero 2020, https://www.rd.com/true-stories/survival/miracle-in-midair/.

2. Brian Duffy, «Return to Sender; It's a Mail Mix Up as Twinsburg Couple Gets 55,000 Pieces of Mail», *19 News*, 1 febrero 2020, https://www.cleveland19.com/2020/02/01/return-sender-its-mail-mix-up-twinsburg-couple-gets-pieces-mail/.

3. Greg McKeown, *Essentialism: The Disciplined Pursuit of Less* (Nueva York: Crown, 2014), p. 16.

4. Will Maurle, «Chris Pratt Sets Incredible Example at Teen Choice Awards: "I Love God and You Should Too"», *CBN News*, 13 agosto 2018, https://www1.cbn.com/cbnnews/2018/august/

chris-pratt-sets-incredible-example-at-teen-choice-awards-lsquo-i-love-god-and-you-should-too-rsquo.

5. Rod Culbertson, *Do I Love God* (Eugene, OR: Wipf & Stock, 2017), pp. xv, 4.

6. Elisabeth Elliot, *Through Gates of Spendor* (Lincoln, NE: Back to the Bible Broadcast, 1981), pp. 50-51.

7. Michael Ashcraft, «Jesus Movement Among Cops Only Hope for Excessive Domestic Abuse, Divorce and Alcoholism in Their Ranks», *God Reports*, 19 febrero 2020, http://godreports.com/2020/02/jesus-movement-among-cops-only-hope-for-excessive-domestic-abuse-divorce-and-alcoholism-in-their-ranks/.

8. Brad Hall, «Preparing for a Nursery Has Taught Me About Priorities», *Times Tribune*, 23 febrero 2020, https://www.thetimestribune.com/opinion/columns/preparing-for-a-nursery-has-taught-me-about-priorities/article_f8ea7f3a-da34–5013–88d3-b372bee55992.html.

9. Jesse Green, «Is Broadway Stuck on Replay», *New York Times*, 24 febrero 2020, https://www.nytimes.com/2020/02/24/theater/revivals-broadway.html.

10. Ver James Clear, «Warren Buffett's "2 List" Strategy: How to Maximize Your Focus and Master Your Priorities», *James Clear*, consultado 23 junio 2020, https://jamesclear.com/buffett-focus.

11. McKeown, *Essentialism*, pp. 9-10.

12. Maritza Manresa, *Learning to Say NO! When You Usually Say Yes* (Ocala, FL: Atlantic Publishing Group, 2012), pp. 56-60.

13. Adaptado de David Jeremiah, *Prayer the Great Adventure* (Sisters, OR: Multnomah Publishers, Inc., 1997), pp. 107-108.

14. Kelly, «His Parachute Got Stuck on the Plane's Wheel».

Capítulo 4: Enfóquese

1. Luciano Pavarotti, «Guideposts Classics: Luciano Pavarotti on Making the Most of God's Gifts», Guideposts, 11 octubre 2017, https://www.guideposts.org/better-living/entertainment/music/guidepostsclassics-luciano-pavarotti-on-making-the-most-of-gods.

2. Jason Duaine Hahn, «Oldest Living Man Celebrates 112th Birthday amid Social Distancing in UK: "It Is Bizarre"», *People*, 31 marzo 2020, https://people.com/human-interest/oldest-living-man-honored-quarantine-uk/.

3. Madi Turpin, «IWU Pastor Faces Grim Diagnosis», *The Echo*,

9 marzo 2020, https://www.theechonews.com/article/2020/03/iwu-pastor-faces-grim-diagnosis.

4. Bill Sorrell, «It's Worth the Hustle», *Word & Way*, 23 enero 2020, https://wordandway.org/2020/01/23/its-worth-the-hustle/.

5. Kevin Porter, «Rick Warren: Becoming More Like Jesus Takes a Lifetime of Spiritual Growth», *Christian Post*, 19 enero 2017, https://www.christianpost.com/news/rick-warren-becoming-like-jesus-takes-lifetime-spiritual-growth.html.

6. Michael McGowan, «How Roger Bannister and Australian John Landy Raced to Break the Four-Minute Mile», *The Guardian*, 5 marzo 2018, https://www.theguardian.com/sport/2018/mar/05/how-roger-bannister-and-australian-john-landy-raced-to-break-the-four-minute-mile.

7. N. T. Wright, *Paul: A Biography* (Nueva York: HarperOne, 2018), p. 2.

8. G. Walter Hansen, *The Letter to the Philippians* (Grand Rapids, MI: Eerdmans, 2009), p. 252.

9. William E. Barton, *The Life of Clara Barton*, consultado 24 junio 2020, https://archive.org/stream/LifeOfClaraBartonFounderOfTheAmericanRedCrossV.2/LifeOfClaraBarton_v2_Barton71043756_djvu.txt.

10. Harry J. Kazianis, «I Was Bullied as a Kid. It Almost Ruined My Adult Life», *The Week*, 20 junio 2017, https://theweek.com/articles/703696/bullied-kid-almost-ruined-adult-life.

11. Tony Bombacino, «Special Needs Dad: The Role that Nothing (and Everything) Prepared Me For», *Real Food Blends*, 9 diciembre 2015, https://www.realfoodblends.com/special-needs-dad-the-role-that-everything-and-nothing-prepared-me-for/.

12. Adaptado de David Jeremiah, *Count It All Joy* (Colorado Springs, CO: David C. Cook, 2016), p. 175.

13. Adaptado de Ronald Miller, «Florence Chadwick—an Inspirational Story», consultado 4 marzo 2020, https://ronaldfmiller44.blogspot.com/2013/04/florence-chadwickan-inspirational-story.html. Ver también Randy Alcorn, «Florence Chadwick and the Fog», *Eternal Perspective Ministries*, 21 enero 2020, https://www.epm.org/resources/2010/Jan/21/florence-chadwick-and-fog/.

14. Adaptado de Gary Keller con Jay Papasan, *One Thing* (Austin, TX: Bard Press, 2012), p. 21. Ver también Gilbert Tuhabonye, https://gilberttuhabonye.com/.

15. R. Kent Hughes, *1–2 Timothy and Titus* (Wheaton, IL: Crossway, 2012), p. 211.

Capítulo 5: Arriésguese

1. Jean Hanson, «Worry and Fear Kept Me From Taking Action: What I Did to Move Forward», *The Janitorial Store*, consultado 24 junio 2020, https://www.thejanitorialstore.com/public/Worry-and-Fear-Kept-Me-From-Taking-Action-2165.cfm.

2. Erwin Raphael McManus, *Seizing Your Divine Moment* (Nashville, TN: Thomas Nelson, 1982), p. 147.

3. John Tierney y Roy F. Baumeister, *The Power of Bad: How the Negativity Effect Rules Us, and How We Can Rule It* (Nueva York: Penguin, 2019), pp. 11-12.

4. Hanson, «Worry and Fear Kept Me From Taking Action».

5. Historia narrada por Michael Hyatt, *Your Best Year Ever* (Grand Rapids, MI: Baker Books, 2018) pp. 193-94.

6. Bruce R. Miller, «Geena Davis Remembers Her Olympic Run, Classic Films», *Sioux City Journal*, 14 agosto 2016, https://siouxcityjournal.com/entertainment/television/geena-davis-remembers-her-olympic-run-classic-films/article_31297ad8-f64b-50f7-a4c2-c9679345a09a.html.

7. Kay Redfield Jamison, *Exuberance: The Passion for Life* (Nueva York: Vintage Books, 2004), p. 4.

8. Jessica Long, «Fight for the Fatherless», consultado 4 mayo 2020, https://fightforthefatherless.org/jessica-long.

9. Doug Bean, «She's Come This Far By Faith: The Unstoppable Jessica Long», *Celebrate Life*, julio-agosto 2014, https://clmagazine.org/topic/human-dignity/shes-come-this-far-by-faith-the-unstoppable-jessica-long/.

10. Citado por Norman Vincent Peale en *Enthusiasm Makes the Difference* (Englewood Cliffs, NJ: Prentice-Hall, 1967), p. 4.

11. Robert Beatty, «Age No Obstacle for 71-Year-Old Designer», *South Florida Times*, 18 noviembre 2010, https://www.sfltimes.com/uncategorized/age-no-obstacle-for-71-year-old-designer.

Capítulo 6: Persiga

1. «Pop Star, Had It All, Felt Empty and This Happened», *Authorschoice*, 25 noviembre 2019, https://authorschoice.org/2019/11/25/pop-star-had-it-all-felt-empty-and-this-happened/.

2. Tom Hamilton, «Is Joseph Schooling Ready for More Gold After Being the Last Man to Beat Michael Phelps?» *ESPN*, 30 marzo 2020, https://www.espn.com/olympics/story/_/id/28922185/is-joseph-schooling-last-man-beat-michael-phelps-ready-more-gold.

3. Will Maule, «Manny Pacquiao: "My Life Was Empty Until I Met Jesus"», *Hello Christian*, 4 octubre 2016, https://hellochristian.com/4720-manny-pacquiao-my-life-was-empty-until-i-met-jesus.

4. Eros Villanueva, «Manny Pacquiao Tests Negative for Coronavirus», *ESPN*, 27 marzo 2020, https://www.espn.com/boxing/story/_/id/28964912/manny-pacquiao-tests-negative-coronavirus.

5. Wendy Rhodes, «Rick Allen, Def Leppard's One-Armed Drummer, Also Tries Hand at Painting», *Broward Palm Beach New Times*, 10 enero 2020, https://www.browardpalmbeach.com/music/rick-allen-def-leppards-one-armed-drummer-also-tries-hand-at-painting-10465440.

6. E. E. Cummings, *A Miscellany* (Nueva York: Liverlight, 1986), p. 363.

7. Nathan Foster, «Michael Lee "90 Runs His Race"», *Azusa Pacific University*, 23 marzo 2020, https://www.apu.edu/articles/michael-lee-90-runs-his-race/.

8. Natalie Stevens, «Oswego Resident Changing Lives One Tattoo at a Time», *Patch*, 19 diciembre 2012, https://patch.com/illinois/oswego/oswego-resident-ink-180-tattoo-sex-trafficking-gang-t0fe40da180.

9. «The Ink 180 Story», *Ink180*, consultado 23 abril 2020, http://ink180.com/the-ink180-story/.

10. Karen Mahoney, «To Protect and Serve: Bible Church's New Pastor Comes from Police Force to God's Force», *Kenosha News*, 31 enero 2020, https://www.kenoshanews.com/lifestyles/faith-and-values/to-protect-and-serve-bible-church-s-new-pastor-comes/article_02a816f4-1216-5968-b1d2-777532a1f50f.html.

11. Eddie Jones, «Calling Down the Light», *CBN*, consultado 23 abril 2020, https://www1.cbn.com/devotions/calling-down-light.

12. Citado en Randy Bishop, «Just Give Me Jesus», *Today's Christian Woman*, consultado 7 mayo 2020, https://www.todayschristianwoman.com/articles/2000/september/just-give-me-jesus.html?start=6.

13. Alex Sibley, «Horsewoman Finds True Joy in Jesus», *Southwestern Baptist Theological Seminary*, 26 octubre 2018, https://swbts.edu/news/everyday-evangelism/horsewoman-finds-true-joy-jesus/.

14. Abba Eban, *Abba Eban: An Autobiography* (Nueva York: Random House: 1977), p. 609.

15. Jon Krakauer, *Into Thin Air* (Nueva York: Doubleday/Anchor Books, 1997), pp. 3-4.

16. Mrs. Howard Taylor, *Borden of Yale '09* (Londres: The China Inland Mission, 1926), p. 260.

Capítulo 7: Crea

1. Mark Schlabach, «Dabo Swinney Overcame Pain and Poverty to Be onthe Cusp of History», *ESPN*, 6 enero 2016, https://www.espn.com/college-football/story/_/id/14519758/dabo-swinney-overcame-pain-poverty-reach-new-heights-clemson.

2. Jon Gordon, *The Power of Positive Leadership* (Hoboken, NJ: John Wiley & Sons, 2017), p. 63.

3. John Henry Jowett, «Apostolic Optimism», *Bible Hub*, consultado 21 mayo 2020, https://biblehub.com/sermons/auth/various/apostolic_optimism.htm.

4. Travis Bradberry, «Why the Best Leaders Have Conviction», *Forbes*, 28 junio 2016, https://www.forbes.com/sites/travisbradberry/2016/06/28/why-the-best-leaders-have-conviction/#7a8ce97f1c8d.

5. Alison Bonaguro, «Carrie Underwood Considers God's Unconditional Love», *CMT News*, 23 diciembre 2013, http://www.cmt.com/news/1719548/carrie-underwood-considers-gods-unconditional-love/.

6. John Stott, *Romans: God's Good News for the World* (Downers Grove, IL: InterVarsity Press, 1994), p. 259.

7. Stephanie Nolasco, «"Little House on the Prairie" Actress Wendi Lou Lee Says She Relied on God to Help Her Face Her Brain Tumor», *Fox News*, 13 septiembre 2019, https://www.foxnews.com/entertainment/little-house-on-the-prairie-wendi-lou-lee.

8. Brennan Manning, *The Wisdom of Tenderness* (Nueva York: HarperCollins, 2002), pp. 25-26.

9. Jennice Vilhauer, *Think Forward to Thrive* (Novato, CA: New World Library, 2014), p. 1.

10. Dick Van Dyke, *Keep Moving* (Nueva York: Weinstein Books, 2015), pp. ix–xi.

11. H. Norman Wright, *A Better Way to Think* (Grand Rapids, MI: Baker 2011), pp. 11-18.

12. Joseph Telushkin, *Words That Hurt, Words That Heal* (Nueva York: HarperCollins, 2019), p. 3.

13. Leslie D. Weatherhead, *Prescription for Anxiety* (Nueva York: Abingdon), pp. 21-22.

14. Adaptado de Dennis N. T. Perkins, *Leading at the Edge* (Nueva York: American Management Association, 2000), pp. 74-75.

15. Linda C. DeFew, «No More Excuses» en *Chicken Soup for the Soul: The Power of Positive*, ed. por Jack Canfield, Mark Victor Hansen y Amy Newmark (Cos Cob, CT: Chicken Soup for the Soul Publishing, s. d.), ubicación Kindle 368407.

16. Martin E. P. Seligman, *Learned Optimism* (Nueva York: Alfred A. Knopf, 1990), pp. 4-5.

17. «Grin and Bear It! Smiling Facilitates Stress Recovery», *Association for Psychological Science*, 30 julio 2012, https://www.psychologicalscience.org/news/releases/smiling-facilitates-stress-recovery.html.

18. John Mason, *Believe You Can* (Grand Rapids, MI: Revell, 2004), pp. 144-46.

Capítulo 8: Invierta

1. Doug Bender, «How to Lose Everything and Find Peace», *Faith Gateway*, 12 diciembre 2019, https://www.faithgateway.com/how-to-lose-everything-and-find-peace/#.XnUOttNKjUI.

2. Tammy La Gorce, «Retired, or Hoping to Be, and Saddled with Student Loans», *New York Times*, 28 febrero 2020, https://www.nytimes.com/2020/02/26/business/retirement-student-loan-debt.html.

3. Ross McCall, «When You Don't Like Reading the Bible», *Cru*, consultado 25 junio 2020, https://www.cru.org/car/en/blog/share-the-gospel/obstacles-to-faith/when-you-dont-like-reading-the-bible.html.

4. Valerie Hildebeitel, «Murphy the Surf Brings Jesus to Jail», *The Morning Call*, 15 mayo 1988, https://www.mcall.com/news/mc-xpm-1988–05–15–2630408-story.html.

5. Daniel P. Kinkade, «A Series of Left Turns», *The Gideon's International*, 10 enero 2020, https://www.gideons.org/blog/A_Series_of_Left_Turns.

6. Patrick M. Morley, «How to Develop a Personal Ministry», *Man in the Mirror*, 10 diciembre 2008, https://maninthemirror.org/2008/12/10/13-how-to-develop-a-personal-ministry/.

7. Sue Staughn, «Meet Mr. Bill, the Bike Man», *ABC 3 WEAR TV*,

21 enero 2019, https://weartv.com/features/angels-in-our-midst/meet-mr-bill-the-bike-man.

8. Cathy Free, «Former Texas Pastor Opens Free Auto Shop for Women Who Are "Short on Money and Long on Car Troubles"», *People*, 28 septiembre 2017, https://people.com/human-interest/former-texas-pastor-free-auto-shop-gods-garage/.

9. Trudy Smith, «Why I Go To Church Even When I Don't Feel Like It», *Relevant*, 6 junio 2016, https://relevantmagazine.com/god/why-i-go-church-even-when-i-dont-feel-it/.

10. Randy Alcorn, *Money, Possessions, and Eternity* (Carol Stream, IL: Tyndale House Publishers, Inc., 2003), p. 96.

11. Clint Morgan, «Stewardship Lesson», *One Magazine*, marzo 2018, p. 7.

12. Ralph Barton Perry, *The Thought and Character of William James* (Londres: Oxford University Press, 1935), p. 289.

13. Tony Evans, *What Matters Most* (Chicago, IL: Moody Press, 1997), p. 352.

Capítulo 9: Termine

1. Jay Levin, «No Argument Here: 94-Year-Old Attorney Is a Marvel», *North Jersey*, 13 marzo 2017, https://www.northjersey.com/story/news/2017/03/13/no-argument-here-94-year-old-attorney-marvel/97264910/.

2. Jon Acuff, *Finish: Give Yourself the Gift of Done* (Nueva York: Penguin Random House, 2018), p. 2.

3. Jefferson Smith, —63% of Your Readers Don't Finish Your Book. Here's Why», *Creativity Hacker*, 18 agosto 2015, https://creativityhacker.ca/2015/08/18/63-percent-of-readers/.

4. Adaptado de Scott Thomas, «Pastors Who Finish Well», *Acts 29*, 14 noviembre 2008, https://www.acts29.com/pastors-who-finish-well/.

5. Harry Bollback, *Our Incredible Journey Home* (Schroon Lake, NY: Word of Life Fellowship, 2019), pp. 6-7, 13.

6. Kiara, «Retired and Lonely», *Retirement-Online Community*, consultado 3 febrero 2020, https://www.retirement-online.com/retired-lonely.html.

7. Bob Buford, *Finishing Well* (Brentwood, TN: Integrity Publishers, 2004), p. 247.

8. *Ibid.*, pp. 124-125.

9. David Asman y Adam Meyerson, *The Wall Street Journal on Management:*

The Best of the Manager's Journal (Nueva York: New American Library, 1986), p. 7.

10. J. Oswald Sanders, *Enjoying Your Best Years: Staying Young While Growing Older* (Grand Rapids, MI: Discovery House Publishers, 1993), p. 66.

Capítulo 10: Celebre

1. «Millionaire Lottery Winner Goes Back to Job at McDonald's… Because He Misses His Workmates», *Evening Standard*, 25 marzo 2008, https://www.standard.co.uk/news/millionaire-lottery-winner-goes-back-to-job-at-mcdonalds-because-he-misses-his-workmates-6688295.html.
2. Ange Shepard, «Living the Dream» en *Chicken Soup for the Soul: The Power of Positive*, ed. por Jack Canfield, Mark Victor Hansen y Amy Newmark (Cos Cob, CT: Chicken Soup for the Soul Publishing, 2012), pp. 223-225.
3. C. S. Lewis, *Mero cristianismo* (Nueva York, HarperOne, 2014), p. 146.
4. Kara Sutyak, «Howland Boy Bravely Battling Leukemia Gets Wonderful Welcome Back to School», *Fox 8*, 9 abril 2019, https://fox8.com/news/video-howland-boy-bravely-battling-leukemia-gets-wonderful-welcome-back-to-school/.
5. Michelle Regna, «Michael Bublé Surprised His Grandpa's Caretaker With a Renovation», *HGTV*, 4 mayo 2020, https://www.hgtv.com/shows/celebrity-iou/michael-buble-renovation-pictures.
6. Joni Eareckson Tada, *Heaven: Your Real Home* (Grand Rapids, MI: Zondervan, 1995), p. 14.
7. David Jeremiah, *El libro de señales* (Nashville, TN: Grupo Nelson, 2019), p. 378.
8. Julia Czerwonatis y Peter de Graaf, «Queen's Birthday Honours: Seven of Northland's Finest Recognised», *The Northland Age*, 1 junio 2020, https://www.nzherald.co.nz/northland-age/news/article.cfm?c_id=1503402&objectid=12335420.
9. John Peck, *John Peck: Marine, Author, Speaker & Survivor*, consultado 16 junio 2020, https://www.johnpeckjourney.com/.
10. Randy Alcorn, *Heaven* (Carol Stream, IL: Tyndale House Publishers, Inc., 2004), p. 396.
11. Dr. Vernon M. Whaley, *Exalt His Name* (Calumet City, IL: Evangelical Training Association, 2017), pp. 23-24.

12. Inga Stünzner, «Couple Has Second Chance at Love, Tying the Knot 60 Years After Their First Engagement», *ABC News*, 18 octubre 2019, https://www.abc.net.au/news/2019–10–19/second-chance-at-love-60-years-on/11614886.

13. Bill Bright, *The Journey Home* (Nashville, TN: Thomas Nelson, 2003), p. 155.

14. Fanny Crosby, «Saved by Grace», 1891.

15. Murray Williams, «From the US to Home: Husband's Long Repatriation Journey Ends with Teary Reunion», *News 24*, 24 mayo 2020, https://www.news24.com/news24/southafrica/news/watch-from-the-us-to-home-husbands-long-repatriation-journey-ends-with-teary-reunion-20200524.

Índice de pasajes bíblicos

Génesis

2:15	185
18:11	168
22	8
22:2	8
24	28

Éxodo

3:1	43
5:1	80

Números

8:24-26	161
13:4-15	83
13:21-22	82
13:30	88
13:31-33	84
14:1-3	86
14:24	93
14:29-30	87
14:36-38	87
32:11-12	93

Deuteronomio

1:36	93
6	47
31:7-8	52

Josué

1:8	106
3:4	177
13:1	169
14:6-9	88
14:8-9	93
14:10-11	89
14:12	90
14:14	94
15:14	92

Jueces

7:7	81

Rut

1:5	43

1:18 13
2:4 122

1 Samuel
17:32 81
30:6 123

2 Samuel
7:2 . . . . .7, 10
11:1 165
24:24 13

1 Reyes
6:14, 22 157
6:38 158
7:51 158
15:5 165
19:3-4 166
19:10 43

1 Crónicas
28:3, 6 12
28:10-12 16
28:20 . . . . 16, 158

2 Crónicas
3:1 8
5:1 158
7:11 158

Nehemías
1:3 23
1:4 26
1:5-11 26-27
1:11 27
2:1-2 29
2:2-5 29-30
2:6 30
2:8 31
2:12 24
2:17-18 32
2:20 32
4:1-2 34
4:4-5 34
4:9 34
6:9 34

7:5 24
8:10 37
12:43 37-38

Ester
4:16 81

Salmos
1:2-3 107
25:4 25
27:4 76
34:5 131
37:23 72
42:11 . . . . 123, 130
71:18 . . . . 151, 169
92:12-14 . . . . 156, 169
118:24 122
119:89 138

Proverbios
13:11 136
16:3 31
16:9 105
16:18 166
23:17 57
27:23 136
29:18 3

Eclesiastés
8:1 131

Isaías
33:17 187
46:4 169

Lamentaciones
3:21-23 124

Ezequiel
1:1 43

Daniel
3:16-18 81

Mateo

6:19-20 149
6:24 143
8:20 54
10:42 179
13:22 45
13:44 142
14:29 81
16:1-4 57
20:28 143
22:39 108
24:35 139
25:21 . . . . 73, 179
25:35-36 15
26:75 43
28:18-20 147

Marcos

1:38 . . . . 57, 99
10:21 76
12:28 46
12:29-31 47
12:30 47
12:31 . . . . 48, 50
16:15 108

Lucas

1:18 169
6:23 179
6:35 179
6:38 149
9:53 85
10:42 76
12:21 151
14:28, 31 14
16:22 178
19:17 185
19:17-19 184

Juan

4:34 156
5:17 185
5:36 156
8:12 100
9:4 104
9:25 76
10:10 . . . . 44, 109
10:28 109
11:21 182-183

Hechos

7:56 179
13:36 62-63
16 64
20:28 51
24:25 81
27:25 125
27:33-36 125

Romanos

5:2 121
5:17 180
7:4 143
7:22 122
8:29 65
8:34 185
8:35-37 128
8:38-39 116
10:9-10 192
11:29 162
12:4-5 146
12:11 44
13:8, 10 49
15:13 117

1 Corintios

1:4-6 148
2:9 73
9:24-25 181
10:12 166
12:7 104
15:51-52 183
15:58 . . . . 44, 182

2 Corintios

2:12-13 43
3:18 . . . . 130, 190
5:9 . . . . 110, 190
5:10 180
10:5 122

(columna derecha superior)

12:27 99
14:3 185
14:28 174
17:3 110
17:4 164
19:30 156
20:24 43

12:4 119
12:9 54

Gálatas
5:14 49

Efesios
2:10 101
3:20 33
4:29 126

Filipenses
1:6 42
1:21-24 119
1:23 190
3 67
3:8 142
3:12 65
3:12-14 63-64
3:13 . . . . 66, 71, 76
3:13-14 xiv
3:14 73
3:21 183
4:13 . . . . 115, 122

Colosenses
1:17 185
1:29 93
3:1 176
3:23-24 179
4:17 154

1 Tesalonicenses
2:19 181

2 Timoteo
1:7 85
1:12 122
2:15 139
4:6-8 119
4:7 159
4:8 . . . . 73, 181

Tito
2:14 57

Hebreos
11:6 179
11:10 174
11:17-19 8

Santiago
1:12 181
2:8 50
4:13-15 33
5:16 29

1 Pedro
1:4 73
1:24-25 139
4:10 103
5:4 . . . . 73, 181

2 Pedro
1:11 177
3:11-14 175

1 Juan
3:2 189
3:8 99
5:12 110

Apocalipsis
1:9 43
4–5 186
5:13 186
7:15 184
14:4 xvi
19:6-7 187
21–22 119
22:1-2 185
22:3 . . . . 143, 184
22:4 189

Índice

A

Abraham 2, 28
aburrimiento. 174
abuso de drogas 141
accidente de avión 126
actitud positiva
  en cuanto al plan de Dios   118-121
  mantener una   131-133
activos financieros, cuidar los 136
activos físicos, cuidar los 136
Acton, Brian 6
Acuff, Jon, *¡Termina! Descubre la clave*
  para lograr tus objetivos 154
Adán y Eva 185
agradecer a Dios 47
Alcorn, Randy 149, 184
Allen, Rick 101
amar a las personas, como prioridad . . . 48-50
amar, como prioridad. 47-48
amargura 69
amarnos a nosotros mismos,
  como prioridad 50-52
amarnos a nosotros mismos, el diablo y . . . 51
Anderson, Mary 4
ánimo 125
Antiguo Testamento, mandamientos. 46
Appleton, Edward 92
Arauna el jebuseo 13
arriesgarse 79-95
  agrandar la oposición   84-86
  en la zona de la fe   88-89
  mantener el entusiasmo

  respecto a su tarea   92-93
mantener el entusiasmo
  respecto a su vida   89-90
mantener el entusiasmo
  respecto al futuro   90-92
mantenerse potenciado
  respecto a Dios   93-95
  minimizar las oportunidades   85-86
  poner en peligro el objetivo   87-88
  vida en la zona segura   82-84
Artajerjes 23, 27
Asociación de Ciencias Psicológicas 130

B

Babilonios 23
Baker, Chris 103-104
Bannister, Roger 66-67
Barker, Chip 24-25
Barton, Clara. 68-69
Baumeister, Roy 83
Bender, Doug. 137
Bennett, Tony 166
Beston, Judith 188
Biblia 2
Biblia 119, 138-143
  difundir la Palabra   140-143
  estudio de la   139-140
  líderes y la   155-156
  mandamientos del Antiguo Testamento 46
  obedecer órdenes de la   108-109

viejo y avanzado en años 168

Biblia de estudio Scofield 17

bicicletas 144-145

Bollback, Harry 159-160

Bombacino, Tony 71-72

Booz 122

Borden, William 111-112

Borge, Victor 166

Bounds, E. M. 27

Bradberry, Travis,
    Inteligencia emocional 115-116

Braille, Louis 18

Brantley, Bill 144-145

Bray, John 65

Bright, Bill 189

Broadway, reestrenos 52-53

Bublé, Michael 178

Buck, Pearl 168

Buffet, Warren 55, 135-136

Buford, Bob, *Finishing Well* 162

C

Cain, Dan 44

Caleb 81-82, 87-95

Carlile, Austin 136-137

Casals, Pablo 166-167

castigo, informe negativo de los espías .. 87-88

celebración 173-192

Centro de Recuperación de
    Aves Autóctonas 181-182

Chadwick, Florence 73-74

ciegos 17-19

cielo 174-177

    actos de servicio en el 184

    calurosa bienvenida 177-179

    Jesús en el 190-192

    reunión eufórica en el 187-189

    tareas en el 184-186

Clinton, J. Robert 155-157

Cole, Mark 27-28

compromiso, con lo mejor 57-59

confianza, y vida eterna 110

conversaciones, ser positivo 121-127

convicciones 115-116

Corona de gloria 181

Corona de justicia 181

Corona de regocijo 181

Corona de vida 181

corona del vencedor 181

coronavirus, pandemia 50, 189-190

cosas materiales, un vacío y las 4

costo, concilie sueño con 13-15

Creer 113-133

    vs. dudar 114

crisis, ser positivo en 127-130

cuerpo resucitado 182-184

Culbertson, Rod, *Do I Love God?* 48

culpa 69

Cummings, E. E. 102

D

Daniel 2

David 2, 7-13, 15-16, 62-63, 76, 81,
    .... 107, 123, 157

    sueño de 15-16

    visión de la construcción del templo ... 7-13

    y Betsabé 165-166

Davis, Geena 89

DeFew, Linda C. 127-128

dejar para después 158

Departamento de Seguridad Nacional ... 104

desánimo 11, 69

determinación, reafirme su sueño con .. 11-13

deuda estudiantil 138

diablo 36, 51

diezmar 94, 150

Dios

    agradecer a 38

    alabar a 37-39

    centro de la voluntad de 80

    confiar para el éxito 31-33

    confiarle sus sueños 19-20

    enfoque en el plan de 71-72

    enfoque en el premio de 73-74

    enfoque en el propósito de ... 64-66

    enfoque en la perspectiva de ... 66-67

    eternidad con 111

    invertir en la obra de 143-148

    invertir en la riqueza de ... 148-150

    potenciado con respecto a .. 93-95

    presentarse por completo a .. 99-101

    prioridades de 59

    propósitos de 100

    ser positivo en cuanto al amor de ... 116-117

    ser positivo en cuanto al plan de ... 118-121

    visión de 12

    y lo nuevo xv

Disney, Walt 1-2

distracciones 41-44

    clarifique lo que es mejor .. 46-47

    considere lo que es mejor ... 44-46

    elegir lo mejor 52–53

valentía para eliminar   55-57
Dix, Dorothea 14-15
dudar, vs. creer. 114
Durkin, Todd, *Get Your Mind Right* . . 121-122

E

Eban, Abba .110
Egipto, orfanato 6-7
El gran mandamiento. 46, 108
Elías 43, 166
Elliot, Elisabeth 48
enemigos 34
enfermedad. 32
enfermos mentales, penitenciería
   para, en 1802 14
enfoque 61-78
   de Pablo   xiv
   de vida   62-64
   en el plan de Dios   71-74
   en el premio de Dios   73-74
   en el propósito de   64-66
   en la perspectiva de Dios   66-67
   en su *única cosa*   74-78
   para terminar bien   157-159
entusiasmo .132
EPCOT 2
errores, olvidar. 68-71
Esdras 37
esperanza 98
   pérdida de la   117
espías 82-88, 91
   castigo por informe negativo   87-88
Espíritu Santo 16, 51, 117, 147
Estaban (mártir) 179
Esteban 69
Ester 81
estudiantes con necesidades especiales 9
estudiantes, necesidades especiales 9
eternidad 148-149
eternidad, inversiones a largo plazo. 136
Evans, Tony. 151-152
existencia, el *porqué* de su 98
éxito; olvidar 67-68
   confiar en Dios para el   31-33
Ezequiel. 43

F

Facebook 6
Farrell, Edward 118
fe 74

felicidad. 131
Fishman, Alex 5
Fort Wayne (Indiana), iglesia nueva 20
fracaso, miedo al. 83
Fraternidad de Oficiales de
   Policía Cristianos 49
fuerzas, suplicar por, en momentos
   de opresión 33-37
Fundación Gazelle. 76
fútbol 82-83
futuro . . . . xiii-xiv
   entusiasmo por el   89-93, 121

G

Gathany, Paul 19
Gedeón 80-81
Gills, James. 123
Glass, Bill. .141
God's Prison Gang 141
Goldman Sachs 4
gozo 22, 37, 90, 181
Graham, Ruth Bell 68
Gran Comisión 108
Gromacki, Robert 105
Groves, David 105-106
Guerra Civil 85
Guinness, Os 162

H

Hagler, Brett 4
Haití 4
Hall, Brad. 51
Hanson, Jean 79-80, 84
Hanson, Steve 79-80
Haüy, Valentin 17
Hendricks, Howard 102, 162
herencia. 73
Heyer, Tom 169-170
Hillary, Edmund. 110
historia, arraigue su sueño en la 7-9
Hogarth, Lileth 93
Hooten, Dan 30-31
Hornli Ridge 164
Hughes, Kent. 76-77
hypernikomen 128-129

I

Iglesia
   dedicarse a una _ local   146-148

Jesús y la 146
propósito de la 108
imaginación 1
Imhof, Joan. 127
industria de la superación personal 115
invertir 135-152
    en la Palabra de Dios 138-142
    legado de una vida 151-152

J

James, William. 151
Jamison, Kay Redfield 89-90
Jeremiah 124
Jeremiah Study Bible 16, 17
Jeremiah, James T.. 163
Jesús/Jesucristo 4, 14, 50, 85, 99,
. . . . 109, 111, 136
    amar a 47-48
    amar a las personas 48-50
    compromiso de terminar 156
    confraternizar en el cielo 187-189
    decir no a 56-57
    espere el cielo con ansias 174-177
    la iglesia y 146-147
    limitaciones 53-55
    parecerse cada vez más a 65-66
    propósito ordenado por Dios 99
    sermón del monte 149
    siga adelante con 190-192
Jobs, Steve 10
Johnson, Harold 59-60
Johnson, Harry 41
Jones, Eddie 107
Josué. 2, 52, 82, 87-89, 92-9, 156
Jowett, John Henry 115
Juan 43, 81
Juegos Olímpicos 73
Juegos Paralímpicos (2004) 91

K

Kalil, Matthew. 189-190
Kazianis, Harry J 69-70
Kelly, Paddy 97-98
Koum, Jan 5-6
Krakauer, Jon, *Mal de altura* 110

L

La familia Ingalls 117-118
Land, Edwin 10-11

Landy, John. 67
Larson, Mike 141-142
Larson, Susie y Kevin 32
Lázaro. 182
Lázaro (mendigo) 178
Lee, Michael 103
Lee, Paul 48-49
Lee, Wendi Lou 117-118
legado, de una vida bien invertida. . . . 151-152
levitas 161
Lewis, C. S. 176-177
Ley de Seguridad Social. 161
limitaciones, valentía para aceptar 53-55
limpiaparabrisas. 5
Lincoln, Abraham. 85
lista de gratitud 167-168
llamado, manténgase conectado. 161-164
Long, Beth 91
Long, Jessica 91-92
Long, Steve 91
Longhurst, Michael 160
Lotz, Anne Graham 107-108
Lowrey, Bill. 59-60
Lucianna, Frank P.. 153-154
Lunsford, Fred 25-26

M

manifestación del espíritu 104
Mann, Horace 14
Manning, Brennan,
    The Wisdom of Tenderness. 118
Manresa, Maritza, *How to Say No*
    When You Usually Say Yes 56
Marshall, Catherine. 22
    Aventuras en la oración 38-39
más que vencedores 128-129
Mason, John 131-132
Matterhorn 164
Mauretania (RMS) 36-37
McCall, Ross 139-140
McCants, John 59-60
McClellan, George B 85
McKeown, Greg 45-46
    Esencialismo 45-46
McLeod, Brewster 8-9
McManus, Erwin,
    Seizing Your Divine Moment 80
México 35
miedo 79-80
    al fracaso 83
Miles, Tracie, *Unsinkable Faith* 133

ministerio carcelario 170-171
ministerio personal 143-146
Moisés. 2, 43, 52, 80
Momento Decisivo 20
monte Everest 110
monte Moriah 8
Mooney, Matt 66
Morgan, Clint 150
Morley, Patrick. 14-144
muerte, perspectiva de Pablo sobre la. 119
Muller, George. 38
Murphy, Jack. 140-141
Museo Americano de Historia Nacional . . .141

N
Natán 7-8, 10
Nehemías 2, 23, 24, 26, 31, 33-34
    oración espontánea   29-30
New Story (empresa emergente
    de viviendas). 4
New York Times 53
Nike 129
No, formas de decir 56-57
Noemí. 13, 43

O
objetivo, poner en peligro 87-88
Of Mice and Men (banda) 137
oportunidades, minimizar. 86-87
oposición, agrandar. 84-86
optimismo 115-116, 129
    atemporal   120
oración 21-39, 117-118
    por sus planes   26-29
    alabar a Dios   37-39
    espontánea   29-31
    de Lillian Trasher   6-7
Osipoff, Walter. 41–42, 59-60
otros, hablar de forma positiva a 125-127

P
Pablo 2, 43, 63-64, 67-68, 81, 93,
    . . . . 110, 115, 128-130, 139, 142
    actitud xiv,   76
    convicciones   116
    futuro   119
    pasado   69
    perspectiva sobre la muerte   119
    tormenta   124

viaje a Roma   167
vida a través de los ojos de Dios   67
Pacquiao, Manny 99-100
Palluy, Jacques 18
pasión 75
pastores, jubilación 160
Pavarotti, Luciano. 61-62
pecados, confesar 27
Peck, John 183-184
    Rebuilding Sergeant Peck   183
Pedro 2, 43, 81, 139, 175-177, 181
pensamientos negativos,
    cómo manejar 122-123
pensamientos, procesando 124
Pentágono, ataque 2001. 30
persecuciones 128-129
persiga el plan de Dios 105-106
    servir a los demás de
        forma desinteresada   108-109
persiga su sueño 97-112
pesimismo . . . . 126, 129, xvi
Pittard, Luke 173-174
plan de Dios, preparar el corazón 24-26
planes, orar por 26-29
Polaroid Land Camera 11
Powell, Laurene 10
Pratney, Winkie 28
Pratt, Chris 47-48
prioridad(es) 45-46
    amar como   47-48
    como reino de Dios   xiv
    de amar a las personas   48-50
    de amarnos a nosotros mismos   50-52
    de Dios   59-60
prisión, para perturbados mentales. 14
prisiones 141
problemas. 128
proceso biológico, pensamiento y 124
productividad xiii
promesa. xiii
propósito, de la iglesia. 108-109

R
radio. 19-20
recompensa, esperar una 179-182
reino de Dios 2
    como prioridad   xiv
responsabilidad 103-104
retiro/jubilación
    de pastores   160
    mantenerse resiliente   159-161

vida cristiana y 152
Rhea, Karen 35-36
Robinson, Haddon .... .102
rompecabezas 12
Roosevelt, Franklin .... .161
Ruleman, David 20
Rut. 13
Ryden, Alan 132-133

S

sabiduría .... .131
sacrificarse por la visión 13
Sadrac, Mesac y Abednego 81
Sanbalat. 34
Sánchez, Dionna. 38
Sansón. 2
Santaga, Don Demetrio. .... .178
Schooling, Joseph 98-99
See's Candies .... .135
seguir adelante
    acciones para avanzar xvi
    impulso 46
Seligman, Martin, *Aprenda optimismo*. . . 129
semblante, ser positivo 130-131
Shadow Mountain Community Church,
    las misiones y 94
Shelter in God .... .155
Shepard, Ange .... .175
Silas 64
singularidad 101-102
Smith, Trudy .... .146
Solomón 8, 15-16, 157-158
sonreír. 131;
    recuperación y 131-133
Sorenson, Sam 108-109
St. John, David 50
Staubach, Roger .... .141
Stott, John .... .117
sucesos negativos, evitar 83
sueños .... 1-20. *ver también* persiga su sueño
    arraigar en la historia 7-9
    conciliar con costo 13-15
    confiarlos a Dios 19-20
    construya 5-7
    del Señor para nosotros 2
    Dios los planta 8
    liberar para el legado 15-19
    poder de 3-5
    reafirmar con determinación 11-13
    reproducir en una imagen 9-11
    sentir los de Dios para usted xvi

sufrimiento. .... .117
Susans, Tom .... .188
Swinney, William Christopher
    (Dabo) 113-114

T

tabernáculo. 7
Tada, Joni Eareckson 180
tatuajes .... .104, 141
Taylor, Howard, *Borden of Yale '09* ..... .112
Telushkin, Joseph, palabras
    para herir o sanar 125-126
templo. 15
    reconstrucción 23
termine bien 169-171
    manténgase enfocado 157-159
    prepárese para la reutilización .. 166-169
termine lo que comienza 155-157
tesoros, terrenales vs. celestiales. ...... .149
Thomas, Raymond 21-23
Thompson, Donna 19
Tierney, John. 83
tierra prometida, espías en la ... 82-88
Timoteo, cartas de Pablo a .... .119
Todd, David 12
Tomás. 43
Torrey, R. A. .... .112
Trasher, Lillian. 6-7
tribunal de Cristo .... .176
Tuhabonye, Gilbert 75-76
Turning Point 20, 52, 77, 78, 92, 167

U

Underwood, Carrie .... .116
Universidad Clemson .... .113
usted mismo, hablarse de
    forma positiva. 122-124

V

vacío, y cosas materiales 4
valentía 95
    para aceptar limitaciones 53-55
    para eliminar distracciones 55-57
Van Dyke, Dick, *Keep Moving* 120
victorias, mantenerse alerta
    después de 164-166
vida eterna 109-111
    confianza y 110

Vilhauer, Jennice, *Proyéctate
  para prosperar* 120
visión 98
  sacrificarse por la   13
  sobrenatural   3
visionarios 10

W

Walker, Tommy, *Forward*. . . . . .xiv–xv
Warren, Rick 66
Weatherhead, Leslie 126
Webb, Robert 181-182

Weighton, Bob 64-65
Whaley, Vernon 186-187
WhatsApp 6
Williams, Chris 145
Wood, Leonora 21-22, 24, 38
Wright, H. Norman 124
Wright, N. T. 67-68

Z

zanahorias 77-78
Ziglar, Zig. 159
zona de la fe, arriesgar la vida en 88-89

Acerca del autor

El doctor David Jeremiah es el fundador de Turning Point [Momento decisivo], un ministerio internacional dedicado a proporcionar a los cristianos una enseñanza bíblica sólida a través de la radio y la televisión, la Internet, eventos en vivo, materiales didácticos y libros. Es autor éxito de ventas de más de cincuenta libros, entre los cuales se incluyen *Todo lo que necesitas*, *¿Es este el fin?*, *Aplaste a los gigantes que hay en su vida*, *El anhelo de mi corazón*, *Vencedores*, *Una vida más que maravillosa*, *El libro de las señales*, *La escritura en la pared*.

El doctor Jeremiah sirve como el pastor principal de Shadow Mountain Community Church en El Cajón (California) donde reside junto a su esposa, Donna. Ellos tienen cuatro hijos adultos y doce nietos.

Manténgase conectado con el ministerio de enseñanza del

DR. DAVID JEREMIAH

· · · · · · · ·

Publicación | Radio | Televisión | En línea

LIBROS ESCRITOS POR DAVID JEREMIAH

* * * * * * * *

- *Un giro hacia la integridad*
- *Un giro al gozo*
- *Escape de la noche que viene*
- *Regalos de Dios*
- *Invasión de otros dioses*
- *El anhelo de mi corazón*
- *Aplaste a los gigantes que hay en su vida*
- *Señales de vida*
- *¿Qué le pasa al mundo?*
- *El Armagedón económico venidero*
- *¡Nunca pensé que sería el día!*
- *¿A qué le tienes miedo?*
- *Agentes de Babilonia*
- *El libro de las señales*
- *¿Es este el fin?*
- *Vencedores: 8 maneras de vivir con una fuerza imparable, una fe inamovible y un poder increíble*
- *Una vida más que maravillosa*
- *Todo lo que necesitas*

¿HAS LEÍDO ALGO BRILLANTE Y QUIERES CONTÁRSELO AL MUNDO?

Ayuda a otros lectores a encontrar este libro:

- Publica una reseña en nuestra página de Facebook @GrupoNelson

- Publica una foto en tu cuenta de redes sociales y comparte por qué te agradó.

- Manda un mensaje a un amigo a quien también le gustaría, o mejor, regálale una copia.

¡Déjanos una reseña si te gustó el libro! ¡Es una buena manera de ayudar a los autores y de mostrar tu aprecio!

Visítanos en **GrupoNelson.com** y síguenos en nuestras redes sociales.